金融危机

对我国旅游业影响的实证研究

廉月娟 著

The Empirical Research on the Impact of Financial Crisis on China's Tourism Industry

中国旅游出版社

序一

当今时代，旅游业已成为全球经济发展中增长势头最强劲的产业之一，在促进社会可持续协调发展、解决就业、促进扶贫开发方面的作用日益突出。作为经济发展支柱性产业之一的中国旅游业对社会经济的拉动以及对文化的提升和环境的改善作用也日益显现。中国旅游业的迅猛发展和扩张，使当今中国已成为全球最热门的旅游目的地和最大的出境客源国。经过多年发展，我国旅游业已经从居民奢侈消费领域发展为百姓常态化生活选项，目前中国已进入“大众旅游”时代，我国已经站在“旅游社会”的大门口。

二战后全球旅游业的增长一直处于震荡起伏中，始终伴随着各种灾害和事件的冲击，各种自然灾害如地震、海啸、火山爆发等，各种人为灾害战争、恐怖主义、政治危机、经济危机事件。波动和危机是旅游业发展和运营的常态环境，会不断影响到旅游业的持续稳定发展。旅游业面对不断动荡的环境，必须将外部灾难事件作为预料之中的因素进行研究探讨，制定预案机制应对无法预测的极端环境。

金融危机对旅游业的影响问题已引起国内外理论界和业界的高度重视，近年来出现了大量研究金融危机对旅游业影响的论著，诸如研究金融危机的产生、传导机制，金融危机对全球经济的影响，学者们也不遗余力地研究金融危机的传导问题、金融危机对旅游业的影响、如何进行旅游危机管理、旅游危机预警机制的建立完善、旅游市场的复兴等问题，以寻求更有效的途径措施防控和应对金融危机。

本书的研究建立在大量的国内外文献研究基础上，本书作者分析了金融危机对旅游市场、旅游投资、居民消费的影响因素；探讨金融危机对旅游业的影响机制；运用一般均衡理论，构建金融危机影响旅游业的CGE模型，并应用旅游CGE模型，根据2008年旅游统计实际数据的基础上设定旅游业发展的情景，分析了2008年金融危机对旅游业的影响及进一步对经济增长的影响。借鉴国际上激活旅游业战略和措施经验，提出后金融危机时代我国旅游业的激活、复兴及发展的对策。

廉月娟博士毕业于西北大学世界经济专业，硕士阶段曾在中国人民大学攻读经济学，后在北京联合大学旅游学院执教，并在中国旅游的权威期刊《旅游学刊》长期担任编辑工作，凭借着扎实的经济学功底和在旅游学界长期教学研究积累。廉月娟博士对国际金融危机对北京旅游业的影响这一专题进行了深入系统的研究，现将多年的研究成果付梓出版，必将对构建旅游学术大厦添砖加瓦，并对相关领域的研究起到很好的借鉴作用，可喜可贺，特此为序。

西北大学博士生导师李树民

2017年1月于西安

序二

中国旅游业经过30余年的迅猛发展和扩张，已成为全球最大的旅游目的地。与此同时，中国国内旅游也迅猛增长，作为支柱性产业之一的中国旅游业对社会经济的拉动、社会经济的带动以及对文化的提升和环境的改善作用也日益显现。2015年我国全年接待国内外旅游人数超过41亿人次，旅游总收入达4.13万亿元。旅游业对全国GDP的直接贡献为3.32万亿元，占GDP总量比重的4.88%。国家旅游局局长李金早在今年年初表示，2016年，我国旅游要从“景点旅游”向“全域旅游”转变。也标志着我国旅游业进入大众旅游时代。

然而，旅游业是一个对环境高度敏感、脆弱的产业，极易受到各种不利因素的影响，历史上的金融危机对社会经济产生了深刻的影响。旅游业的发展一直处于波动和危机的环境下，特别是2008年的金融危机和2010年的欧洲主权债务危机，给全球旅游业带来了巨大的冲击和影响，旅游业如何应对危机的影响、如何复兴旅游市场、进行危机管理，是旅游业亟待解决的一个问题。后金融危机时代，美国经济复苏乏力，欧洲主权债务危机的蔓延及其对世界经济的冲击和影响仍未彻底消除，这也给我国旅游业的持续快速发展带来了新的挑战。

金融危机对旅游业的影响问题已引起国内外理论界和业界的高度重视，近年来出现了大量研究金融危机对旅游业影响的论著，现代金融危机的特征已引起了经济学家们激烈的争论，出现了大量的文献来解释金融危机的产生、传导机制，金融危机对全球经济的影响等，学者们也不遗余力地研究金融危机的传导问题、金融危机对旅游业的影响、如何进行旅游危机管理、旅游危机预警机制的建立完善、旅游市场的复兴等问题。以寻求更有效的途径措施防控和应对金融危机问题。

波动和危机是旅游业发展和运营的常态环境，在旅游业面临的不断变化的动荡的环境中，各种危机事件和灾难将不会是偶发的因素，必须将其作为预料之中的因素，并对其进行预防和管理。从长远看，旅游业能够从金融危机的冲击和影响中得以反弹和复兴，但短期的灾难性影响却不能忽略。

本书作者长期以来致力于研究金融危机对旅游业的影响，一直从事旅游教学和研究工作。本书系统梳理了金融危机理论、旅游危机理论、金融危机的传导机制、一般均衡理论、旅游危机复兴理论，深入分析金融危机对旅游市场、旅游投资、居民消费的影响因素；初步探讨金融危机对旅游业的影响机制；运用一般均衡理论，构建金融危机影响旅游业的CGE模型，并应用旅游CGE模型根据2008年旅游统计实际数据的基础上设定旅游业发展的情景，分析了2008年金融危机对旅游业的影响及进一步对经济增长的影响；借鉴国际上激活旅游业战略和措施经验，提出后金融危机时代我国旅游业的激活、复兴及发展的对策。

本书的分析和结论建立在大量的文献梳理和案例分析之上，对于旅游业的研究和实践具有一定的指导意义。希望旅游政策制定者、旅游研究者、经营者和读者朋友能喜欢这部作品，特此作序！

张辉

2017年2月

序三

关注金融现象的学人，大多对金融危机有较多的注目，尤其是20世纪布雷顿森林货币体系(Bretton Woods System)崩溃以来，有关金融危机的问题更成了国际金融界、金融学界时时关注的热点。随着金融全球化的加快，金融危机对区域甚至全球经济发展的严重影响也更为人重视。在国民经济的诸多门类中，旅游业是对环境高度敏感的，它极易受到各种不利因素的影响，故而研究金融危机对旅游业的影响，诸如金融危机的多样起因，其影响机制、影响程度，以及旅游业如何应对危机，进行危机管理，复兴旅游市场等，都成了旅游业主管部门和业界人士不得不思考和研究的问题。

2008年，由美国次贷危机引发的动荡进而演化成的全球性金融危机，至今让人记忆犹新。尤其是当初在各国引起的多米诺效应，导致全球旅游业都深受影响；后金融危机时代，由于美国经济复苏的一度乏力，欧洲主权债务危机的蔓延及其对世界经济的冲击和影响，其余波也还隐隐存在。虽然其对我国旅游业的影响已告消除，但总结国际金融危机为我国旅游业发展曾经带来的挑战，研究金融危机对旅游业的影响，探讨旅游业发展的安全问题等，仍对我国具有相当的理论意义和现实意义。

我认识本书作者的时候，她还是北京联合大学旅游学院管理系的一名年轻教师，现在她仍然在教学和科研岗位上辛勤耕耘着。印象中，她除了在教学中很得学生好评外，还因其性格爽直与勇于接受工作安排而受人尊敬。如果系里有什么新课程没人愿意接手或者哪位教师的课程突然因故不能上的时候，只要负责人找到了她，她总是勇于接受安排的。所以她担任的课程除了专业英语外，还有好几门旅游专业课。为了适应这种变化和工作需要，她除了努力自学钻研外，在中国人民大学商学院取得硕士学位后不久，又到西北大学经管学院攻读完博士。由此可见她对学术的孜孜以求。

《金融危机对我国旅游业影响的实证研究》，是本书作者据其博士学位论文改写的一部专著。长期以来，作者一直致力于有关金融危机对旅游业特别是旅游市场的影响问题、旅游市场复兴问题、旅游预警机制和安全问题等的思考与研究（还参与了中国社会科学院旅游研究中心有关这方面的课题研究）。在准备这部著做出版的时候，为了适应更多读者的需要，作者特对原博士论文的内容做了一些增删和通俗化改写。全书以“一般均衡理论”为基础，通过构建金融危机影响下的旅游CGE模型等一系列模型和分析，结合我国现实情况，并借鉴国际上激活旅游业的战略和措施经验，进而提出了后金融危机时代我国旅游业的激活、复兴及发展的对策。这对于旅游政策制定者、旅游经营者，对于那些关注经济全球化、全球旅游波动、中国旅游业在国际旅游中地位的变化的读者，或者关注突发的重大事件或危机事件对旅游业影响和冲击的读者，都不失其参考价值。

但愿读者朋友都能够喜欢这本书。

是为序。

刘德谦
于丁酉年新春

前言

旅游业作为全球经济持续发展的一种力量已经得到国际社会的认可。中国旅游业得到迅猛发展和扩张，并在过去的30多年成为全球最大的旅游目的地。

全球旅游业的增长一直处于震荡中，始终伴随着各种灾害和事件，各种自然灾害如地震、海啸、火山爆发，人为灾害事件如战争、恐怖主义，以及突发事件如危害公共卫生和安全的事件，乃至政治危机、经济危机事件。这些不可控因素和事件虽然存在于旅游业之外，但时常会影响到旅游业的持续稳定发展。波动和危机是旅游业发展和运营的常态环境。旅游业面对不断动荡的环境，必须将外部灾难事件作为预料之中的因素进行研究探讨，制定预案机制应对无法预测的极端环境。

自布雷顿森林体系崩溃以来，金融危机一直是国际金融界、金融学界研究的热点。随着金融全球化的加快，金融危机的后果已严重影响了区域甚至全球金融体系的稳定性和实体经济的稳定发展。旅游业是一个对环境高度敏感、脆弱的产业，极易受到各种不利因素的影响，历史上的金融危机对社会经济产生了深刻的影响。目前，危机所产生的蝴蝶效应已经凸显，债务危机影响到了欧元区各个国家的多个行业，研究金融危机对旅游业的影响机制、影响程度，以及旅游业如何应对危机、进行危机管理，复兴旅游市场，是旅游业亟待研究和解决的问题。

现代金融危机的特征已引起了经济学家激烈的争论，产生了大量的文献，内容涉及金融危机的产生、传导机制，金融危机对全球经济的影响等，学者们也不遗余力地研究金融危机的传导问题、金融危机对旅游业的影响、如何进行旅游危机管理、旅游危机预警机制的建立完善、旅游市场的复兴等问题，以寻求更有效的途径与措施防控和应对金融危机问题。

本书旨在通过对国际金融危机事件对全球经济特别是对旅游业的冲击影响的分析，系统梳理金融危机理论、旅游危机影响、金融危机的传导机制、一般均衡理论、旅游危机复兴理论，以一般均衡理论为基础，构建金融危机影响下的旅游CGE模型，并运用凯恩斯闭合的CGE模型分析金融危机对我国旅游业的影响。其次由于

CGE模型技术的数据基础是建立在投入产出表和社会核算矩阵的基础上的，本书从我国2007年投入产出表的最终消费和出口部分中分解出旅游消费部分，对IO表进行行列分解，并结合国民经济核算数据编制金融危机下2007年我国宏观的社会核算矩阵。同时，运用计量经济学的方法构建金融危机对国内居民旅游需求和入境旅游需求影响的面板数据模型，并对金融危机对旅游业的影响进行回归估计。最后设计情景模拟分析金融危机对旅游业的影响效应，假定国家财政政策保持不变且汇率完全浮动，金融危机导致旅游收入（国内旅游收入与入境旅游收入）降低3%时，参照2007年国内旅游收入和入境旅游收入对宏观经济的影响，剖析金融危机对旅游业的影响如何波及整个宏观经济的各个部门。在此基础上，借鉴国际上激活旅游业战略和措施经验，提出后金融危机时代我国旅游业的激活、复兴及发展的对策。

本书创新点在于，深入分析金融危机对旅游市场、旅游投资、居民消费的影响因素；初步探讨金融危机对旅游业的影响机制；运用一般均衡理论，构建金融危机影响旅游业的CGE模型，并应用旅游CGE模型根据2008年旅游统计实际数据设定旅游业发展的情景，分析了2008年金融危机对旅游业的影响及对经济增长的影响。

作者

2017年3月

CONTENTS

目录

第一章 导论

第一节 研究背景

一、2008 年金融危机的爆发

传统意义上的金融危机主要指20世纪中期以前资本主义国家爆发的生产过剩危机，即马克思所指出的西方国家因为经济的周期性波动从而引发的金融危机。“市场经济具有自我扩张的能力，在国家不对其进行干预或干预不适当的情况下，表面上的需求旺盛和经济高速增长导致了投资的增加，全社会投资过量，而这一过程往往伴随着大规模的信用膨胀，即商业信用、银行信用等的推波助澜作用。”一旦有效需求不足的特点明显表露出来，企业生产的产品存在大量过剩的现象。

经济危机是从资本主义基本矛盾中产生的，只要资本主义制度存在，危机就是不可避免的。从资本主义发展的历史看，自1825年英国开始出现第一次周期性的生产过剩危机以来，每隔一定期就要发生一次。进入20世纪，在1900年危机之后，又发生了1907年、1914年、1921年、1929—1933年和1937—1938年的经济危机。

20世纪70年代以来，随着布雷顿森林体系（The Bretton Wood System）的崩溃，金融危机一直成为国际金融界、金融学界研究的热点，其根本原因在于金融危机发生的频繁性、广泛性及后果的严重性，特别是20世纪90年代后的20多年，全球不断爆发的金融危机，更加体现了金融危机爆发的频繁性、广泛性及不可预见性，金融危机也给世界经济和地区经济带来了更为严重的后果。随着经济全球化、资本全球化以及金融一体化的加快，金融危机的后果已严重影响了区域甚至全球金融体系的稳定性和实体经济的稳定发展。近年来，许多新兴市场国家（地区）加快对外开放与经济全球化的步伐，意味着经济的飞速增长与外资的巨额涌入。20世纪90年代前半期，许多新兴市场国家（地区），尤其是亚洲和拉丁美洲国家，是以市场的极度乐观与经济的飞速增长为特征的。但90年代发生的一系列金融危机（货币危机）：1992—1993年的欧洲货币危机，1994—1995年的墨西哥金融危机，1997—1998年的亚洲金融危机及1998—1999年的俄罗斯、巴西及其他几个拉美国家发生的金融危机，轻易地粉碎了这一繁荣景象①。

2008年9月，在华尔街掀起了一场巨大的金融风暴，先后出现了美国政府接管"两房"（Fannie Mae & Freddie Mac）和AIG（美国国际集团）、雷曼兄弟（Lehman Brothers）的破产、美林证券（Merrill Lynch）被收购、高盛（Golman Sachs Group）和摩根士丹利（Morgan Stanley）转为银行控股公司等引人注目的事件，华尔街神话终结。美国次贷危机开始蔓延并进而演化为波及全球的金融危机。2008年10月，美国次贷危机已经演变为一场自1929—1933年大萧条以来最为严重的全球性金融危机。金融危机引发全球金融局势动荡，并对实体经济产生了极大影响。股市暴跌和信贷收缩，引起投资者恐慌以及消费者信心崩溃，世界经济步入停滞和衰退的时期。

二、欧洲主权债务危机的发生、蔓延

2008年10月，冰岛主权债务问题浮出水面，2009年12月希腊主权债务危机爆发。紧接着欧洲多个国家陷入危机，整个欧洲面临严峻考验。2010年4月23日，希腊政府正式向欧盟与IMF申请援助，2010年4月27日，标准普尔（Standard & Poor's）②将希腊主权信用评级下调至垃圾级别。2010年7月国际评级机构穆迪又下调了葡萄

① 廉月娟，饶品样．基于CGE模型的金融危机对旅游业影响的实证研究［J］．生产力研究，2012（10）．

② 标准普尔（Standard Poor）作为金融投资界的公认标准，提供被广泛认可的信用评级、独立分析研究、投资咨询等服务。标准普尔提供的多元化金融服务中，标准普尔1200指数和标准普尔500指数分别成为全球股市表现和美国投资组合指数的基准。作为世界权威金融分析机构，由普尔先生（Mr Henry Varnum Poor）于1860年创立，由普尔出版公司和标准统计公司于1941年合并而成。

牙的主权信用评级，欧洲主权信用危机（或称欧洲主权债务危机，或欧债危机）开始向欧元区其他国家蔓延。2011年3月穆迪[①]下调了西班牙的主权信用评级，标志着欧洲信用危机开始从欧元区外围国家向核心国家蔓延。2011年9月19日，标准普尔公司将欧元区第三大经济体意大利长期主权债务评级从A+降为A，前景展望为负面。结果，“PIIGS”[②]国家经济下滑，债台高筑。最终，欧元大幅下跌，欧洲股市暴挫，单个国家的主权信用危机演变为欧元危机。随着意大利及西班牙债务危机逼近，2011年11月28日穆迪称，欧洲的债务危机正在威胁全部欧洲主权国家的信贷情况，这意味着即使AAA评级的德国、法国、奥地利和荷兰都有危险。随后，整个欧盟体受到牵连，欧债危机不但没有缓解迹象，还不断地向核心国家蔓延，葡萄牙、西班牙、意大利先后被卷入其中。2011年11月，德国国债拍卖失败，奥地利和芬兰国债收益率上涨，融资成本上升，法国主权评级两遭警告，市场情绪难以提振，大多投资者开始转移视线。连非欧元区的英国，也同样开始感受到债务危机所带来的寒冬。数据显示，2011年第二和第三季度，英国经济增速分别为0.1%和0.5%。第三季度失业率达到8.3%，创下15年来新高。世界经合组织发布的报告表明，受欧洲信用危机影响，英国经济2012年1月至6月间增长预期为负面，或面临“双底衰退”。2012年1月，标准普尔下调法国及其他8个欧元区国家评级，欧洲的债务危机正在威胁全部欧洲主权国家的信贷情况。5月17日，惠誉将希腊长期主权信用评级从“B-”下调至“CCC”，指出希腊有可能离开欧元区是此次信用评级下调的主要原因[③]。5月9日，西班牙第四大银行Bankia申请政府救助，此后一周内就流失了10亿欧元存款。17日，穆迪下调了16家西班牙银行的评级。25日，标准普尔下调了5家西班牙银行的评级级别。西班牙银行业不良资产率3月份达到8.4%，为18年来最高水平[④]。作为2008年金融危机的延续，欧债危机再次恶化减弱了世界经济出现的积极信号，复苏的脆弱性和不可持续性明显上升，欧债危机阻挡了欧元区经济复苏的进

---

① 穆迪投资服务有限公司（Moody’s Investors Services），是美国评级业务的先驱，也是当今世界评级机构中最负盛名的一个。它不仅对国内的各种债券和股票进行评级，还将评级业务推进到国际市场。评级级别由最高级的 Aaa 级到最低级的 C 级共 21 个级别。评级级别分为投资等级和投机等级两部分。

② 葡萄牙、意大利、爱尔兰、希腊、西班牙五国英文首字母，Portugal，Italy，Ireland，Greece and Spanish。

③ 晏小刚 . 欧债危机再思考［J］. 中国外资，2012，268（7）：1，3.

④ 晏小刚 . 欧债危机再思考［J］. 中国外资，2012，268（7）：1，3.

程，它已经对欧元区经济和世界经济带来重大影响，使全球股市动荡，经济复苏缓慢，也直接影响到旅游业的发展。

就欧洲主权债务危机的演化而言，2012年年末以来，一系列积极迹象集中涌现[①]。但欧洲主权债务危机的源生风险，即债务基本面风险并未明显缓解，根据IMF的预测，2013年，欧元区负债率将从2012年的93.62%升至94.92%，大幅高于2008—2011年危机期间年均的80.91%和历史平均的70.93%；欧盟负债率从2012年的87.22%升至88.76%，大幅高于危机期间年均的74.96%和历史平均的60.53%。在边缘国家继续滑向深渊的同时，核心国家除了德国外均在风险积聚，2013年，希腊、英国、法国和意大利的负债率恐升至170.73%、91.37%、90.75%和123.8%，只有德国负债率有望从78.87%降至77.45%。此外，欧洲经济走出衰退也尚需时日，根据彭博的预测中值，要到2013年第三季度，欧元区才有望结束GDP连续负增长的态势，实现0.1%的微弱复苏。无论怎样，欧洲信用危机已经成为继2008年世界范围的金融危机之后，人类面临的又一次严峻挑战[②]。

欧洲主权债务危机经过不断发展演变，已经影响到全世界各国经济的稳定发展，成为全球极为关注的问题[③]。目前，危机所产生的蝴蝶效应已经凸显，债务危机影响到了欧元区各个国家的多个行业，由于旅游业的高度敏感性和脆弱性，旅游业受到的冲击较为严重。

三、金融危机和欧债危机对实体经济和旅游业的负面影响

由于经济全球化和市场经济的影响，金融危机和欧债危机迅速蔓延，已引发了全球金融动荡，而且已经对实体经济产生影响。随着股市暴跌和信贷收缩，不少投资者信心崩溃，许多发达国家和一些新兴市场国家纷纷衰退，世界经济步入停滞甚

① 程实．欧债危机已经结束了吗？［N］．第一财经日报，2013.

② 陈昕．欧债危机下的中国旅游业发展研究［J］．经济问题探索，2012（11）：117.

③ 惠誉国际（Fitch Rating）是全球三大国际评级机构之一，是唯一的欧资国际评级机构，总部设在纽约和伦敦。在全球设有50多个分支机构，业务范围包括金融机构、企业、国家、地方政府和结构融资评级。其评级结果得到各国监管机构和债券投资者的认可。惠誉评级是与标准普尔、穆迪齐名的全球三大评级公司之一。在三大评级公司里，惠誉是最早进入中国的。这三家评级机构各有侧重，标准普尔侧重于企业评级方面，穆迪侧重于机构融资方面，而惠誉则更侧重于金融机构的评级。如今，惠誉的评级类型主要包括企业、金融机构、结构融资和地方政府、国家主权等方面。惠誉的长期评级用以衡量一个主体偿付外币或本币债务的能力。

至衰退的风险明显上升。危机及其所带来的经济衰退必然会对我国旅游业产生不同程度的负面影响。

全球金融危机和欧洲主权债务危机对于世界经济的冲击和影响并没有结束，它使全球经济和金融系统遭遇了自大萧条以来最严重的冲击，实体经济大幅下滑，金融市场出现流动性紧缺。直至近期我们听到更多的是美国债务危机加剧、以希腊为代表的欧洲债务危机、日本经济的衰退，自然灾害更是雪上加霜，中东非洲局势动荡对于原油等期货市场的影响十分敏感，后金融危机时代全球经济似乎还笼罩在一片阴影之下。

2008年世界金融危机爆发的直接导火索来自美国房地产市场泡沫的破裂，究其根源，则是20世纪70年代以来全球经济日益金融化和虚拟化的结果。虚拟经济过度膨胀，与实体经济的失衡无法调和，最终酿成了全球金融危机乃至经济危机。欧洲主权债务危机产生的直接原因是欧洲各国政府大量借债，而财政收入增加有限，导致严重的财政赤字，危机的根源并非仅是财政问题，而是欧元区核心国家和边缘国家竞争力差距不断拉大。不仅是财政不可持续的问题，更是竞争力下滑、经济发展不可持续的问题。债务危机的发生，具体来讲，有着国际经济外部环境、国内产业结构不合理、刚性的福利政策、欧盟独有的财政货币体制和救助机制缺位等多方面的原因。在此背景下，金融溢出效应、贸易溢出效应、季风效应、预期传导机制（羊群行为）、净传染效应等渠道的传导使得危机迅速在全球蔓延，无论发达国家还是新兴市场都受到不同程度的冲击。各国政府的联合行动对稳定经济起到了一定作用，但由于经济发展模式和政府应对危机能力的差异，各国的反危机效果不一。

历史上的金融危机对社会经济产生了深刻的影响，特别是旅游业经受了较为严重的冲击。纵观旅游业发展的历史，旅游危机一直贯穿于旅游业发展的过程中。

国内外经验显示，旅游业处于不确定形势下，敏感、脆弱的旅游业如何面对难以预料的各种突发性危机，是旅游学界和业界所面临的一个重大课题。20世纪90年代以来，金融危机爆发的频率增加，特别是最近的两次危机比历史上任何一次金融危机的波及范围和程度都要强烈，其对社会经济的影响更为严重。因此研究金融危机对旅游业的影响及在不确定性条件下激活市场、加强对旅游业应对危机的预警和管理、使金融危机对旅游业所带来的风险最小化决策是一个新的研究领域。

第二节 研究的学术价值

一、研究的理论价值

鉴于旅游业的敏感性、脆弱性和对外部环境的依赖性，金融危机对旅游业和旅游市场具有严重的影响和冲击力。金融危机对旅游业影响研究将是旅游界的一个新论题。通过对中国知网、谷歌、百度的搜索，和对现有文献的查阅，发现此类文献较少，从理论上深入探讨旅游危机理论、金融危机对旅游业的影响机制、如何预测和评估金融危机对旅游业的冲击风险，建立金融危机应对机制及激活旅游市场机制方面研究很少，尤其是实证分析金融危机对中国旅游业的影响程度的定量研究也很少。

自2009年以来，学术界关于旅游危机的影响、旅游危机管理、旅游业复兴分析研究虽在不断增加，分析方法从早期的定性分析为主开始向更多的定量分析过渡。仍然缺乏地域上的横向比较和时间上的纵向比较研究。因此，本书试图通过对金融危机对旅游业影响的深刻分析，并构建CGE模型对2008年金融危机对旅游业的实证分析，以得到相关结论，丰富旅游危机管理的研究内容。

（一）从产业角度研究金融危机冲击及激活市场机制，有助于经济学深化

由于社会和技术的发展，以及经济全球化的影响，当今世界面临着更多冲突和危机，而金融危机爆发的频繁性、不确定性，使得金融危机成为旅游理论界和实业界关注的热点，金融危机管理理论成为经济学最前沿的研究领域之一。从经济学角度看，不确定性已极大地改变了经济学家看待世界的方法，成为推动经济学不断发展的一个十分活跃的增长点。研究金融危机对旅游业的影响及在不确定性条件下激活市场、加强对金融危机的预警和管理、使金融危机对旅游业所带来的风险最小化决策是一个新的研究领域，因此本书选题具有一定的理论意义。

（二）现有研究成果的不足为本选题提供了进一步深化研究的空间

现有文献中，关于金融危机对旅游业影响的研究多是倾向于对金融危机影响现象的一般性描述和应对策略，而对金融危机影响旅游业的传导机制、影响程度、风险评估等实证分析的研究较少。在此研究领域，无论是理论体系的构建，还是实践案例的深度分析，还很缺乏。

就目前来看，大多数研究侧重于定性研究，经验总结和描述性分析居多，科学的定量分析文章依然不多。现有的定量分析研究大多注重宏观的研究，停留在宏观层次，侧重大尺度（如全国范围）的研究，在针对特定区域范围（如省、市）受旅游危机事件影响缺乏全面细致的分析，深度不够。

二、研究的实践价值

（一）旅游产业的特殊性、高敏感性、综合性和关联性决定了本研究的重要性

改革开放后，中国作为一个国际旅游目的地，吸引了大量的国内外旅游者，并进入了长达30多年的持续增长。在中国旅游业持续走强的同时，一些阶段性危机事件，如1997年亚洲金融危机、2003年的“SARS”，使得中国旅游业界切身感受到了旅游产业对外部环境的敏感性。

2008年的金融危机和2010年的欧洲主权债务危机，由于发生的时间间隔过短，已经在世界许多国家引起了多米诺效应，全球股市下跌、公司纷纷破产倒闭、失业增加、人心恐慌、消费低迷、经济萧条等，必将会对旅游业和旅游市场产生严重影响。

由于旅游业的高度敏感性、综合性和关联性而导致其对外部环境和产业安全的高依赖性，因此研究金融危机的理论以及对旅游业的影响程度、影响机理及旅游市场激活机制，有助于旅游业的复兴，有着深远的现实意义。

（二）旅游产业地位的不断提升决定了本研究的现实性

近年来，旅游业已成为我国经济和社会生活的重要组成部分，已成为我国国民经济的支柱产业，旅游业在国民经济中的作用越来越突出，作为由“精英旅游”向“大众旅游”乃至“全域旅游”模式转型的副产品，金融危机对旅游业进而对整个社会经济的冲击程度也在不断凸显，因此，后金融危机时代旅游业的恢复和振兴就越来越重要。

（三）自然和社会的不确定性使得旅游业的经营环境面临更多风险

旅游业是一个综合性很强的产业，其本质特征就是不确定性。旅游业的不确定性是旅游业所体现的关系和范围的不确定性。构成旅游业的因素、条件和范围本身具有不确定性，也体现为旅游活动的主体、客体和中介具有不确定性，旅游者旅游行为和旅游活动的范围存在极大的不确定性。

各种自然灾害、恐怖活动、战争、暴乱、政局动荡、危机事件、突发事件，特别是20世纪90年代以来频繁爆发的金融危机对于旅游业的冲击越来越明显。旅游活动的全球性和旅游者表现外显型特征，使旅游者越来越多地成为恐怖主义组织及其他组织达到各种政治目的的对象。

此外，自然环境的恶化及边远地区的旅游开发也使旅游目的地面临环境风险。2013年以来，我国各地的雾霾天气频频出现，也严重影响了旅游业的发展。

（四）经济全球化进程的加快促使旅游全球化

旅游者空间移动频率加大及范围的扩大，加之旅游资源的不断开发，旅游本身导致的危机以及金融危机的频繁性，危机对旅游业的影响和冲击都在不断增加。由于其分散性和国际性，旅游业面对金融危机受到的冲击更为直接，影响程度也更为严重。

第三节　研究思路和主要内容

一、研究思路

首先，运用规范经济学的理论研究方法，归纳分析金融危机相关理论模型构建本书的理论框架。其次，依据一般均衡理论，分析金融危机对旅游业影响的机制，进而构建经济危机下的旅游CGE模型，并引入国内居民旅游需求方程和入境旅游消费需求方程，剖析金融危机对入境旅游和国内旅游需求市场的影响。再次，基于旅游CGE模型对金融危机的旅游影响效应进行实证分析，在情境模拟下剖析金融危机对旅游业的影响，进而波及整个宏观经济的影响程度。最后，借鉴国际上应对金融危机及激活旅游市场的经验，提出后金融危机时代我国旅游业的复兴和发展战略和措施。

二、主要内容

本书共分八章：

第一章为导论，主要介绍本书的研究背景和研究意义，研究思路和主要内容，所运用的基本方法，可能的创新之处，以及一些概念说明和假设前提、研究的局限性。

第二章主要论述金融危机的现象、演化阶段、产生原因以及金融危机对旅游业的影响；旅游危机管理及金融危机对旅游业影响研究综述等内容。

第三章主要介绍金融危机对旅游业的影响，基本表现为入境旅游滑坡、入境旅游收入下降；入境旅游客源市场降低幅度较大；国内旅游发展速度明显放缓；人民币升值压力加大，旅游价格优势削弱；金融危机对旅游市场供求以及对旅游投资与就业的影响。

国内外学者对金融危机对旅游业影响的研究成果包括：金融危机对旅游业以及不同部门行业的影响，危机对地区经济的影响，学者们尤其关注旅游业特性的研究，不少学者还将定量的模型分析应用于危机研究。研究方法上，对经济影响的研究，境外一些学者的研究偏重于从计量经济学角度进行研究，通过建立模型揭示危机对一个国家或特定目的地或某一产业学的影响研究。

第四章主要介绍金融危机的传导机制，分析金融危机对旅游业的影响机理和渠道。国际金融危机主要通过金融渠道（金融溢出效应）、国际贸易渠道（贸易溢出效应）、预期传导（染）机制——羊群行为、自我实现的多重均衡（净传染效应pure contagion）以及经济全球化（季风效应monsoonal effect）进行传导；金融危机主要从旅游贸易渠道、金融和资本渠道、预期渠道对旅游业的发展产生影响。具体是从影响旅游需求和旅游供给两方面来影响的，就旅游需求方面来看，金融危机的发生，首先通过可自由支配收入、旅游产品价格、心理预期等因素影响旅游消费，从而使旅游市场发生波动。旅游市场的波动必然引起作为旅游供给方的旅游企业经营范围、经营绩效发生变化，民航、旅行社、酒店、景区以及其他旅游企业都会受到一定冲击。

第五章构建金融危机影响下的旅游CGE模型。基于对一般均衡理论的回顾，阐述了CGE模型的一般结构、闭合系统及求解方法；将旅游特定方程进入CGE模型中构建了金融危机下的旅游CGE模型，该模型的建立是在国民生产活动中强调旅游产品供给对投入和产出的影响，并将居民消费和出口产品中对旅游消费和非旅游消费区分开来，分别进入旅游CGE模型中。在此仅对金融危机对旅游业整体市场带来的影响进行分析，引入金融危机对入境旅游和国内旅游需求市场的影响，构建国内居民旅游需求方程和入境旅游消费需求方程。

第六章基于旅游CGE模型对于金融危机对旅游业的影响效应进行实证分析。首先编制CGE模型的数据基础社会核算矩阵，本书从我国2007年投入产出表的最终消费和出口部分分解出旅游消费部分，对IO表进行行列分解，结合国民经济核算数据编制了金融危机下2007年我国宏观的社会核算矩阵；其次运用计量经济学的方法构建金融危机对国内居民旅游需求和入境旅游需求影响的面板数据模型，并就金融危机对旅游业的影响效应进行回归估计；最后设计情景模拟分析金融危机对旅游业的影响效应，假定国家财政政策保持不变且汇率完全浮动，金融危机导致旅游收入（国内旅游收入与入境旅游收入）降低3%时，参照2007年国内旅游收入和入境旅游收入对宏观经济的影响，剖析金融危机对旅游业影响下如何波及整个宏观经济的各个部门。

第七章介绍后金融危机时代旅游市场复兴和发展对策。在借鉴国际上激活旅游业战略和措施经验的基础上，提出后金融危机时代我国旅游业的激活、复兴及发展的对策。首先梳理了后金融危机时代下旅游市场复兴相关理论基础，包括：美国危机管理专家罗伯特·希斯（Robert Heath）提出的危机管理4R模式，即缩减（Reduction）、预备（Readiness）、反应（Response）、恢复（Recovery）。激活旅游市场的框架机制——5R理论；激活旅游市场的要素机制——5C理论；建立旅游业恢复体系的三阶段流程。其次论述了国外旅游市场复兴的措施，然后论述了我国旅游业应对金融危机、复兴旅游业的具体措施；最后提出后金融危机时代我国旅游业恢复的政策建议。

第八章为结论和展望。

第四节　基本方法

本书主要采用以下研究方法：

（1）文献分析法

基于对旅游产业与金融危机的现实判断，通过国内外的科学文献检索，就金融危机与旅游市场、旅游产业及旅游投资的影响因素、影响机制的阅读与分析，提出论题研究的问题，并逐步聚焦论文研究的主题，以及可能的研究方法。

（2）建模与数理统计分析

根据对已有研究的分析、借鉴，结合金融危机与我国旅游业的变化，尝试构建金融危机对旅游业影响的数理模型，以结合案例研究，定量分析金融危机对旅游业的影响机制、影响程度等。

（3）实地调研与案例分析

为数理模型和统计分析提供实证数据，主要以2008年金融危机对我国旅游业影响为例，从旅游者和旅游产业角度对金融危机产生的影响和激活市场机制进行实证分析研究。具体包括：①金融危机对旅游市场（入境旅游市场、出境旅游市场和国内旅游市场）的影响研究；②金融危机对我国旅游产业的影响研究；③金融危机对旅游需求和旅游投资的影响。④后金融危机时代旅游业复兴的案例及经验。

结合理论研究，本书实证分析2008年金融危机对旅游业的冲击和影响，并提出激活市场以及旅游业复兴的战略和措施。

（4）研究的技术路线

根据论题的研究思路和主要内容，本书的技术路线见图1-1。

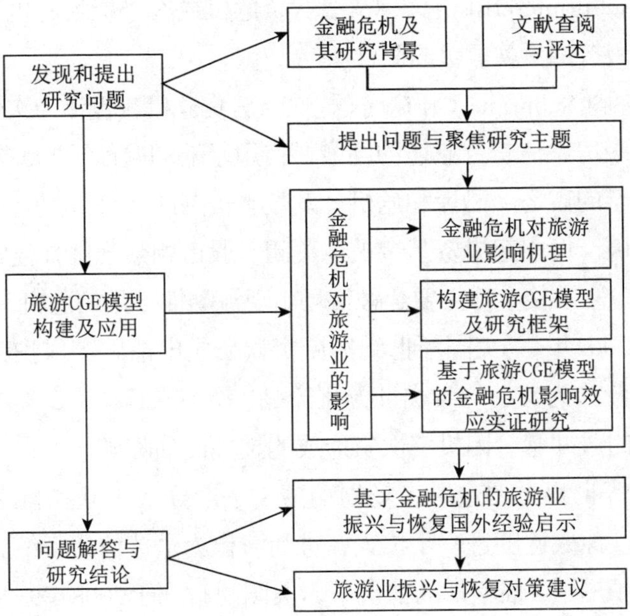

图1-1 论题主要内容与技术线路

第五节　概念界定和假设前提

一、概念界定

金融危机又称金融风暴（Financial crisis），是指一个国家或几个国家与地区的全部或大部分金融指标，例如短期利率、货币资产、证券、房地产、土地（价格）、商业破产数和金融机构倒闭数的急剧、短暂和超周期恶化。金融危机可以分为货币危机、债务危机、银行危机等类型。近年来金融危机呈现某种形式混合的趋势。

《新帕尔格雷夫经济学大辞典》将金融危机定义为“全部或部分金融指标——短期利率、资产（证券、房地产、土地）价格、商业破产数和金融机构倒闭数——的急剧、短暂的和超周期的恶化”。

次贷危机（subprime crisis）又称次级房贷危机或次级贷款危机，是次级房屋抵押贷款危机或次级按揭贷款危机的简称。

美国次贷危机（Subprime Crisis）又称次级房贷危机，也译为次债危机，次贷危机是指由美国次级房屋信贷行业违约剧增、信用紧缩问题而于2007年夏季开始引发的国际金融市场上的震荡、恐慌和危机。发生于美国的次贷危机是一场由于众多次级抵押贷款机构破产而引起投资基金被迫关闭、股市剧烈震荡并连锁反应波及全球经济的金融风暴。它致使全球主要金融市场出现流动性不足的危机。

次贷危机以2007年4月美国新世纪房屋贷款公司申请破产保护为开端，风险迅速扩散至以次级贷款为支持的各类证券化产品，到2007年7月，美国第五大投资银行贝尔斯登旗下的对冲基金因投资次贷造成的损失而面临破产，这一消息引发了美国、欧盟和日本等世界主要金融市场的动荡，一度导致美欧和日本股市连锁性下挫，其负面影响以惊人速度进一步扩大，进而演化为全球信贷紧缩。在美国房贷市场继续低迷、法拍屋①大幅增加的情况下，美国财政部于2008年9月7日宣布以高达

① 法拍屋是由于债务纠纷，债权人取得“执行名义”后，由法院查封债务人的不动产抵押物，进而执行拍卖处分而产生“法拍屋”。称为“法拍屋”，其主要原因是该不动产所有权人欠债，而必须拍卖该不动产来还债。被拍卖不动产之价格由鉴价公司鉴定。

2000亿美元的可能代价，接管了濒临破产的房利美和房地美。10月，雷曼兄弟公司破产倒闭，使得次级抵押贷款危机愈演愈烈，次贷引发的信用风险最终演变成一场全球性金融危机。

债务危机（Debt Crisis）是指在国际借贷领域中大量负债，超过了借款者自身的清偿能力，造成无力还债或必须延期还债的现象。

主权债务（Sovereign Debt）是指主权国家以自己的主权做担保，通过发行债券等方式向国际社会所借的款项。由于主权债务大多是以外币计值，向国际机构、外国政府或国际金融机构借款，因此，一旦债务国家的信誉评级被调低，就会引发主权债务危机。

欧洲债务危机（European Sovereign Debt Crisis）即欧洲主权债务危机或欧洲信用危机，是指在2008年金融危机发生后，希腊等欧盟国家所发生的主权债务危机。

旅游危机（Tourism Crisis）。世界旅游组织（WTO）把旅游危机阐述为影响旅行者对一个目的地的信心并扰乱继续正常经营的非预期性事件。这类事件可能以无限多样的形式在许多年中不断发生。旅游业危机划分为旅游业受波及引起的危机、旅游业内部的危机两大类。旅游业受波及引起的危机，是指发生在其他行业里的危机产生的负面影响波及旅游行业、使旅游业客源骤减、目的地形象受损的危机，如战争、金融风波、恐怖主义、公共卫生危机等。旅游业内部的危机，是指发生在旅游业运营的范围内、直接对游客或旅游从业人员产生威胁、影响旅游活动的危机，如针对游客的恐怖袭击、饭店火灾、旅游娱乐设施发生意外等。本书中对于旅游危机的定义采用世界旅游组织的表述，重点研究外在的、突发性的对旅游业产生巨大冲击的自然和人为的公共危机事件。冲击是指由于危机作用而给对象物（旅游客源地、旅游通道和旅游目的地）造成的有形的和无形的积极和消极的影响。

亚太旅游协会（PATA）的定义则更为简单，认为旅游危机是一种“能够完全破坏旅游业潜能的自然或人为的灾难”。

尤和科希纳（Stafferd Yu and Kohina）提出旅游危机是指影响旅游者信心、妨碍旅游业正常运转的各种不曾预见的事件。其中包括那些对目的地形象的影响远甚于对基础设施的影响的诸如洪水、飓风、火灾或者火山爆发等事件，也包括将对目的地的旅游地吸引力产生影响的国内动荡、意外事件、犯罪、疾病等事件，甚至包括诸如汇率的剧烈波动等经济因素。

谷慧敏（2007）认为旅游危机是指那些对旅游者和旅游目的地信心产生消极影响，对旅游业正常运转带来冲击的各种非预期的事件。

旅游危机管理是指政府、旅游企业对旅游开发、经营、旅游者消费过程中可能产生的危机因素采取预防或消除措施，以及在危险发生后采取弥补的科学管理行为。

二、假设前提

本书所涉及的金融危机特指2008年由美国次贷危机所引发的席卷全球的世界金融危机，它起源于美国次贷危机而诱发的金融危机。次贷危机首先是演变成金融危机，对金融市场产生冲击，再演变成经济危机对全球实体经济产生影响，它被认为是历史上最为严重的一次经济危机，其波及范围之大、影响力度之深为史上罕见，作为外向度较高、市场化较强的旅游业不可避免要受到这次危机的巨大冲击。

欧洲主权债务危机是指在2008年金融危机发生后，希腊等欧盟国家所发生的债务危机。2009年10月20日，希腊政府宣布当年财政赤字占国内生产总值的比例将超过12%，远高于欧盟设定的3%上限。随后，全球三大评级公司相继下调希腊主权信用评级，欧洲主权债务危机在希腊爆发。随后，爱尔兰、意大利、葡萄牙、西班牙、德国及整个欧元区都深陷危机中。

第六节　可能的创新之处

一、深入分析金融危机对旅游市场、旅游投资、居民消费的影响

以2008年金融危机为切入点，通过建立可对照的理论假设，并证明、辨识金融危机在哪些方面影响旅游业的发展、衰落和复兴。本书试图对旅游危机基础理论研究进行系统梳理，以一般均衡理论为基础，介绍CGE模型构建机理，以投入产出表和社会核算矩阵为基础，构建经济危机下的旅游CGE模型，并建立国内居民旅游需求方程和入境旅游消费需求方程。从全国性的投入产出表中可以获得国民生产总值核算和投入产出核算两个方面，从而编制2007年我国宏观的社会核算矩阵。应用旅

游CGE模型，根据2008年旅游统计实际数据分析了金融危机对旅游业的影响及进一步对经济增长的影响。

二、初步探讨金融危机对旅游业的影响机制

在识别金融危机对旅游业影响因素的基础上，以金融危机周期为主要研究对象，分析金融危机引致的旅游业发展轨迹：正常—衰落机制、衰落—反弹机制、复兴—常态机制。

三、运用一般均衡理论，构建金融危机影响旅游业的 CGE 模型

本书实证研究以2008年金融危机为切入点，运用一般均衡理论，在投入产出表和社会核算矩阵的基础上构建金融危机影响旅游业的CGE模型。在旅游CGE模型中建立了国内居民旅游需求方程和入境旅游消费需求方程。

并从中国投入产出表2007的最终消费和出口部分分解出旅游消费部分，结合国民经济核算数据编制了金融危机下2007年我国宏观的社会核算矩阵，运用计量经济学的方法构建金融危机对国内居民旅游需求和入境旅游需求影响的面板数据模型，并进行回归估计；在应用旅游CGE模型根据2008年旅游统计实际数据的基础上设定旅游业发展的情景，分析了2008年金融危机对旅游业的影响及经济增长的影响。

四、通过对金融危机对旅游业影响文献及旅游危机管理、旅游市场复兴等理论总结、梳理，完善旅游危机管理、旅游复兴研究的内容

本书系统梳理了金融危机理论、旅游危机理论、金融危机的传导机制、一般均衡理论、旅游危机管理理论以及旅游危机复兴理论，以一般均衡理论为基础，构建金融危机影响下的旅游CGE模型，运用凯恩斯闭合的CGE模型分析金融危机对我国旅游业的影响。以期探讨和完善适合我国国情的旅游危机管理和旅游危机复兴理论。

第二章

金融危机及其影响研究概述

第一节　金融危机现象概述

一、2008 年金融危机及其演变

2008年金融危机起源于美国次贷危机（Subprime Mortage Crisis），是一场发生在美国，因次级抵押贷款机构破产、投资基金被迫关闭、股市剧烈震荡引起的金融风暴。它致使全球主要金融市场出现流动性不足的危机。美国“次贷危机”是从2006年春季开始逐步显现的。2007年8月开始席卷美国、欧盟和日本等世界主要金融市场。

2007年3月13日，美国第二大次级抵押贷款机构——新世纪金融公司因无力偿还共计84亿美元的债务，次级抵押贷款问题开始浮出水面。同年6月，贝尔斯登的对冲基金因爆出巨亏而申请破产。2007年7月10日，标准普尔和穆迪评级公司分别一次性调降399只和612只涉及资本超过170亿美元的高风险抵押贷款支持的债券评级。此举导致投资人担心美国次级抵押贷款市场恶化可能最终殃及美国经济，美元兑欧元汇率达创纪录低点，美元兑英镑则跌至26年低位，同时纽约、伦敦股市全面下跌，道琼斯指数跌幅达1.09%，标准普尔500指数跌1.42%，纳斯达克指数跌1.16%，英国富时100指数、法国CAC40指数分别下跌1.22%、1.4%。此事件被认为是美国次贷危机爆发的标志性事件。到2007年年底，一贯被认为经营稳健的金融机构不约而同地

冲销资产。短短几个月，瑞士银行、花旗银行、贝尔斯登、美林等世界顶级金融机构的高管黯然离职。

随着次贷危机的进一步蔓延，各大金融机构损失逐渐扩大。2008年3月初，贝尔斯登出现流动性危机。2008年3月16日，贝尔斯登正式被摩根大通收购，宣告美国第五大投资银行倒闭，使得次贷危机以来的金融市场流动性紧缺局面进一步恶化，美国道琼斯工业指数以及英国、日本等国家的股票指数均大幅下挫。金融机构纷纷采取去杠杆化的方式来降低杠杆比率，进一步加剧了资产价格的下跌和借贷成本上升，市场流动性陷入枯竭，更多金融机构濒临破产。

进入2008年9月，金融危机在华尔街一系列大型金融机构的破产事件中愈演愈烈，金融市场一片混乱。从房贷公司到银行，房利美和房地美（Fannie mae& Freddie Mac，简称两房）、雷曼兄弟（Lehman Brothers Holding）、美林（Merrill Lynch）、AIG、华盛顿互惠银行（Washington Mutual Bank’s bankrupt）、美联银行（Wachovia）、富通银行（Fortis）等10多家曾经著名的金融机构纷纷破产，并影响了股价暴跌和全球股市的进一步下挫。面对市场的急剧动荡和恐慌，各国政府纷纷出手救援金融机构，维护市场稳定。2008年9月7日美国政府出资2000亿美元接管了股价急剧下跌的两房，2008年9月15日雷曼兄弟申请破产保护，同日，美国银行收购美林公司，美国第一大保险巨头AIG因为流动性困难被政府注资800亿美元而接管。雷曼兄弟的破产标志着金融危机的全面升级。在此后的仅仅两个月内，美国前9大商业银行都接受了政府国有化性质的注资，华尔街5大独立投资银行全军覆没，2008年破产关闭的银行达到25家。

欧洲银行业同样未能幸免，2008年9月15日英国Lloyds（劳埃德）TSB银行收购陷入困境的HBOS（苏格兰哈里法克斯）银行①，B&B（Bradford &Bingley）银行被政府接管（国有化），2008年10月8日英国政府出资870亿英镑对包括苏格兰皇家银行在内的英国前10大银行进行注资或国有化援救；德国Hypo银行因担保贷款破裂而被政府救助；比利时富通银行被比利时、荷兰、卢森堡三国经济联盟政府救助；冰

① 劳埃德银行于1765年始建于英国的伯明翰，在全英国都有分支机构，是英国四大清算银行之一，是劳埃德银行集团的主要分支机构。在19世纪和20世纪，劳埃德银行通过收购许多小银行得以壮大。1995年，劳埃德银行与信托储蓄银行合并成为劳埃德信托储蓄银行，2009年1月，劳埃德信托储蓄银行并购HBOS成立劳埃德银行集团，当年，英国实行银行业援救计划，英国政府拥有劳埃德银行集团43.4%的股份。

岛前三大银行被政府国有化。

欧洲一些小国经济和亚洲新兴市场国家也先后受到全球金融危机的冲击，出现了自1998年亚洲金融危机以来最为严重的经济金融动荡。在欧洲，人均GDP位居全球第四的冰岛在3大银行被国有化以后，同时发生了通货膨胀高企、股市暴跌、汇率大幅贬值，该国政府宣布国家面临破产风险，最终不得不向IMF和俄罗斯求援。匈牙利和乌克兰则因为外资大量流出，股市暴跌、汇率贬值，最终接受欧洲中央银行50亿欧元和IMF140亿美元的贷款援助。在亚洲，韩国出现大量资本外流，股市下跌，汇率贬值超过30%，外汇储备减少，政府不得不紧急注资金融机构以挽救信贷市场，同时向周边国家求助。巴基斯坦也遭遇了外资流出、外汇储备大幅下降和不能偿还到期债务的危机。阿拉伯联合酋长国则宣布为国有银行的所有存款、储蓄以及银行间贷款提供担保，并向银行体系注入所需的流动性。中国的港澳地区也遭遇个别银行挤兑风波和雷曼迷你债券事件。拉丁美洲新兴国家的股市和汇市也同样感受到全球金融危机的冲击。

2008年10月，美国次贷危机已经演变为一场自1929年大萧条以来最为严重的全球性的金融危机。金融危机引起全球范围内的金融危机和各大金融机构的信用风险陡升，金融市场的流动性严重不足，市场信心严重下降，资本市场巨幅动荡，实体经济陷入深度衰退。

金融危机演变可以划分为如下阶段：

第一阶段（2006年9月～2007年3月）：美国房地产衰退，引发次贷违约潮。美国房地产衰退，是危机爆发的一个最初的表现形式，是危机的导火索，并非金融危机爆发的根本原因。在此阶段，次贷危机主要影响到美国境内的次贷发放机构，包括花旗、新世纪金融等。与此同时，受到房地产业投资衰退的影响，美国实体经济发展速度开始放缓。在该阶段，金融危机的传导机制是不良金融产品的传染效应，主要在美国金融机构之间传导。

第二阶段（2007年3～7月）：次贷违约率剧增，美国次贷危机爆发。随着次贷违约率的攀升、违约范围和规模的扩大，以次贷为支持基础的次级债及其相关衍生债务工具受到冲击，评级下调，次贷危机爆发。次贷危机主要影响到持有大量次债产品的美欧国家机构投资者，包括对冲基金、投资银行、商业银行等。在该阶段，金融危机的传导机制主要是金融溢出效应，欧美金融市场的机构投资者抛售债券，损失惨重。

第三阶段（2007年7～12月）：次贷危机升级，美欧金融市场流动性紧缩。随着各机构投资者大面积抛售次债，市场流动性日益趋向紧张。流动性紧缩主要影响到依靠短期金融市场进行筹资的金融机构，包括商业银行、次贷发放机构等。受金融体系流动性的影响，美国经济开始衰退。在此阶段，传导机制主要是金融溢出效应，银行体系的流动性紧张，进一步传导到全球金融市场。

第四阶段（2008年1～8月）：投资遭遇损失，美欧金融机构巨亏。经过抛售次债—流动性紧缩—继续抛售次债的几轮循环，许多金融机构陆续发布季报显示巨亏，其最主要的原因是次贷、次债及相关衍生品巨额的减值与损失。在这一轮冲击下，金融机构放贷缩减，美国、欧洲、日本三大经济体陷入轻度衰退，新兴经济体增长放缓。在这个阶段，传导机制涉及金融溢出效应和贸易溢出效应，受到美国消费放缓的影响，所有出口型国家都受到了影响，特别是欧洲和日本受到的影响较为严重。

第五阶段（2008年9月～2009年3月）：雷曼倒闭，系统性的全球金融危机爆发。美国几大金融机构（包括雷曼、美林、两房、AIG等）无法再承受持续巨亏的影响，濒临倒闭，政府无暇救助，金融危机全面升级。在这轮危机中，全球流动性几近冻结，美欧金融机构资本回撤，东欧新兴市场遭遇严重危机。金融危机进而导致全球经济硬着陆。在这个阶段，几乎所有的金融危机传导机制都显现出来，危机波及了全球所有的国家和地区。

第六阶段（2009年3～6月）：金融危机探底回升，实体经济呈现复苏绿芽。各国中央银行出台超宽松货币政策，财政部门推出大规模救市计划，国际社会协力救市，G20峰会达成多项超预期成果。在这些因素的推动下，全球金融市场探底回升，美国银行业在2009年第一季度出现盈利。2009年第二季度，全球经济衰退程度大幅缩减，复苏绿芽纷呈，但是复苏力度疲弱，危机前景不容乐观。

作为一次席卷全球主要经济体的复合型金融危机，尽管没有明确的定义，但市场大多认为，2009年下半年是这场危机结束的时点①。

但对美国而言，全球金融危机造成的经济衰退和多年的赤字财政政策，使美国

① 程实. 欧债危机已经结束了吗？［N］. 第一财经报，2013.

政府债务总额滚雪球似的增长。2011年5月16日，美国国债达到了法定的债务上限14.29万亿美元，引起世界瞩目。2011年8月2日，提高美债上限的法案匆匆过关，签署法案的当天，美国三大股市全线暴跌，且跌幅达2%以上，国际金价创历史新高，美国债务危机在损害美国自身主权信用的同时严重冲击了全球金融体系，增加了全球经济的不确定性。

二、欧洲主权信用危机的发生及演进

2009年12月11日，希腊政府披露其公共债务高达3000亿欧元，导致全球三大信用评级机构集体下调希腊的主权信用评级，希腊主权债务危机爆发。2010年4月23日，希腊政府正式向欧盟与IMF申请援助，2010年4月27日，标准普尔将希腊主权信用评级下调至垃圾级别。2010年7月国际评级机构穆迪下调了葡萄牙的主权信用评级，欧洲主权信用危机（又称欧洲信用危机、欧洲主权债务危机，或欧债危机）开始向欧元区其他国家蔓延。2011年3月穆迪下调了西班牙的主权信用评级，欧洲信用危机开始从欧元区外围国家向核心国家蔓延。2011年9月19日，标准普尔公司将欧元区第三大经济体意大利长期主权债务评级从A+降为A，前景展望为负面。作为欧元区第三和第四大经济体，意大利和西班牙在欧洲经济中的地位至关重要，债务违约对市场的冲击力度远非希腊等国可比。随着意大利及西班牙债务危机逼近，2011年11月28日穆迪称，欧洲的债务危机正在威胁全部欧洲主权国家的信贷情况，这意味即使AAA评级的德国、法国、奥地利和荷兰都有危险。随后，整个欧盟体受到牵连，欧债危机不但没有缓解迹象，还不断地向核心国家蔓延，葡萄牙、西班牙、意大利先后被卷入其中。2011年11月，德国国债拍卖失败，奥地利和芬兰国债收益率上涨，融资成本上升，法国主权评级两遭警告，市场情绪难以提振，大多投资者早已开始转移视线。连非欧元区的英国，也同样开始感受到债务危机所带来的寒冬。据最新数据，2011年第二和第三季度，英国经济增速分别为0.1%和0.5%。此外，第三季度失业率达到8.3%，创下15年来新高。经合组织此前发布的报告表明，受欧洲信用危机影响，英国经济2012年1月至6月间增长预期为负面，或面临“双底衰退”。2012年5月17日信用评级机构惠誉将希腊长期主权信用评级从“B-”下调至“CCC”，指出希腊有可能离开欧元区是此次信用评级下调的主要原因。

欧洲主权债务危机问题大致经历了三个阶段①

第一个阶段是来源于北欧小国冰岛的“外向型”债务。受金融海啸的冲击，过度扩张的冰岛金融业就首当其冲地陷入了困境。由于资不抵债，冰岛三大银行被政府接管，其债务转变成了政府主权债务。根据美联社的统计数据，当时冰岛的外债规模为其GDP的300%左右，总额高达800亿美元。理论上来说，冰岛已经破产，面对冰岛的严峻危机，国际货币基金组织（IMF）等采取一些措施对冰岛进行了救援，从而使得冰岛暂时告别了债务危机。

第二个阶段是来自中东欧国家的“外来型”债务。中东欧国家满足于转轨体制的需要，一直保持了较高的债务水平，金融危机以后，又进一步提升了财政赤字比例，使得债务风险进一步暴露。国际著名评级机构穆迪在2009年年初调低了乌克兰的信用评级，并且认为东欧的形势在不断恶化。但在世界银行、国际货币基金组织、欧盟等的救助下，中东欧的债务问题没有引起大的金融动荡，并逐渐恢复。

第三个阶段是来自希腊、西班牙和葡萄牙等欧洲国家最具普遍性的“传统型”债务问题。2009年10月，刚上任的希腊新政府宣布其当年财政赤字和公共债务预计占其同期GDP的比例将分别达到12.7%和113%，这远远超过了欧盟规定的水平。鉴于不断恶化的希腊财政状况，国际三大评级机构相应先后调低了希腊主权信用评级。此后西班牙、意大利等欧洲国家的信用评级也被调低，就此欧元区主权债务危机全面爆发。

就欧债危机的演化而言，2012年年末以来，一系列积极迹象集中涌现：一是危机国家的国债收益率大幅下行；二是主权违约风险大幅下降；三是市场恐慌情绪明显缓解；四是欧元大幅走强；五是欧洲股市有所反弹。但欧债危机的源生风险，即债务基本面风险并未明显缓解，根据IMF的预测，2013年，欧元区负债率将从2012年的93.62%升至94.92%，大幅高于2008—2011年危机期间年均的80.91%和历史平均的70.93%；欧盟负债率将从2012年的87.22%升至88.76%，大幅高于危机期间年均的74.96%和历史平均的60.53%。在边缘国家继续滑向深渊的同时，核心国家除了德国外均在风险积聚，2013年，希腊、英国、法国和意大利的负债率恐将升至170.73%、

① 郑联盛．欧洲债务问题：演进、影响、原因与启示［J］．国际经济评论，2010（3）．

91.37%、90.75%和123.8%，只有德国负债率有望从78.87%降至77.45%。此外，欧洲经济走出衰退也尚需时日，根据彭博的预测[①]，要到2013年第三季度，欧元区才有望结束GDP连续负增长的态势，实现0.1%的微弱复苏。无论怎样，欧洲信用危机已经成为继2008年世界范围的金融危机之后（尽管没有明确的界定，但市场大多同意，2009年下半年是次贷危机结束的时点），人类面临的又一次严峻挑战。

欧洲债务危机产生的直接原因是欧洲各国政府大量借债，而财政收入增加有限，导致严重的财政赤字。2010年欧元区国家希腊、意大利和比利时3个国家的债务均超过了本国GDP。标准普尔认为，欧洲债务危机的根源并非仅是财政问题，而是欧元区核心国家和边缘国家竞争力差距不断拉大。换言之，欧洲债务危机并不仅仅是因为南欧国家花得太多，而是挣得太少；并不仅是财政不可持续的问题，更是竞争力下滑，经济发展不可持续的问题。具体来讲，都有着国际经济外部环境、国内产业结构不合理、刚性的福利政策、欧盟独有的财政货币体制和救助机制缺位等多方面的原因。

欧洲主权债务危机经过不断发展演变，已经影响到全世界各国经济的稳定发展，成为全球极为关注的问题。目前，危机所产生的蝴蝶效应已经凸显，债务危机影响到了欧元区各个国家的多个行业，旅游业是一个对环境高度敏感的产业，因而旅游业受到的冲击较为严重。

三、金融危机和欧债危机对旅游业的影响

2008年的国际金融危机对旅游业的影响主要是从航空业开始的。英国两家旅行社倒闭的直接原因是它们隶属于英国的两家航空公司。航班停飞，旅行社业务相应受到影响。其次，金融危机影响到欧美整个国民经济的发展，区域消费水平降低，影响着出境旅游消费市场，并会影响中国入境旅游市场。在国内连续爆发的自然灾害和突发事件，和全球金融危机持续恶化的大环境下，我国旅游业的低负增长已经显现。

---

① 彭博新闻社（Bloomberg News）成立于1981年的美国彭博资讯公司，是全球最大的财经资讯公司，其前身是美国创新市场系统公司，该公司已经发展成为集新闻、数据和数据分析为一体的全球性多媒体集团，彭博新闻社主要为一个经济资讯平台，供世界各地的使用者用其来交换资讯，它也提供权威性的经济评论及观点，具有较大的影响力。

首先，入境旅游滑坡。入境旅游在我国的旅游业中一直占据着重要份额，一直保持快速增长的态势，特别是从2004—2007年，入境旅游人数年均增长率为10.06%，入境旅游收入年均增长率为25. 26%。据国家旅游局统计数据，2007年，我国入境总人数是13187.33万人次，同比上升5.5%，其中会议、商务旅客6960.55万人次，占5.27%[①]。2008年入境旅游人数13002.74万人次，比上年下降1.40%。其中：外国人2432.53万人次，下降6.8%；香港同胞7835.01万人次，增长0.5%；澳门同胞2296.63万人次，下降1.0%；台湾同胞438.56万人次，下降5.2%。入境过夜旅游者人数5304.92万人次，比上年下降3.1%。其中：外国人1970.41万人次，下降7.9%；香港同胞2566.86万人次，增长1.1%；澳门同胞387.90万人次，下降0.8%；台湾同胞379.75万人次，下降5.6%。国际旅游（外汇）收入408.43亿美元，比上年下降2.6%[②]。

根据国家旅游局发布的2009年旅游经济运行报告，2009年全年接待入境游客1.26亿人次，比上年下降2.7%，国际旅游收入396.75亿美元，比上年下降2.9%，入境旅游市场整体处于低位运行状态[③]。

进入2011年，随着欧洲主权债务危机愈演愈烈，全球经济复苏的不确定性增加，国际金融市场持续动荡。中国入境旅游人数和入境旅游收入的同比增长率再次反映了我国入境旅游业脚步放慢这一趋势。根据国家旅游局公布的数据，2011年入境旅游人数1.35亿人次，增长1%；入境过夜旅游人数5730万人次，增长2.9%；旅游外汇收入470亿美元，增长2.5%；出境旅游人数6900万人次，增长20%；全国旅游业总收入2.25万亿元，增长20.8%。2012年，我国出境旅游超过8000万人次，增长15%。入境旅游1.33亿人次，下降1.5%，其中入境过夜旅游5740万人次，与上年基本持平；旅游外汇收入485亿美元，与上年基本持平[④]。

其次，金融危机影响到欧美等发达国家的资本市场和经济衰退，影响到国外旅游者的消费行为和消费需求，相应地影响到我国入境旅游客源市场。我国入境旅游客源主要来自我国的香港、澳门、台湾以及韩国、日本、俄罗斯等周边地区和国家。目前我国香港、台湾以及韩国、日本等均已深受冲击，股市暴跌，经济发展速

① 中华人民共和国国家旅游局．旅游统计［EB/OL］. 2007.http：//www.cnta.gov.cn/html/rjy/index.html，2007.

② 2008 年中国旅游业年度统计公报［EB/OL］. http：//www.askci.com.

③ 中华人民共和国国家旅游局．旅游统计［EB/OL］. http：//www.cnta.gov.cn/html/rjy/index.html，2009-10-30.

④ 国家旅游局局长邵琪伟 2013 年 1 月 10 日成都讲话。

度放缓。在远程市场方面，我国入境客源的主体是“西方7国集团”中的美国、英国、德国、加拿大和法国等国。目前这些国家股市低迷，企业投资缺乏信心，私人消费普遍缩减。在此背景下，无论是公务旅游还是消遣旅游都受到影响。

再次，金融危机使我国人民币升值压力加大，旅游价格优势削弱[①]。

在美国国内经济持续衰退的情况下，美国政府大量发行美元以刺激经济，从而导致美元大幅贬值。与此同时，金融危机使信贷紧缩问题严重危及欧洲，并拖累各国经济步入衰退，欧元、美元贬值压力加大，人民币升值加速。迄今为止，人民币兑美元、欧元、日元、港元等其他货币也呈现不断升值态势。

金融危机对市场供给及企业经营造成影响。全球范围内的财富缩水、资金趋紧、经济衰退，我国旅游业引进外资的外部环境有恶化倾向。外部需求减少，旅游企业经营国际业务困难加大。

金融危机也影响到旅游投资与就业。2008年我国旅游投资增长受到几方面的限制：一是旅游融资受限；二是旅游经济整体表现不佳影响了投资者的投资信心，旅游投资热度降低。金融危机损害了旅游经济的发展，而旅游经济发展遇阻又反过来影响旅游就业。旅游企业在不景气的情况下更可能减员裁员，导致旅游就业压力增大。因此，金融危机损害了旅游经济的发展，而旅游经济发展遇阻又反过来影响旅游就业。

金融危机也影响到国内旅游市场，表现为国内旅游消费信心受挫。瑞信[②]全球新兴市场消费者调查结果显示，受欧债危机的影响，巴西、俄罗斯、印度和中国（金砖国家），消费者信心较上年有所降低[③]。根据国内市场调查显示，2012年第三季度居民的出游意愿为84.1%，低于上年同期4.8个百分点；反映出消费者对未来收入增长预期不高，旅游消费犹豫。可见，在中国股市、楼市、车市持续低迷、就业压力增大、居民消费意愿下降的情况下，国内旅游市场将有可能出现旅游动机下降、旅游次数下降、旅游支出下降、旅游线路缩短的“三降一短”格局[④]。

---

① 王海荣，方良腾．深圳商报，2009.

② 瑞信银行（Credit Suisse）成立于1856年，总部设在瑞士苏黎士，是全球第五大财团，瑞士第二大的银行。瑞信原名为瑞士信贷，2006年，瑞士信贷正式更名为瑞信。瑞信银行是一家经营个人、公司金融服务、银行产品及退休金、保险服务的投资银行和金融服务公司。

③ 黄继汇．瑞信调查显示新兴市场消费者依然充满信心［N］．中国证券报，2012.

④ 陈昕．欧债危机下的中国旅游业发展研究［J］．经济问题探索，2012（11）：117-122.

根据《世界旅游组织的报告——全球经济危机对地方旅游目的地的影响考察报告》，全球金融危机已使国内和国际客源地市场受到严重影响，旅游业的动力性已得到极大改变，旅游需求集中在脆弱性较小的市场和更加安全的部门。

根据该考察报告，经济下滑对国际旅游流在城市、海岸地和山地目的地及其他方面的影响是非常大的，从分析角度看，城市目的地呈现明显的下降趋势，从美国、英国开始，紧接着是德国、法国和日本。德国和英国的海岸地和山地旅游目的地方面客源地市场受到的影响最为严重，同样，德国和英国的多种目的地产品旅游客流也出现严重下降。

2010年，联合国世界旅游组织《世界旅游景气报告》表明，2009年，全世界国际旅游人数下降了4.3%，其中，以商务、休闲及其他目的出行的国际旅游者数量下降到了8.8亿人次，前三季度分别下降了10%、7%和2%，最后一个季度增长了2%，国际旅游的复苏甚至超过了对2009年的全年预期，而亚太地区以及中东地区率先在2009年上半年就开始复苏。同时，国际旅游收入的变化趋势与旅游者人数的趋势基本相似。2009年前三个季度的旅游收入下降了6%。

第二节　全球金融危机爆发的原因

由于2008年金融危机发源于全球经济和金融中心的美国，它不同于以往发生在外围国家的区域性金融危机，而是一次全球范围内的危机，其规模和强度超过以往任何一次金融危机，对世界经济造成的破坏也是史无前例的。本次发生在21世纪以来全球金融业过度膨胀的背景下，以往的金融危机理论在解释危机的成因上难免存在缺失。纵观本次危机的发展历程，其根本原因在于全球经济金融化背景下虚拟经济的过度膨胀。当虚拟经济与实体经济的失衡无法调和时，这种矛盾必将以金融危机的形式爆发。

一、金融危机爆发的直接原因：美国房地产市场逆转

（一）美联储极具扩张性的货币政策

20世纪90年代以后，在信息技术革命的推动下，美国经济经历了第二次世界大战后前所未有的持续高速增长，股票市场空前繁荣，全球资本争相流入美国。然

而，2000年IT泡沫破灭，美国经济从当年第三季度开始降温，GDP增长速度由第二季度的4.8%跌落为3.5%。为了应对经济下滑，美联储于2001年1月3日宣布降息，联邦基金利率从6.5%下调到6%，同时将贴现率从6%下调到5.75%，拉开了美联储降息的序幕。之后发生的“9·11”恐怖袭击事件更进一步打击了美国消费者的信心。美国经济在2001年跌入谷底。为了刺激居民消费，提升企业和个人投资意愿，美联储采取了极具扩张性的货币政策，连续13次降低联邦基金利率，到2003年6月25日，利率已低至1%，创第二次世界大战以来最低水平，2004年5月起，利率又开始上调，到2006年5月达到新高，2007年9月，联邦利率又下降，到2008年年底创新低，一直持续到2010年9月（见图2-1）。

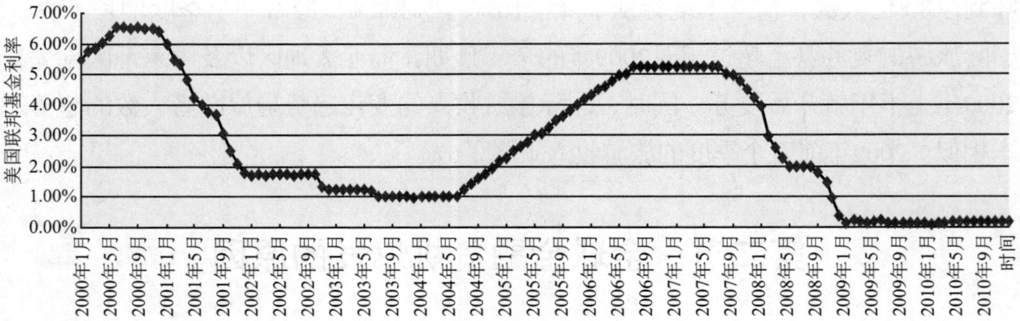

图2-1　美国联邦基金利率走势

资料来源：美联储。

（二）美国房地产市场的扩张，房价不断攀升

超低的联邦基金利率支撑了美国经济的持续增长，居民收入大幅提高，内需得到极大释放，财富效应、住房贷款利率随后的下降和银行贷款条件的放松使得居民购买房屋的热情高涨，刺激了美国房地产市场的发展。在美国个人财富中，金融资产和不动产是主要组成部分，而不动产中绝大部分都是房产。据S&P/Case-Shiller房价指数显示，与股票、债券等金融资产相比，房产价值增长最快，而波动性或风险最小，并且和其他资产具有不同的周期性特征，投资房地产可以在一定程度上起到和其他资产对冲风险的作用。房产的低流动性也在逐步改善。在全部财富效应中，

房产的杠杆作用最大。消费者支出的强劲增长成为支撑美国房地产市场发展的基本动力，美国家庭房地产拥有率从1987年第四季度的64.1%上升到2006年第四季度的68.9%。

房地产市场的繁荣带动房价一路攀升。美国两大房价指数显示，2000—2007年的房价涨幅大大超过过去30多年来的长期增长。其中，S&P/Case-Shiller关于美国主要大城市的房价指数显示，2006年6月美国房价涨至189.9的历史新高，是1996年年底的2.34倍。其中，2000年以来就上涨了93.2%。美国联邦住房企业监管办公室（OFHEO）的房价指数（HPI）是一个最为全面和准确反映美国房价的数据，它集中编制了美国1975年以来51个州的房价指数，按照季度发布。该指数显示，自1993年第二季度以来，美国整体房价呈现持续上涨的趋势，到2007年第二季度达到了顶峰，HPI指数累计比1993年第一季度上涨了121.4%，比2000年第一季度上涨了69%（见图2-2）。

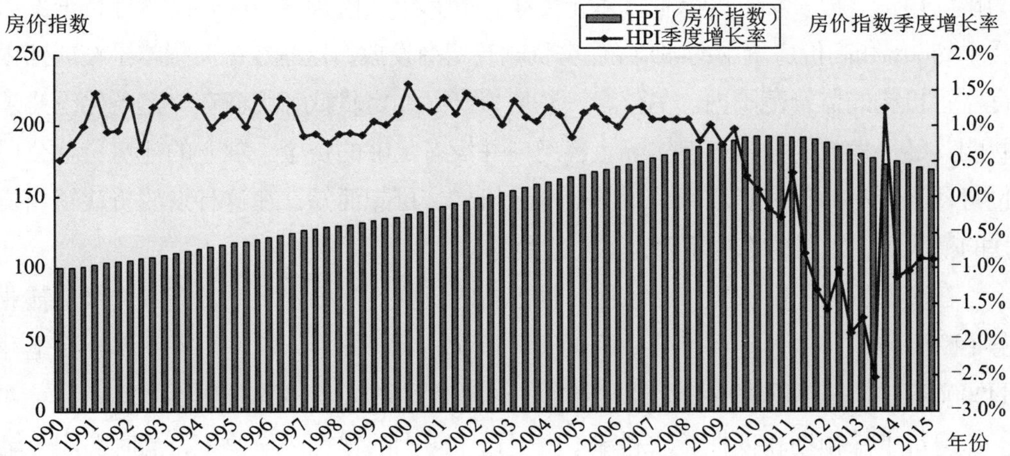

图2-2 美国房价指数

资料来源：EcoWin。

在房价上涨预期的刺激下，加上抵押贷款利率下降导致购房成本降低，美国居民纷纷加入抵押贷款购房的行列，银行房贷业务一片繁荣。从2001—2006年年底，抵押贷款发放规模一共增加了4070亿美元，达到25 200亿美元，2003年曾达到最高的37 750亿美元。其中增长最快的是次级抵押贷款，到2006年年底发放规模达到

6000亿美元，是2001年年底规模（1900亿美元）的3倍多，占抵押贷款市场份额从2001年的8%上升到2006年的24%。

（三）资产证券化推波助澜

由于利率较低以及房屋价格上升，放贷机构和次级贷款借款人面临的风险大为降低。对于放贷机构来说，在利率水平整体下降的背景下，次贷市场较高的利率无疑更加具有吸引力。由于房价不断上涨，即使借款人违约，贷款机构也完全可以通过拍卖房产收回本息，因此借款人违约而给贷款机构带来贷款本息损失风险的概率大为降低。另外房价的不断上涨也使银行可以轻易地将贷款打包出售，不仅转移了潜在风险，而且将资金再次进行放贷获取利润。

对于借款人来说，利率下降使借款人融资成本大为降低，进入次级贷款市场变得更加容易。此外，为了吸引更多的借款人，从2005年下半年开始，商业银行采取了更为宽松的审核过程，甚至还接受缺乏充分资信证明文件或具有高债务/收入比的借款申请。放贷标准的降低基本上发生在联邦银行监管规定的范围之外，全部房贷中约60%和高价房贷中约45%经住房贷款经纪商发放，这些经纪商根本不在联邦银行监管机构的监管范围内。另外，一些房贷产品约定贷款经纪商在一定条件下必须回购其经手发放的贷款，但实际上经纪商并没有足够的资金。独立的住房贷款公司也将几乎所有的住房贷款销售给其他金融机构。可想而知，在这种发放贷款销售贷款的模式下，放贷标准的下降是不可避免的。

在商业银行不断放宽审核条件、推出新的贷款产品的情况下，美国次级贷款业务不断膨胀，其中浮动利率贷款占了次级贷款的大部分，即使在短期利率开始上升的2006年，该占比仍然持续上升，当年上半年达到67%，下半年上升到72%。

房价上涨预期和抵押贷款利率下降促进了美国的银行房贷业务，同时美国金融监管的放松使金融创新层出不穷，不断推出复杂的次级抵押贷款资产证券化产品，衍生次数和交易链条不断延长，增加了金融危机的系统性风险。实践证明，在监管体系缺位的情况下，风险正是从包含次贷的房贷基础资产发源并在房贷证券化产品链条累积，最终酿成金融危机。

（四）金融监管的放松

从深层原因来看，美国住房抵押贷款规模的不断扩大、以次级抵押贷款为标的金融衍生品不断创造出流动性是与美国金融监管的放松，尤其对次级抵押贷款市场未加以严格管制密切相关的。过度的信用创造增加了金融危机发生的可能性，并将风险传播到更广泛的领域，而美国金融业的监管模式无法适应现实的需要，未对次级抵押贷款市场的潜在风险予以及时修正，成为美国次贷危机爆发的重要原因之一。

次贷危机所暴露的是美国监管方面的一些深层次问题。面对市场新的变化和发展又没有法规明确授权，监管者的手脚被进一步束缚，使得原本具有优势的分散监管体制反而演变成一种劣势。这种监管体制表面上看起来每一业务领域都有专职监管机构负责监管，但在当今金融业混业经营的趋势下，金融机构多种业务交叉，金融创新业务往往同时涉及银行信贷、证券、保险、投资银行等多个业务领域，单一领域的监管往往使交叉领域出现监管真空，特别是对于涉及系统性、全局性的问题缺乏有效监管和协调，导致监管缺失和效率低下。

（五）美国货币政策转向，房地产市场逆转

2004年6月30日，美国货币政策走向发生变化。为了抑制通货膨胀，美联储在两年内连续17次加息，使联邦基金利率达到5.25%的高点，美国房价开始降温，为次贷危机的爆发埋下伏笔。

美国次级房贷，特别是其中的浮动利率贷款质量取决于两个主要前提：第一，房价持续增长；第二，短期利率持续低下。换言之，次级房贷浮动利率违约/拖欠和抵押回收高度敏感于房地产销售/房价下降和房贷利率上升。随着美联储对利率的调整，这些次级抵押贷款的利率也须重新设定或本金重新计算，借款人面临的还款压力就显著上升了。同时，由于房价出现下跌，次贷借款人通过房地产抵押再融资的渠道受阻，最终使得他们因无法承受利息的大幅增长而开始破产，房贷违约率和抵押回收率双双加速上升，其中次级房贷特别是次级浮动利率房贷增幅大于正常房贷。2006年下半年，住房按揭贷款的违约率开始上升，反映了次贷资产质量的恶化。到2007年年底，360万宗可调节利率次贷中，大约有1/5严重违约。这个比例大概是2005年的4倍。而2008年，大约有150万宗次级可调节利率贷款将要被调高利率。

二、金融危机爆发的根本原因：全球经济金融化和虚拟化

从世界经济的发展历程来看，实体经济与虚拟经济的协调和匹配至关重要。当虚拟经济和实体经济匹配良好时，虚拟经济为实体经济发展提供融资渠道，转移市

场运作风险，从而有效保障实体经济的发展。然而，当虚拟经济过度膨胀时，泡沫一旦破灭，就会影响实体经济发展。综观此次金融危机，其实就是全球经济过度金融化导致虚拟经济膨胀，虚拟经济和实体经济严重失调的结果。

全球经济金融化和虚拟化的表现：

20世纪以来，随着经济全球化进程的加快，世界金融业发生了巨大发展和变革。无论从外延到内涵、从形式到内容，金融业都发生着深刻的变化，并影响和改变着全球经济的发展。进入21世纪后，全球金融格局又出现了一系列的新变化，其中最重要的变化之一就是全球经济金融化的趋势越来越明显，表现在：金融资产膨胀迅速，全球经济虚拟化大大加深，国际金融的发展远远快于经济全球化的发展。

1. 金融主导的全球经济金融一体化

21世纪以来，在世界范围内出现了全球经济金融一体化发展远远快于经济一体化的发展趋势，从而形成了一个由金融主导的全球经济一体化过程。在过去20年里，全球经济一体化发展迅速，跨国公司的发展带动全球的生产越来越超越国家界限。但是，全球金融的增长远远快于生产的增长。从1986—2006年，全球GDP的增长平均速度是3.23%，全球贸易的平均增长速度是6.48%，全球资本市场增长的速度，平均每年是13.67%，远远快于生产和贸易的增长速度（见图2-3）。

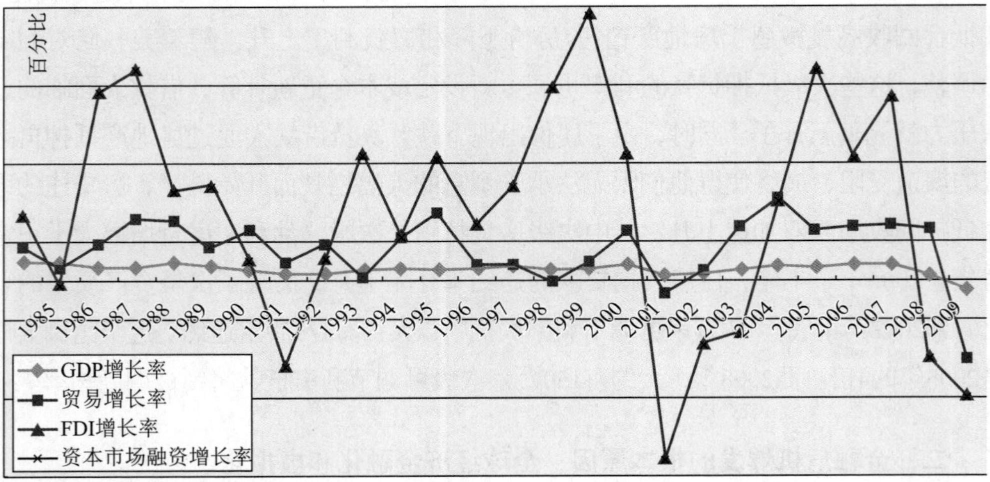

图2-3 全球经济、贸易、FDI和资本市场融资增长率（1984—2009年）

资料来源：IMF，UNCTAD，WTO。

与此同时，资金的运作越来越脱离实体经济的运行。根据BIS《2007年外汇和衍生品市场报告》（*Foreign Exchange and Derivatives Market Activity in 2007*）的统计，和2004年相比，全球外汇市场的日均交易量提高了69%，达到了史无前例的3.2万亿美元。其中，外汇互换和远期外汇合约增长速度超过外汇市场日均交易量的速度，分别达到了80%和73%。另外，参与外汇市场交易的对冲基金、养老基金、共同基金和保险公司所涉及的外汇日均交易数量也由2004年的5850亿美元增加到2007年的1.235万亿美元，增加了一倍多，而且这些金融机构进行外汇交易的金额占到了外汇交易总量的40%。由于这些交易是在没有任何贸易背景和生产背景下发生的，交易的目的纯粹是融通资金、获取盈利或规避风险，因此这样的交易数量越大，金融风险发生的概率就越高，而且任何实体经济的不利变化都可能使资金交易方式、方向以及规模发生大幅逆转，并可能通过金融市场的交易传递到其余的经济实体。

2. 金融资产急剧膨胀

在过去20年里，随着全球金融深化程度不断加深，银行业、债券市场和股票市场的金融资产迅速增长。根据国际货币基金组织统计，1980年全球金融资产价值只有12万亿美元，与当年全球GDP规模基本相当。到2007年，全球金融体系内的商业银行资产余额、未偿债券余额和股票市值合计达到了230万亿美元，是当年GDP的4.396倍。

在此过程中，银行资产规模和直接融资飞速发展。根据IMF的统计，全球银行的资产规模从1990年的7.69万亿美元增长到2007年的95.8万亿美元，增长了十几倍；1990—2000年银行资产平均每年增长4.3%，而自2000年以来银行资产平均每年增长14.3%。债券市值占GDP的比重从1991年的72.45%提高到2007年的123.2%。同时，随着2003年全球进入新一轮经济上升周期，股票市场也迅速膨胀，2007年全球股票市场市值规模达到65.1万亿美元，与当年全球GDP的比值达118.7%。

3. 金融衍生品迅猛发展

近年来，在经济快速发展和金融自由化浪潮的推动下，全球衍生品市场保持着迅猛的增长势头。1998年，全球衍生品名义价值（即衍生品对应的基础资产的金额）存量为80.3万亿美元，总市值（即衍生品交易的实际市场价值）为3.23万亿美元。而到2007年年末，全球衍生品名义价值为630万亿美元，为同年全球GDP总量的11.81倍，其中以金融资产为基础的金融衍生品占全球全部衍生品的95%以上，是衍生品交易的核心。

4. 金融结构直接融资化

20世纪80—90年代以来，由于跨国兼并浪潮的兴起和欧元的面世，国际股票投资和欧元债券融资大幅度上升，国际市场上的融资结构发生了较为明显的变化，表现为商业银行在国际市场上的间接融资的重要性有所下降，直接融资作用明显提升。

在发达国家金融业的发展史上，由于直接融资的发展和金融管制的放松，间接融资比重不断下降，直接融资比重则直线上升，融资结构越来越多的是从银行的融资走向资本市场，走向债券市场的融资，使银行的信用媒介作用受到空前挑战。

同时，新兴经济体国际融资的方式也在悄然发生着改变，过去主要依赖国际贷款的融资模式已经出现了多元化发展的新局面。在对外融资中，债券和股票的融资比例明显上升。进入2001年后，新兴市场国家对外融资中的债券融资比例开始超过贷款融资，成为最主要的融资手段。另外，从整体上看，2000—2005年，包括债券和股票在内的证券化融资一直保持在55%—60%的水平，证券化融资已经成为新兴市场国家对外融资的主要手段。

5. 对冲基金和私募基金增长强劲

随着全球经济的持续强劲增长，金融风险也不断增加，直接刺激了以高风险投机为手段并以营利为目的的金融基金的快速发展。对冲基金和私募基金的强劲增长，已经成为近年来全球金融格局中的一个重要特征。

对冲基金最早在20世纪50年代出现，但是直到20世纪80年代并未引起人们的太多关注。20世纪80年代以后，随着金融自由化的发展，对冲基金有了更广阔的投资机会，从此进入快速发展的阶段；特别是20世纪90年代，世界通货膨胀的威胁逐渐减少，同时金融工具日趋成熟和多样化，对冲基金进入了蓬勃发展阶段，从1990—2000年，3000多只新的对冲基金在美国和英国出现，资产规模达到4900多亿美元。21世纪以来，对冲基金的增长速度更是成倍增长，从2000—2006年，对冲基金数量翻了3倍，资产规模翻了近4倍。由于对冲基金的投资对象较为特殊，交易信息透明度较低，并且监管松散，成为全球金融风险的重大隐患。

自20世纪90年代以后，私募基金的发展速度远远超过公募基金。1988年以后，私募数量以平均每年超过17%的速度增长，在进入21世纪后继续保持高速增长。私募基金的投资领域主要是兼并收购、风险投资、基础设施、房地产、危机债券和基金中的基金。由于21世纪以来全球并购活动风起云涌、基础设施建设快速推进以及房地产市场持续升温，年金、捐赠资金和来自富人的投资以越来越快的速度进入私募基金。截至2005年年底，全球私募基金资产管理规模已达到1.4万亿美元。2006年全球私募基金的募集总规模达到4320亿美元，其中收购资金达2120亿美元，私募基金主导的交易占全球并购交易的20%，美国的并购案有27%是由私募基金经手。私募基金的强劲增长，将极大地推动全球并购活动的进一步发展。

6. 全球经济金融持续失衡

近年来，全球经济金融失衡持续加深，成为全球瞩目的一个发展特征。全球失衡主要表现为少数国家储蓄不足，同时过度的消费超出了生产能力，大规模的进口导致经常项目下的大规模赤字，政府同样是较大规模的预算赤字，“双赤字”通过外债进行平衡，引起了资本账户大规模的资本流入。而其余少数国家由于消费不足，高投资和大规模的出口产生了巨额经常项目盈余，该盈余通过资本市场重新回到赤字国家支撑其借贷消费。

全球的主要贸易顺差国包括日本、中国、沙特阿拉伯和俄罗斯等国家，主要的贸易逆差国包括美国、西班牙、英国、澳大利亚和法国等国家。2000年以来全球的供给和需求两方贸易方式的差距越来越大，即盈余方和赤字方的规模都在不断扩大，其中亚洲和石油输出国在盈余方扮演了最为重要的角色，美国则是赤字方最为重要的角色。

21世纪以来，全球失衡又出现了一些新特征：

一是石油美元成为全球失衡的重要角色。从2004年开始，石油出口国已经取代亚洲（石油出口国除外），成为全球贸易盈余最多的经济体系，石油美元的广泛流动成为加剧全球经济失衡的重要因素之一。

二是失衡的集中度大幅提高。1980年全球前五大贸易逆差国的总额为615亿美元，占全球逆差的比重为26%，占全球GDP的0.5%；2006年全球前五大国的逆差总额超过了1万亿美元，占全球逆差的比重为82%，占全球GDP的比重达2.3%。与此同时，全球前五大顺差国的顺差总额从1980年的842亿美元达到了6000多亿美元，占全球顺差的比重从1980年的73%下降到53%，占全球GDP的比重从1980年的0.7%上升到了1.4%。

三是美国国际收支账户的净支出项目发生了前所未有的赤字。2005年年底美国对外负债总额为13.6万亿美元，而持有的国外总资产为11.1万亿美元，净负债为2.5万亿美元（相当于美国GDP的20%）。随着近年来利率的不断上升，美国为其负债所支付的利息也随之攀升，且上升幅度为过去90年中最大的，结果导致美国向国外支付的利息已经超过其国外投资利润，2006年出现了72.3亿美元的赤字。

据IMF估计，如果美国经常项目逆差维持在GDP的5%以上，美国对外净负债在未来10年将达到GDP的50%，未来25年将超过GDP的100%。一旦持有美元资产的风险积累到一定程度，国际资本流动将会出现逆转，美国经济失衡输出美元、其他国家向美国输出资本这一持续多年的失衡中的平衡就会被打破，随之而来的将是以美元危机的方式对经常账户失衡的强制纠正。

7. 经济虚拟化引发金融危机

美国次贷危机的发生，使得实体经济和虚拟经济的失衡问题逐渐暴露。随着危机的发展，华尔街独立投资银行模式彻底瓦解，金融资产规模大幅萎缩，过度虚拟化的发展方式宣告失败。事实表明，虚拟经济发展必须依托实体经济的发展，若虚拟经济发展速度远远超过实体经济发展，导致大量金融风险无法化解，就会引发危机。

20世纪80年代以来，在世界范围内日益分化为实体经济和虚拟经济两大部分，虚拟经济经历了一个脱离实体经济迅速扩张的过程。其主要原因在于：布雷顿森林体系崩溃之后，美元与黄金脱钩，贵金属丧失了作为各国货币的价值基础作用。黄金的非货币化最终导致全部货币资本虚拟化；随着金融创新的发展，新的金融衍生工具和技术被广泛采用，使得利用各种证券筹资比传统的银行贷款更容易、成本更低、更具灵活性，从而吸引了大量借款人从银行贷款转向各类证券市场，加速了证券市场的扩张，国际投资经历了一个“金融脱媒”的过程，推动虚拟资产大规模增长；20世纪70年代开始，新兴市场国家的金融自由化步伐大大加快，国际资本流动更加频繁，为各国虚拟资本的运用提供了更广阔的空间，使虚拟经济的规模迅速膨胀。

伴随着虚拟经济的迅速发展，世界经济增长方式正在发生转变，产业结构的重心正转向以现代金融业为代表的第三产业。尤其自20世纪90年代以来，在华尔街的引领下，全球金融体系快速发展，逐渐出现脱离实体经济基础而自我服务的倾向。从全球范围来看，美国、欧洲和日本是世界金融业最发达的地区，其经济最大的特点是虚拟经济在经济运行中占主导地位，即虚拟经济与实体经济的非协调发展，这很大程度上体现为金融市场与实体经济的非协调发展。2002年以来，全球金融资产（即银行资产、股票市值与债券市值之和）迅速膨胀，其规模与GDP的比值日益上升，特别是2005年以来，无论发达经济体还是新兴市场，这一比例大幅增加。到2007年，欧元区和日本金融资产与GDP的比值已分别高达557.6%和546.6%，发达经济体出现了明显的虚拟化趋势。新兴市场金融资产规模也达到了GDP的272.2%。

在经济虚拟化趋势的推动下，世界各国制造了空前强大的虚拟财富体系，并在一定时期内造成虚假繁荣的景象，即泡沫经济。倒金字塔结构上层的虚拟资本越膨胀，底层实体经济的支撑压力就越大，一旦公众对金融资产价值转化为物质产品的信念破灭，或物质生产出现动荡，金融危机的爆发就不可避免。

经济虚拟化的过程使得世界经济无论在生产还是价值结构上都发生了巨大变化，随着经济增长的重心逐渐向现代金融业转移，金融系统的市场规模、专业化分工水平都极大扩展，信用制度发展到前所未有的高度。虚拟经济的核心是资产的信用化，信用化过程创造了虚拟经济的虚拟化过程，并使虚拟资产价格的运动呈现出信用特征。布雷顿森林体系解体以来，以信用行为为核心的金融创新层出不穷，虚拟经济进入了急剧扩张的发展阶段。这一阶段的典型特征是：在金融管制放松、金融业竞争格局激化的背景下，以规避金融监管和汇率、利率等市场风险为目的的国际金融创新蓬勃发展，创造出种类繁多的金融衍生品。衍生品交易中的保证金制度意味着投资者能够凭借其巨大的杠杆作用以几倍甚至几十倍的力量影响着虚拟资产的价格，使得金融衍生市场的规模大大超过其他资产市场的规模，其价格甚至会远远脱离原生工具（如股票、债券等）的价格，巨大的资产价格泡沫也就随之产生。

第三节　金融危机对世界经济的影响及其表现

金融危机对世界经济的影响是显而易见的，具体体现为：

1. 全球流动性过剩

全球经济的失衡、美元贬值、低息政策和金融衍生工具的大量使用则是全球流动性泛滥的主要原因。对于次级贷款市场而言，一般贷款机构出于谨慎考虑会采取“惜贷”原则。本来其贷款客户是资信等级较差的，但是在全球资金供给过剩的背景下，通过次贷证券化的手段使贷款机构获得了充足的资金来源，而房价的持续上涨则让贷款机构忽视风险，肆意降低了贷款审核标准。贷款标准降低，贷款规模过度扩大，再经由证券市场传导给全世界投资美国次级贷款证券的投资者，最终演绎成为全球的潜在金融风险。

2. 金融市场多米诺骨牌效应

美联储为刺激经济，在多次降息的同时放松金融管制：一方面，降低信用标准，鼓励商业银行向信用等级低的借款者放款；另一方面，允许金融机构以低成本的借贷投资于高风险资产，允许投资银行为扩大利润来源不断设计结构复杂、高杠杆的衍生品提供给客户，对冲基金大量涌现。衍生品市场在提供流动性和分散风险的同时，也使得各类金融机构以流动性为链条捆绑在一起；一旦链条某个环节出现问题，便会引起连锁反应。

3. 美国经济增长模式的终结，步入景气收缩期

随着危机的爆发，更多的骨牌开始倒下。美国经济面临通货膨胀、房地产市场萎缩、信贷紧缩等一系列问题。这场危机并没有止步于金融市场，而是通过多个渠道影响到实体经济。

危机标志着美国27年来以“美元扩张、资本市场扩张、双赤字扩张”的国民负债增长模式的终结。在过去5年来推动美国地产价格上涨的因素既不是社会财富总量扩张、贫富差距拉大、两位数通货膨胀（如俄罗斯），也不是因为大量移民涌入（如新西兰），更不是经济高速增长、人口城市化、土地供给稀缺（如中国），而纯粹是因为金融创新所带来的“虚假需求”，所以这次危机的爆发对美国的房地产需求无异于“釜底抽薪”。

表面上看，由次贷危机引发的衰退是信用收缩造成的消费低迷、经济减速。但危机背后反映的都是“全球金融机构借钱帮助美国中低收入者购房”的美国债务/消费模式的结束。长期以来，美国以双赤字为基础，不仅通过借钱来维持本国的消费，而且通过借钱来维持本国的投资，其财富总体消耗远远超出财富创造能力所能支持的范畴。次级债及相关金融创新虽然把负债增长的美国繁荣模式发挥到极点，但是这也标志着从里根时代开始的以美元信用的外部扩张和美国资本市场的内部扩张为基础，通过巨大的财政赤字、贸易赤字以及吸引国际资本流入来推动的长达27年的繁荣模式，很可能难以为继，危机导致美国经济陷入衰退似乎已经确定无疑。

4. 金融危机引起全球性通货膨胀

当前，无论是处于经济周期由高及低的发达国家，还是在经济周期持续上扬的新兴市场国家；无论是处于降息通道的美国，还是按兵不动的欧盟和日本，甚至在实施从紧货币政策的中国，通货膨胀随处可见。不难断言，当前的通货膨胀很大程度上归结于总供给曲线移动带来的全球性通胀。

亚洲国家和地区的通货膨胀都达到近年的最高水平。中亚地区2007年通胀水平已经接近9%，南亚的通胀水平达到6%，东南亚是5%左右。2007年11月美国CPI环比上升0.8%，同比上升4.3%，达到2005年9月以来的最高升幅；而2007年11月PPI更是上升3.2%，单月升幅达到1973年8月以来的最高水平，2008年1月份又上涨1%，大大超过市场预期的0.4%。欧元的升值和石油价格上涨，也使欧洲的物价水平上涨频频突破2%的警戒线。在油价不断攀升的形势下，对通胀水平的下降似乎不能过于乐观。

同时，危机后的应对政策也助长了全球通胀的发展。由于次贷危机产生的信贷紧缩，美联储和欧洲央行等货币当局沿用了应对网络经济泡沫破灭、“9·11”事件后的救市操作，采用了注入流动性和降息的办法。2007年12月20日欧洲央行采取了最有力的一次行动，其向市场输入的3486亿欧元两周期贷款创下了单次“输血”的最高纪录。美联储则在次级信贷危机之后连续性降息，仅2008年头两个月内就连续降低200个基点。美联储等西方主要经济体5家中央银行2008年3月11日宣布，决定采取联合措施向金融系统注入资金。这种应对措施虽然在短时间内缓解了次贷危机带来的流动性急剧紧缩的问题，却助长了全球通胀的势头。

5. 金融机构面临严重的经营危机与信用危机

金融危机发生后，无论美国还是世界其他国家，金融市场都是一片混乱。过度投资与放贷，大量金融衍生产品推出后监管失控，使银行形成了大量不良资产，致使金融机构资金链断裂，无法正常运转。美国五大投资银行全部消失，特别是具有150年历史的雷曼兄弟投资公司的破产，使得世界各国银行和投资人损失巨大，金融机构面临着严重的经营危机和信用危机。

6. 世界货币体系紊乱，各国货币汇率巨幅波动

金融危机发生后，各国货币汇率剧烈波动，给国际经营和外汇兑换带来重大影响。虽然在近期金融危机中美元表现强势，但根据分析，美国为缓解经济颓势，可

能会通过增加货币发行、降低利率等手段来刺激经济，美元随时可能停止升值而贬值。所以，两种因素互相作用，不可避免地会加大美元与其他国家货币汇率的波动幅度和风险。

7. 部分国家财政发生危机，经济濒临破产

金融危机发生后，部分国家经济因对外依存度高、外汇储备不足而受到严重冲击。在冰岛，国家经济濒临破产，不得不紧急向国际货币基金组织和俄罗斯求援。其他如波兰、匈牙利、乌克兰、哈萨克斯坦、巴基斯坦和阿根廷等国家经济亦濒临破产；一些制造东欧国家地产泡沫的西方银行也将破产。为了应对此次金融危机，各国政府不得不为银行大量注资或收归国有，但仍然难以避免大批金融机构倒闭和经济衰退。

8. 世界经济将步入一轮较长时间的衰退和滞胀

经济衰退和通货膨胀可能同时出现的局面引发了对于全球经济陷入滞胀的担忧。本轮的通货膨胀很大程度上由流动性泛滥引发商品价格高企所致，对于很多国家而言，主要表现为输入性的成本推动型的通货膨胀。就需求拉动型通货膨胀而言，经济衰退导致的有效需求下降将会使物价水平下调，从而使货币政策在抑制通货膨胀和促进增长之间权衡；而对于成本推动型的通货膨胀而言，衰退产生的需求下降则可能起不到应有的作用，从而导致滞胀的产生。

随着世界经济的一体化，金融系统的问题已经渗透到世界经济体系中。受金融危机的影响，世界经济必然面临一轮较长时间的衰退。其主要体现在：

（1）订单与消费急剧下降，众多经济实体面临经营困境。以美国三大汽车巨头和世界最大的花旗银行为代表的大企业集团都濒临破产，全球数以万计的企业纷纷减产、降价或倒闭，世界经济一片萧条。金融风暴的冲击已实实在在地打在商家身上，深刻地影响着世界经济未来的走向。

（2）裁员加剧，失业率大幅上升。数字显示，美国2009年9月份企业裁员近16万人，失业率达6.1%，创2001年“9・11”恐怖袭击以来的最高点；金融业、制造业、建筑业和许多服务行业就业人数普遍下降，仅华尔街金融行业失业人数就可能高达4万人。

英国2009年8月份3.25万人失业，总计失业人数达172万人，比例高达5.5%，创1992年以来的最高水平。

据经济合作与发展组织和国际劳工组织预测，受世界经济增速放缓等因素的影响，2009年全球失业人数将达到创纪录的2.1亿人。

（3）世界各国股市连连暴跌。自金融危机发生以来，世界各国股市连连暴跌，大多下跌幅度在40%~70%，给世界各国投资者带来约30万亿美元的损失。人们的资本性财产遭受了巨大的损失，这将严重影响人们的预期消费。

（4）美国贸易进口萎缩影响全球经济。次贷危机酿成全球危机的渠道之一是国际贸易，美国经济下滑和市场疲软将通过国际贸易渠道影响全球经济。美国是全球最重要的进口市场，美国经济陷入衰退将会减少美国的进口需求，这将导致其他国家出口减缓，进而影响到这些国家的 GDP增长。这对那些依靠净出口拉动经济增长的国家或地区如德国、加拿大、墨西哥、东亚新兴市场国家、石油输出国等的影响尤为显著。此外，美元大幅贬值将会损害其他国家出口商品的国际竞争力，特别是那些与美国出口商品构成同质性竞争关系的国家和地区如欧盟和日本。

（5）危机使得国际短期资本“乱流”。危机会加大全球资本流动的波动性和不确定性。从短期来看，为了弥补亏损，提高资本充足率，美国金融机构纷纷从全球市场抽回投资；同时，来自发展中国家的主权财富基金，也加大了对美国金融机构的投资力度，国际短期资本的流动方向是从其他国家流入美国。

从中期来看，美国金融机构为了重新盈利，以及美联储继续降息和美国经济持续疲软，将会导致国际短期资本从美国流向新兴市场国家进行套利，从而助涨新兴市场国家的资产价格。

从长期来看，一旦次贷危机尘埃落定，美国经济触底反弹，美联储重新步入加息周期，美元币值转跌为升，国际短期资本将会重新由新兴市场国家回流美国。最后这种情景尤其需要引起关注，因为发展中国家的历次金融危机，往往发生在美元加息和美元升值之后。

（6）金融危机使新兴市场金融风险加大。金融危机下，新兴市场可能面临更大的金融风险。部分亚洲国家1997年金融危机后的一些做法可能成为下一次危机的诱因。比如，亚洲国家当前的巨额外汇储备的确增强了抵御金融市场动荡的能力，但同时也给各国带来了资本大量流动的风险。亚洲国家的投资者越来越倾向于在相对安全的西方发达国家投资。联合国亚太经社理事会等权威机构报告指出，最近东南亚等发展中国家资本外流的危险有所显现，再次爆发货币危机的可能性上升。据世界银行统计，2005年东亚经济体（除中国、日本和中国香港以外）内部储蓄和投资金额占GDP的平均比重分别降至30%和25%以下，创下20世纪90年代以来的最低水平。摩根士丹利首席经济学家斯蒂芬·罗奇也认为，高风险抵押贷款就如同当年的互联网，可能“刺破”全球的资产泡沫，而土耳其等高负债的新兴市场经济国家可能首当其冲。

第四节　金融危机对中国经济的影响

随着中国开放程度的加深，中国经济参与世界经济和全球化的程度也在加深。因此，一旦美国经济陷入衰退，中国经济也将会有所影响。主要表现在四个方面：第一，美国进口需求下降将会造成中国出口受到影响，进而影响到经济增长和就业；第二，一旦美元大幅贬值，中国巨额外汇储备的国际购买力将缩水；第三，美国步入降息周期，将会加大中国使用加息来遏制通胀的难度；第四，美国经济衰退，将会加大国际短期资本出入中国的规模和频率，加剧国内金融风险。

2007年4月美国第二大次级抵押贷款机构新世纪金融公司破产、贝尔斯登公司所属两家对冲基金倒闭，引起美国股市大跌，就此拉开了美国金融危机的序幕。2008年1月上旬金融危机继续发展，大批全球金融大机构倒闭，高盛、摩根大通、花旗银行等美国金融巨头纷纷陷入困境，濒临破产。2008年3月至9月金融危机进一步恶化，十多家大型商行倒闭。2008年9月美国第四大投资银行之一的雷曼兄弟公司宣布破产，证券业巨头美林证券公司则以约500亿美元的“甩卖价”被美国银行收购。短短6个月里，美国五大投资银行中的三家退出历史舞台。随后，美国两房（房地美、房利美）和美国国际集团倒闭，最终被政府接管，从而将美国的金融危机推向顶峰。

由于众多金融衍生产品的传导特性，此次危机由次级贷款抵押产品迅速蔓延到非抵押产品领域，传导到全球资本市场上各种资产证券化的产品上，并冲击了整个金融市场。在金融全球化大背景下，危机引发了世界性的金融动荡，并转向全球实体经济，从而导致全球性的经济衰退。从2007年4月开始，美国GDP下降，失业人数严重增加，美国进入经济萧条期。美国国内经济的衰退带来全球贸易和需求的减少，使得相关出口贸易国企业利润下降或者倒闭，波及汽车、房地产、零售业与航空运输等多个行业，产生大量的失业者，全球失业率大幅上升，全球经济陷入全面衰退。

作为世界经济的重要组成部分，中国也受到了此次世界金融危机的影响。我国国民经济结束了连续5年超10%的高速增长，2008年GDP增速首次降到两位数以下，仅为9.0%。2008年GDP增速从第一季度的10.6%下滑到第二季度的10.1%，到第三季度继续下滑到9%，而第四季度则只有6.8%。进入2009年，第一季度GDP同比增长只有6.1%。伴随着宏观经济增速的放缓，居民消费增幅也大幅回落。国家统计局公布的数据显示，2008年消费者预期指数、消费者满意指数、消费者信心指数三大指标一起下挫，10月份消费者信心指数为92.4，创下12个月来的新低①。

金融危机对中国经济最直接的冲击表现在海外投资和外汇储备受损。据统计数据②，在中国1.8万亿美元外汇储备资产中，大约有1万亿美元投资于美国国债与机构债。其中，中国持有“两房”相关债券3000亿～4000亿美元，占官方外汇储备近20%。中国银行持有“两房”相关债券253亿美元，中国商业银行持有雷曼兄弟公司相关债券约6.7亿美元。美国金融市场动荡，必然导致资产价格缩水，从而使这一部分资产难以兑现。2007年金融危机爆发后，由于金融资产价格大幅下跌，我国海外直接投资因资产价格严重缩水，投资收益大幅下降，账面浮亏严重。中国投资有限公司（中投）30亿美元入股黑石约10%的股份，随后黑石股价下跌，出现约20亿美元的浮亏。此后，中投投资摩根士丹利再次受损。随着美国次贷危机影响的逐渐扩展，美国股市尤其是金融股大幅缩水，中投在美国货币市场数百亿美元的巨额亏损也逐渐浮出水面。中资机构海外股权收购交易项目全部处于亏损状态。③

金融危机对我国实体经济的影响体现在：

（1）出口增长放缓

一直以来，在我国经济增长的“三驾马车”中，出口贸易占据极其重要的位置，我国贸易依存度远远高于其他国家。金融危机造成美国国民财富大幅缩水，居

① 张水茂 . 当前国际金融危机对中国经济的影响［J］. 现代商业，2011（1）.

② 中国国际金融公司，2008 年年末数据。

③ 张力升 . 中国需要好银行：马蔚华与招商银行［M］. 北京：中国编译出版社，2009.

民消费支出减少。而中美贸易占据中国对外贸易总额的最大比重，美国人不消费对我国的出口带来巨大的冲击。2009年，中国出口下降16%，成为近30年来的最低点，尽管2009年下半年出口开始回转，但是欧美各国对中国的进口不可能再像金融危机那样增长迅猛，我们必须减少我国过高的出口贸易依存度，把提高国内消费当作重点。

（2）金融市场动荡加剧

美国金融危机后，世界经济一体化的金融格局，导致美国金融危机迅速传导到世界各地。希腊危机导致的整个欧洲债务危机如火如荼，随后蔓延至爱尔兰的欧洲主权债务危机给正在复苏的欧洲金融业带来了巨大影响。2011年，欧元区成员国将有大量债务到期。其中，希腊、爱尔兰、葡萄牙、西班牙和意大利到期债务分别为515.9亿、148.6亿、320.9亿、1533亿和3380.5亿欧元。由此可见，欧洲债务危机远远没有结束，必然会对我国国内金融市场产生消极的传导作用。2009年1月份，全球股市有5.2万亿美元市值被蒸发，其中，发达国家市场跌幅为7.83%，新兴市场平均跌幅为12.44%，中国A股以21.4%的跌幅位居全球跌幅的前列。

（3）就业萎缩和消费下降

就业方面，我国人力资源市场的供求关系本来就很紧张，失业人员再就业、城镇新增劳动力就业和农业富余劳动力转移就业形成“三峰叠加”；而就业结构中能够大量吸纳就业的第三产业发展迟缓，劳动力素质不适应企业需求，就业总量矛盾和结构性矛盾突出。在金融危机冲击下，就业矛盾骤然加剧，异常尖锐。据人力资源和社会保障部数据，金融危机导致企业现有就业岗位大约减少8%，城镇失业率同比上升0.2个百分点[①]。另据国家统计局数据，城镇新增就业同比大幅下降，就业需求空间急剧压缩。2008年8月以后，全国城镇新增就业出现持续大幅下降态势，12月份新增就业人数仅为38万人，比1月份下降54.2%。2008年第四季度人力资源市场岗位空缺与求职人数比下降到0.85，是近10年来的最低点。大学生就业矛盾更加突出。2009年，高校毕业生达到610万人，而就业主渠道的企业新招聘人员却减少了2成。

① 人力资源和社会保障部课题组．中国就业应对国际金融危机研究报告——我国就业面临的挑战和机遇［R］．2009，11.

金融危机导致资产价格缩水，财产性收入大幅萎缩；出口企业及其他企业效益明显下滑，居民工资性收入增速减缓。预期收入下降使得居民边际储蓄倾向上升，国内储蓄存款余额高速增长。2008年危机全面爆发后，储蓄余额快速增长，月同比增幅均在25%以上，2009年1月更是高达33.8%。收入下降和边际储蓄上升，都会拉动居民消费下降。

（4）对房地产业造成深刻影响

金融危机前，美国楼市的不断上涨给予中国等新兴发展中国家很大的信心与鼓舞，很多消费者都相信房价只会涨不会跌，国内房地产市场如火如荼、房价如脱缰的野马一骑绝尘，调控政策屡屡落空。然而，美国金融危机的来袭，给中国居民敲响了警钟，那就是房地产市场不是永远只升不降的，于是投资客纷纷撤离，居民持币观望，由于炒房热钱的出逃致使开发商房产销售不出去，虽然整体房价在小幅度上涨，但各种楼盘价格明升暗降的现象不断出现，导致很多城市出现“量跌价减”，已经成了媒体报道的热点。尽管随后随着中国政府经济振兴计划的出台，房地产市场又重新出现繁荣景象，但是房地产市场的泡沫与危险已经让大多数人有所认识和警惕。

综上所述，尽管由于经济危机影响传导机制的存在，我国经济增速的下滑存在一定迟滞，但是显然，国际金融危机已经对中国经济造成了不小的冲击。

第五节　本章小结

2008年金融危机起源于美国次贷危机，是一场发生在美国，因次级抵押贷款机构破产、投资基金被迫关闭、股市剧烈震荡引起的金融风暴。它致使全球主要金融市场出现流动性不足的危机。金融危机演变经历了美国房地产衰退，次贷违约率剧增，次贷危机升级，美欧金融市场流动性紧缩；投资遭遇损失，美欧金融机构巨亏；雷曼倒闭，直至系统性的全球金融危机。

欧债危机的演化：一是危机国家的国债收益率大幅下行；二是主权违约风险大幅下降；三是市场恐慌情绪明显缓解；四是欧元大幅走强；五是欧洲股市有所反弹。

金融危机和欧债危机对旅游业的影响：入境旅游的滑坡；影响国外旅游者的消

费行为和消费需求，相应地影响到我国入境旅游客源市场；人民币升值压力加大，旅游价格优势削弱入境旅游客源市场。

金融危机爆发的直接原因是美国房地产市场逆转；金融危机爆发的根本原因是全球经济金融化和虚拟化。金融危机和欧债危机对世界经济的影响：全球流动性过剩，金融市场多米诺骨牌效应，全球性通货膨胀，世界货币体系紊乱，各国货币汇率巨幅波动等。

第三章

金融危机理论研究综述

第一节　金融危机及其种类

一、金融危机的概念界定

金融危机（Financial Crisis）又称金融风暴，是指一个国家或几个国家与地区的全部或大部分金融指标，例如短期利率、货币资产、证券、房地产、土地（价格）、商业破产数和金融机构倒闭数的急剧、短暂和超周期恶化。金融危机可以分为货币危机、债务危机、银行危机等类型。近年来金融危机呈现某种形式混合的趋势。

《新帕尔格雷夫经济学大辞典》将金融危机定义为“全部或部分金融指标——短期利率、资产（证券、房地产、土地）价格、商业破产数和金融机构倒闭数的急剧、短暂的和超周期的恶化”。

雷蒙德·W. 戈德史密斯认为，金融危机是指：在某一段或相当长的时间里，一国的金融体系发生了超周期性的恶化并迅速崩溃，伴随着金融机构的大批倒闭和工厂的大量破产，绝大多数的经济指标急剧恶化。这一定义通过金融体系描述了爆发金融危机所产生的普遍现象。它包含以下三个层次的含义：第一，金融危机是金融状况的恶化；第二，金融危机产生的金融恶化是全部或者大部分金融领域的恶化；第三，金融危机产生的金融恶化具有突发性，是急剧、短暂和超周期的恶化。

按克罗凯特的解释，金融危机是指金融体系本身出现了严重的问题，从而引发的金融资产的大幅缩水，金融机构的大量倒闭，以及各项经济数据的极度恶化的现象。

密希肯则认为，金融危机就是一种逆向选择和道德风险问题变得过于严重，以至于金融市场不能够有效地将资源转向那些拥有最高生产率的投资项目，因而导致的金融市场的崩溃。

雷蒙德·W. 戈德史密斯对金融危机的定义是：所有金融指标或某一组金融指标，包括短期利率、资产价格、商业清偿能力等指标都产生不同寻常的、短暂的急剧恶化，以及金融机构的倒闭。

根据国际货币基金组织《世界经济展望》1998年5月所下的定义，金融危机是指社会金融系统中爆发的危机，它集中表现为金融系统运行过程中金融资产价格等金融指标在短期内发生急剧变化的现象，这些金融指标包括货币汇率、短期利率、证券资产价格、房地产的价格、金融机构倒闭数目等。金融危机使金融系统陷入混乱，丧失资产配置的功能，从而导致经济震动或经济危机①。

世界银行将金融危机定义为迫使银行体系遭受重大损失甚至消除的金融事件。

我国学术界的一种观点认为，可以将国际金融危机分为两大类：投机型金融危机和发展型金融危机。

总的来说，国际金融危机是指一国持续性的货币贬值、金融机构倒闭、金融市场动荡、借贷资金枯竭而引起的经济衰退并通过多种渠道传导到周边和与之经济联系紧密的国家，造成区域性和全局性的经济和金融指标（短期利率、货币资产、证券、房地产、土地价格、商业破产数和金融机构倒闭数）恶化。

它包括两个方面的基本内容：第一，其显著特点是对银行流动性、支付系统与偿付能力的沉重打击而导致的金融机构和金融系统衰弱；第二，在存款人和投资人的市场预期改变和信心下降的情况下，不仅使银行体系的运作面临更严峻的形势，而且引发一系列连锁反应，使得实体经济运行发生危机。

金融危机的特征是人们基于经济未来将更加悲观的预期，整个区域内货币值出现幅度较大的贬值，经济总量与经济规模出现较大的损失，经济增长受到打击。往往伴随着企业大量倒闭，失业率提高，社会普遍的经济萧条，甚至有些时候伴随着社会动荡或国家政治层面的动荡。

---

① IMF.World Economic Outlook［M］.1998，5.

二、金融危机的分类

（一）按金融危机的影响范围来划分

1. 国内金融危机

这种金融危机的影响力比较有限，而导致这种金融危机发生的原因也局限于国内。比如：国内的宏观经济政策、国内的金融体系问题等。所以，解决这种金融危机的手段也局限于国内，比如：加强国内金融监管、完善国内金融立法和规范等措施。

2. 区域性金融危机

这种类型的金融危机的影响力要高于国内金融危机，其发生的范围也主要集中在关系比较密切的几个国家之间，比如：发生在某个经济一体化组织的成员国之间的金融危机，由于组织内部成员国的关系紧密，这种危机迅速在组织内部蔓延，对非成员国的影响比较有限。解决途径也主要依靠成员国之间的相互协调和合作。

3. 全球性的金融危机

这种金融危机相对于上述两种而言，破坏力最强、影响范围最广和解决的手段最复杂。一般而言，这种金融危机首先爆发的国家是不确定的，但是随着危机的发展，这种金融危机以某种途径传导到其他国家，随着受到影响的国家数量的增加，这种危机最终升级为全球性的金融危机。这种金融危机的解决手段较为复杂，同时也需要世界各国之间相互配合，比如：国际金融机构或组织的援助、世界主要经济体之间的政策协调，以及其他危机发生国在政策上给予的配合。

（二）按金融危机的性质来划分

1. 货币市场危机

这种危机主要发生在实行固定汇率制度的国家，当该国的货币受到大规模的投机性冲击时，由于汇率制度本身的限制，导致外汇市场上本币的抛压增加，最终反映为货币对内和对外的价值脱节。而解决这种危机的方法主要是国内利率水平的提高或者利用本国的外汇储备来抗衡抛压。

2. 资本市场危机

这种危机多发于国家的资本市场，表现为国内资本市场中的资产价格出现短时间内的暴跌，导致这种暴跌的原因可以是原发的也可以是输入的。而一般情况下，资本市场的危机最终会导致本国的货币危机。相反，货币危机的爆发也可以导致本国的资本市场危机，它们之间是相互影响的。

3. 金融机构危机

这种危机是指在国内宏观经济的影响下，或者是商业银行本身的原因导致了银行巨额的呆坏账。由于银行在本国金融体系中处于极其重要的地位，银行的巨额亏损引发了国内民众对本国金融体系的极度不信任，并最终演化为金融机构危机。

4. 债务危机

是指当某个国际债务国由于某些原因无法偿还到期的债务，而这种无法偿还在短期内是无法解决的，从而导致国家信用的崩溃，导致了金融危机。导致这种情况的原因主要是债务国对本国外债管理的失误，比如：在外债结构上，短期内需要偿还的债务过于集中，导致资金链断裂；或者由于本国对外债资金利用不合理，没有形成可靠的偿债能力，导致无法偿还债务。

5. 综合性金融危机

是指上述几种危机的混合体，这种综合性金融危机对本国乃至世界的影响非常大，由于其对金融体系的巨大冲击，极易导致社会的动荡不安和政局的不稳定。一般而言，这种综合性的危机起因都源自某一个领域内的危机。比如：由于国际投机的大规模冲击，导致了货币市场危机，进而影响到本国的资产价格，导致了资本市场危机，随着危机的发展，波及本国的金融机构，演化为金融机构的危机，最后影响到全国乃至与其关系较为密切的国家，升级为综合性的金融危机。

（三）按金融危机发生的原因划分

1. 周期性金融危机

按照经济周期理论，经济的发展始终存在着四个阶段——危机、萧条、复苏和高涨，这四个阶段周而复始地循环往复。在危机爆发的时候对应的便是萧条阶段，而萧条的发生总是在空前的繁荣之后。

2. 自发性金融危机

这种金融危机的起因基本都来自国内的错误宏观经济政策的实施，导致了整个经济的基本面恶化，进而引发一连串的连锁反应，最终导致全面危机的爆发。

3. 传导性金融危机

这种危机的起源在于该经济体之外的地方。通过各种传导路径，比如：贸易传导、资本传导、预期传导，导致国内在国外爆发危机后不久便发生金融危机。

（四）根据IMF在《世界经济展望1998》中的分类

1. 货币危机（Currency Crisis）

当某种货币的汇率受到投机性袭击时，该货币出现持续性贬值，或迫使当局扩大外汇储备，大幅提高利率。

货币危机是一种金融危机，是指对货币的冲击导致该货币大幅度贬值或国际储备大幅下降的情况，它既包括对某种货币的成功冲击（即导致该货币的大幅贬值），也包括对某种货币的未成功冲击（亦即只导致该国国际储备大幅下降而未导致该货币大幅贬值）。对于每个国家而言，货币危机的程度可以用外汇市场压力指标来衡量，该指标是汇率（按直接标价法计算）月变动率与国际储备月变动率相反数的加权平均数。当该指标超过其平均值的幅度达均方差的3倍时，就将其视为货币危机。

货币危机概念有狭义、广义之分。狭义的货币危机与特定的汇率制度（通常是固定汇率制）相对应，其含义是，实行固定汇率制的国家，在非常被动的情况下（如在经济基本面恶化的情况下，或者在遭遇强大的投机攻击情况下），对本国的汇率制度进行调整，转而实行浮动汇率制，而由市场决定的汇率水平远远高于原先所刻意维护的水平（即官方汇率），这种汇率变动的影响难以控制、难以容忍，这一现象就是货币危机。广义的货币危机泛指汇率的变动幅度超出了一国可承受的范围这一现象。

自20世纪70年代初期，布雷顿森林体系崩溃以来，许多发达国家和发展中国家仍然使用钉住汇率制（exchange rate peg），以稳定的汇率作为国内货币的“锚”。然而，实行钉住汇率制的国家容易受到市场投机者的投机冲击（speculative attacks），进而引发了以钉住汇率制瓦解、货币持续性贬值为特点的货币危机，并导致整个金融体系的紊乱和崩溃。自20世纪70年代中期以来，世界各地多次爆发了以货币危机为开端的金融危机或紊乱：70年代中期至80年代初期的拉丁美洲国家货币危机、80年代初期的拉丁美洲债务危机、1992—1993年的欧洲货币体系危机或英镑危机、1994年的墨西哥比索危机、1997年的东亚金融危机、1998—1999年的巴西货币危机等。2008年始于美国次级债券贷款问题的全球金融危机造成了全球货币汇率体系的极大紊乱，至今没有平息的迹象；2010年年初的希腊债务危机就被视为投机者在希腊进行货币投机的结果。

2. 银行业危机（Banking Crises）

银行业危机是银行不能如期偿付债务，或迫使政府出面，提供大规模援助，以避免违约现象的发生，一家银行的危机发展到一定程度，可能波及其他银行，从而引起整个银行系统的危机。

此处的银行是指除中央银行、各种保险公司、各种类型的基金以外的金融中介机构，其核心部分是商业银行。

银行危机在英语中是用“bank failure”或“bank failures”来描述，而银行业危机则用“banking crisis”。目前国内外学者对银行业危机的界定也有着不同的看法。桑德拉米亚（V. Sunhdaramiarl）和巴里诺（J.T.Balino）对银行业危机进行了较系统的研究。他们认为银行业危机是指由于一组金融机构的负馈超过了其资产的市场价值，从而引起了挤兑、资产组合转换和政府干预的情况。因而危机过程中会出现不良资产比重增加，损失扩大，从而导致清算、合并或重组事件增加。卡尼斯基（Karninsky）和瑞哈特（Reinhart）是这样界定银行业危机的：发生了银行挤兑，并导致银行被关闭、合并或接管的；没有发生挤兑、关闭、合并或接管，但是出现了政府对某家或某些重要银行的大规模援救。

国际货币基金组织专家昆特（Kunt）和狄特瑞杰希（Detragiache）综合对1980—1994年世界范围内银行部门进行研究，提出了判断银行业危机的界定依据：银行系统的不良贷款占总资产的比重超过10%；援助经营失败银行的成本至少占国内生产总值的2%；银行业的问题导致了大规模的银行国际化；出现范围较广的银行挤兑，或者由政府采取存款冻结、银行放假担保存款等措施以应付危机。他们认为，只要出现了上述四种情况中的任何一种即构成银行业危机。国际货币基金组织于1998年对银行业危机下了如此定义：实际的或潜在的银行挤兑与银行失败引致银行停业偿还负债，或为防止这一情况的出现，政府被迫提供大规模的援助。

因而，这里的银行业危机是指由于金融泡沫破灭而导致银行业产生大量不良资产从而使得银行业出现支付危机而形成的。

国际金融危机的特征普遍表现为整个区域的货币币值出现了幅度较大的波动与贬值，经济增长受到严重打击，经济总量与经济规模出现比较大的损失。在金融危机中，常常有大量的企业倒闭，失业率提高，社会经济萧条，有时甚至伴随着社会动荡或国家政治层面的动荡。

欧债危机爆发后，其很快由欧元区外围国家向欧元区核心国家甚至东欧等周边国家蔓延，特别是危机已从公共部门领域向欧洲银行体系不断渗透，即欧债危机已演变为信贷危机，这意味着欧债危机正在演变为一场欧洲银行业危机。

2011年以来国际金融市场的剧烈波动，揭示了欧债危机升级并可能带来的巨大金融风险，其对欧洲银行业的冲击与影响则具体体现为：由于欧洲各国银行都有相互持有主权债务的习惯，如德国和法国银行持有大量欧元区成员国国债。除希腊外，如果算上意大利等其他问题国家也面临债务重组压力，欧洲银行业在欧债危机中将面临巨大的风险敞口。这意味着欧洲银行业会因持有希腊等问题国家国债而风险上升，因为债务重组将导致这些债券的价值贬值，必然会带给欧洲银行补充资本金的较大压力，从而可能导致欧洲银行业面临流动性全面收紧或流动性危机，甚至引发欧洲银行的严重亏损。例如，法国和比利时合资银行德克夏银行在2011年6月末持有希腊等欧元区重债国债券规模高达950亿欧元，欧债危机导致其资金链断裂，最终遭到分拆。这表明，欧债危机已转化为一场形势严峻的欧洲银行业危机，时刻威胁着欧洲银行业金融安全。目前，欧洲银行业危机主要体现在以下两个方面：一是当前欧洲银行业正面临较大的资本金补充压力。由于欧洲主要银行大量持有希腊、爱尔兰、葡萄牙、西班牙和意大利等问题国家的国债，其在欧债危机中的风险敞口巨大。从希腊国债减50%损失推知，一旦其他问题国家也出现债务减值，欧洲银行业将难以依靠自身的力量消除市场对其清偿能力的担忧或怀疑。二是流动性不足[①] 是目前欧洲银行业危机的一个主要特征。衡量欧洲银行间借贷意愿的指标——欧洲银行间利率与隔夜利率调期的息差（Euribor-OIS Spread）目前已攀升至74.8个基点，为近几年来最高点，这说明当前欧洲各国要想在区域银行间市场拆借或筹集资金已相当不易。

---

① 流动性不足是指银行有偿债的能力但是暂时没有足够的流动性资产来满足到期短期债务的清偿。资产流动性是指银行及时满足其各种资金需要和收回资金的能力。从存量状态考察，流动性是商业银行所持资产的变现能力。从流量状态考察，流动性是商业银行及时获得可用资金的筹资能力。流动性集中反映了商业银行资产负债状况及其变动对均衡要求的满足程度，因而商业银行的流动性体现在资产流动性和负债流动性两个方面。资产流动性是指银行持有的资产可以随时得到偿付或者在不贬值的情况下销售出去，即无损失状态下迅速变现的能力，资产的变现能力越强，所付成本越低，则流动性越强；负债的流动性是指银行能够以较低成本随时获得需要的资金，筹资能力越强，筹资成本越低，则流动性越强。

3. 外债危机（Foreign Debt Crises）

一国内的支付系统严重混乱，不能按期偿付所欠外债，不管是主权债务还是私人债务等。债务危机是在国际借贷领域中大量负债，超过了借款者自身的清偿能力，造成无力还债或必须延期还债的现象。20世纪80年代发展中国家受到债务严重困扰的局面。衡量一个国家外债清偿能力有多个指标，其中最主要的是外债清偿率指标，即一个国家在一年中外债的还本付息额占当年或上一年出口收汇额的比率。一般情况下，这一指标应保持在20%以下，超过20%就说明外债负担过高。

严重的债务危机无论对于债务国，还是对于发达国家的债权银行，乃至整个国际社会，都形成了巨大的压力。如国际金融组织的有关各方为解决债务危机提出了许多设想和建议，如债务重新安排、债务资本化及证券化等。尽管众多措施对缓解债务危机产生了一定的效果，但国际债务形势仍然十分严重，债务危机还远远没有结束。

4. 全面金融危机（Systematic Financial Crises）

全面金融危机也称系统性金融危机，是指主要的金融领域都出现严重混乱，如货币危机、银行业危机、外债危机的同时或相继发生。它往往发生在金融经济、金融系统、金融资产比较繁荣的市场化国家和地区以及赤字和外债较为严重的国家，对世界经济的发展具有巨大的破坏作用。

其类型有货币危机、银行业危机、债务危机和系统性金融危机。系统性金融危机是那些波及整个金融体系乃至整个经济体系的危机，比如20世纪30年代引发西方经济大萧条的美国金融危机，20世纪90年代导致日本经济萎靡不振的日本金融危机，1997年下半年袭击东南亚的亚洲金融危机等，2008年由美国次贷危机引发的全球性金融危机，2010年由希腊债务危机引发的全球性经济危机。这些危机都是从一种金融市场波及另外一种金融市场，如从股市到债市、外汇、房地产甚至整个经济体系。

5. 信用危机（Credit Crises）

信用危机是指信用过度扩张，引发通货膨胀和经济动荡，进而影响信用体系的信誉，导致其各环节发生崩溃的现象。它既有因银行自身过度增加信用和信用管理不善，个别银行发生支付困难而导致整个金融体系发生危机的情况，也有因经济危机而导致信用危机的情况。当经济危机发生时，大量商品积压，大批企业因资金周转不灵难以偿还债务，导致信用崩溃。

货币信用危机的主要表现是：在国内，商业信用和银行信用遭到破坏，银行存款被大量提取，大批银行倒闭，利息率急剧提高，商品和股票价格猛跌；在国际货币金融领域，国际信用的规模大大缩小，国际结算中纷纷要求用黄金支付，引起黄金价格猛涨、汇价剧烈波动等，使国际金融关系处于混乱状态。

综上所述，金融危机具有以下特征：

第一，金融危机的突发性。以东南亚金融危机为代表，当代金融危机都是在几乎没有什么明显特征的情况下突然爆发的，它潜藏于各个国家正常运行的经济体系之中。有的国家在危机爆发前，其经济运行状况都处在较为良好的状态，尽管危机爆发后，人们可以从实体经济和金融系统的运行中找到很多蛛丝马迹，但是，金融危机的爆发往往是出乎人们的意料之外的。

第二，金融危机爆发的频率明显加快。金融危机虽然在世界经济史上很早就出现过，但在“二战”以前，金融危机的出现在一定程度上还是一种偶然现象。其中，1929—1933年的美国金融大危机是仅有的一次大规模的金融危机。第二次世界大战以后，金融危机爆发的频率明显提高，最终导致固定汇率制受到冲击而瓦解，布雷顿森林体系崩溃，债务危机四处蔓延。从20世纪90年代至今，金融危机愈演愈烈，频率有明显加快的趋势。

第三，金融危机的巨大破坏性。由于世界范围内各国的金融系统运行的范围、周期、总量上都呈现出超越实体经济的特征，金融系统成为经济运行的中心。而且，危机爆发后，通常会在极短的时间内导致全面的、系统性的金融危机，并导致该国的金融系统全部处于危机之中，因此，金融危机所带来的结果是严重的，对整个国民经济的破坏性也是极大的。

第四，现代金融危机具有极强的传染性。20世纪90年代以来所发生的金融危机，无一例外都由危机国在不同程度上传染到其他国家，发展成为区域性的金融危机，甚至是全球性的金融危机。尽管各国政府会采取各种可能的措施来防止受到危机国的传染和影响，但是最终都会受到不同程度的影响。

第二节 金融危机理论研究分述

20世纪70年代中期，发展中国家陆续开始推行结构性的经济自由化改革和宏观经济稳定化计划，以试图打破传统体制的僵化，并保持国内通货的稳定。但所有的这些尝试都未曾在短期内达到预期的效果，反而引起了一系列的宏观经济问题，这些国家的宏观经济绩效、国际收支状况与国际外部经济环境之间表现出日趋复杂的关系，特别是金融危机的频繁爆发。金融危机最开始表现为固定汇率的瓦解，或者称为货币危机，而后则呈现出外汇市场、银行、房地产市场、股票市场同时出现崩溃的复杂症状。为什么追求经济自由化和宏观经济稳定的政策框架反而导致了金融系统的危机呢？金融危机理论由此应运而生，其研究的主要范例包括20世纪80年代初拉美的债务危机、1994—1995年的墨西哥危机、1997年的东南亚金融危机、2008年的次贷危机及2011年的希腊主权债务危机（即欧洲主权债务危机、欧洲债务危机）。

一、货币危机理论

货币危机理论研究开始于20世纪70年代后期，有关货币危机的理论也最为成熟，目前已经形成了四代危机模型。

（一）第一代货币危机模型

第一代国际金融危机模型产生于墨西哥（1973—1982）和阿根廷（1975—1981）等国家所发生的货币危机，因而又被称为典型货币危机模型。这一模型由保罗·克鲁格曼率先提出，并由弗拉德和彼得·加伯改进。该模型以宏观经济基本面为研究重点，借鉴了斯蒂芬·沙朗特（Stephen Salant）关于初级产品价格稳定机制的研究成果。沙朗特的这一机制主要是通过建立相应的国际调节机构使初级产品的供需得以实现。

保罗·克鲁格曼（Paul Krugman）在1979年发表的“国际收支平衡危机模型（A Model of Balance-of-Payments Crises）”一文中构造了货币危机的最早的理论模型。该模型主要是借助货币分析法来分析货币危机，但克鲁格曼在分析中采取了非线性形式，故难以确定固定汇率的崩溃时间。对此，弗莱德（Flood）和戈博在1984年发表的“Collaping Exchange Rate Regime：some Linear Example”一文中，对克鲁格曼提出的模型加以扩展与简化建立了线性模型。

货币危机的第一代经济学模型建立在对20世纪70年代中期至80年代初期拉丁美洲一些国家货币危机和债务危机的观察上，其代表性人物是保罗·克鲁格曼（Paul Krugman）、罗伯特·弗拉德（Robert P. Flood）、彼得·戈博（Peter M. Garber）等人。

第一代货币危机模型关注国家的宏观经济基础（Economical Fundamentals），认为当一国宏观经济基础恶化到与该国钉住汇率不相一致的水平时，该国就会发生汇率危机。扩张性的宏观经济政策导致了巨额财政赤字，为了弥补财政赤字，政府只好增加货币供给量，同时为了维持汇率稳定而不断抛出外汇储备，一旦外汇储备减少到某一临界点，投机者就会对该国货币发起冲击，在短期内将该国外汇储备消耗殆尽，政府要么让汇率浮动，要么让本币贬值，最后，固定汇率制度崩溃，货币危机发生。许多经济学家后来对其进行了改进和完善，最终形成了第一代货币危机理论。该理论从一国经济的基本面解释了货币危机的根源在于经济内部均衡和外部均衡的冲突，如果一国外汇储备不充足，财政赤字的持续货币化会导致固定汇率制度的崩溃并最终引发货币危机。当宏观经济状况不断恶化时，危机的发生是合理的而且是不可避免的。它比较成功地解释了20世纪70—80年代的拉美货币危机。

第一代货币危机的模型有一个重要假定，即信息是完全的，市场投机者可以知道国家宏观经济基础和政府政策的信息以及政府在外汇储备下降到什么临界点时不再捍卫钉住汇率的信息。因而，货币危机被认为是可以预测的。克鲁格曼将沙朗特的初级产品与货币结合了起来，他认为出现金融经济危机的国家为了弥补巨额的财政赤字，不加控制地大量印刷钞票，导致外币不断上涨。但为了维护本币的固定汇率制，央行仍然通过运用其外汇储备对本币价位进行维护。

第一代货币危机理论着重讨论经济基本面。认为一国货币和汇率制度的崩溃是由政府经济政策之间的冲突造成的，第一代国际金融危机模型对货币危机爆发的内在原因（宏观基本因素不协调进行了分析），认为这种不协调主要表现在持续不断的财政赤字与维护固定汇率制的矛盾。当一国由于多种原因（实际汇率上升、经常项目恶化）导致外汇储备不足时，投机者的理性选择是对本币进行投机性冲击，开始狂抛本币。这一代理论解释“拉丁美洲”式货币危机最有说服力，对1998年以来俄罗斯与巴西由财政问题引发的货币波动同样适用。他们对政策制定者的建议是：必须保证政策间的一致性，不断强化宏观经济基础变量。

该模型的理论前提是：第一，研究的对象为小型开放经济，在这个经济体内，居民只消费单一的可贸易商品，汇率制度采用钉住他国货币的制度。第二，本国的经济主体持有可以完全替代的资产，分别为本国货币、本国债券和外国债券。第三，不存在私人银行。国内货币的存量完全由国内的信贷总额和外汇储备来决定。第四，国内信贷增长率为外生的固定常数。第五，经济主体的预期是完全的。

则该模型可表示为：

$$M = m = \gamma D + (1 - \gamma) R，0 < \gamma < 1 \quad 式(2.1)$$

如果国内信贷以一个稳定的速度增长，可以得出：

第一代货币危机模型基本上将危机的根源归因于一国经济基本面遭遇的重大问题，尤其是糟糕的政府政策。在克鲁格曼（Krugman，2003）看来，钉住汇率将导致影子汇率与目标汇率之间出现持续的偏差，这为投机者提供了套利机会，影子汇率持续上升的过程便是危机积累的过程。影子汇率长期呈上升趋势是由于政府需要通过行使铸币权解决财政问题，没有财政问题就不会有货币危机。从这种意义上来说，在国内财政政策与固定汇率机制之间存在固有张力，正是错误的政府政策导致了货币危机。货币危机是一种必然现象，它的出现时机是可预测的。要避免货币危机发生，必须以恰当的财政政策和货币政策指引经济基本面健康运行。对宏观经济运行的基本状况实施动态监控有助于危机预测和预警，一旦发现 任何政策偏差，可以及时采取相应的措施化解问题和危机；即使危机出现，也有可能将危机冲击的强度和范围降到最小。

第一代货币危机理论重要的不足在于，它把政府假设为一个未来弥补财政赤字不考虑国内经济情况而不停发行货币的机械化单位，把中央银行假设成为守护固定汇率愚蠢抛售外汇储备直至耗尽的机构。实际生活中，政府可以根据国际收支来调节财政政策，中央银行可以用不同方法，如提高利率干预本币汇率。重要的是保护汇率制度是有成本有收益的，政府在对付货币危机采取对策时，应该权衡收益和成本。

但是，第一代货币危机理论也为各国政府提供了一个避免危机的方法，就是维持本国经济基本面的健康，采取和实施适合的财政政策和货币政策，为维持固定汇率制度提供保障，以防止大量的投机资金给本国经济带来很多不稳定因素。

（二）第二代货币危机模型

第一代货币危机模型对于财政赤字和公共债务诱发的货币危机提供了较好的解释，但却难以解释20世纪90年代发生的英镑危机和墨西哥比索危机，其原因在于当时这些国家虽然具备良好的宏观经济基础和适当的外汇储备，但在市场投机者的攻击下其钉住汇率却崩溃了。1992年，英镑危机发生，当时英国不仅拥有大量的外汇储备（德国马克），而且其财政赤字也未出现与其稳定汇率不和谐的情况。1992年欧洲汇率体系危机和1994年墨西哥金融危机的爆发，为第二代货币危机理论的发展提供了现实的基础。第二代货币危机理论经济学模型应运而生。

第二代货币危机模型最具代表性的是由莫里斯·奥伯斯菲尔德（Maurice Obstfeld）于1994年提出的。他在寻找危机发生的原因时强调了危机的自我促成（Self-Fulfilling）的性质，引入了博弈论（Game Theory），关注政府与市场交易主体之间的行为博弈。Obstfeld在其“Models of Currency Crises with Self-Fulfilling Features”一文中设计了一个博弈模型，说明动态博弈下自我实现危机模型的特点，并呈现出“多重均衡”（multiple equilibria）性质。因此，第二代金融危机模型不仅仅关注于政府单方面的线性行为，而是将政府与市场交易主体之间的行为结合起来，强调多重均衡和危机的自促成（self-fulfilling）性质。投机者的信念和预期最终可能导致政府捍卫或放弃固定汇率，用多重均衡代替单一均衡。第二代金融危机模型加入了三个要素：一是促使政府放弃固定汇率的原因，包括政府为减轻债务而促使本币贬值、因面临严重失业而采取扩张性的货币政策等；二是政府捍卫固定汇率制的原因，包括有利于促进国际贸易和国际投资、因防止通货膨胀而稳定本币信用、该国政府已向国际社会做出保持本国币值稳定等；三是在对前面两个动机进行选择时，由于人们预期或者怀疑固定汇率制将崩溃，维持固定汇率制的成本必然上升。

第二代货币危机模型也被称为“自我实现的货币危机理论”。该模型认为：一国政府在制定经济政策时存在多重目标，经济政策的多重目标导致了多重均衡。即使宏观经济基础没有进一步恶化，由于市场预期的突然改变，使人们普遍形成贬值预期，也可能引发货币危机。货币危机的发生可能是预期贬值自我实现的结果。因而政府既有捍卫汇率稳定的动机，也有放弃汇率稳定的动机。在外汇市场上有中央银行和广大的市场投资者，双方根据对方的行为和掌握的对方的信息，不断修正自己的行为选择，这种修正又影响着对方的下一次修正，形成了一种自促成，当公众的预期和信心的偏差不断累积使得维持稳定汇率的成本大于放弃稳定汇率的成本时，中央银行就会放弃，从而导致货币危机的发生。第二代货币危机模型的亮点在于不完全信息条件下的预期形成，市场交易者根据不完全信息来形成他们的政策预期，这种预期肯定具有一定的有偏性，而这种有偏性的不断累积会促成货币危机的发生。在不完全信息的条件下，市场投机者的预期是不确定的，基于此，货币危机被认为是不可预测的。

以奥伯斯特费尔德（Obstfeld）为代表的学者在强调危机的自我实现时，仍然重视宏观经济基本面的情况，如果一国经济基本面的情况比较好，公众的预期就不会发生大的偏差，就可以避免危机的发生。与此同时，另一些第二代货币危机模型则认为危机与经济基本面的情况无关，可能纯粹由投机者的攻击导致。投机者的攻击使市场上的广大投资者的情绪、预期发生了变化，产生“传染效应（contagion effect）”和“羊群效应（herding behavior）”，推动着危机的爆发，货币危机之所以发生恰恰是因为它们正要发生。

第二代的重点放在危机本身的性质、信息与公众的信心上，第二代货币危机理论侧重点在于，认为政府在固定汇率制上始终存在动机冲突，公众认识到政府的摇摆不定，如果公众丧失信心，金融市场并非天生有效的，存在种种缺陷；这时，市场投机以及羊群行为会使固定汇率制崩溃，政府保卫固定汇率制的代价会随着时间的延长而增大。第二代理论应用于实践的最好例证是1992年英镑退出欧洲汇率机制的情况。该货币危机理论较好地解释了1992年英镑危机，当时英国政府面临着提高就业与维持稳定汇率的两难选择，结果放弃了有浮动的固定汇率制。1992—1993年欧洲货币危机发生时，相关国家的信贷并没有快速增加，这些国家货币的币值在危机发生两年后又恢复到了危机前的水平，这表明货币危机在实体经济健康的情况下也会发生。

第二代货币危机理论具有如下特点：

第一，它较详细地分析了市场预期在货币危机中的作用，并探讨了预期借以实现的各种机制形式。但其过分夸大了投机商的作用。

第二，它注意到政府的政策目标不是单一的，其决策过程也不是简单的线性。并且强调货币危机的发生过程往往是政府与投机者以及其他市场主体相互博弈的过程。

第三，它指出了货币危机发生的隐含条件是宏观经济中存在着多重均衡，货币危机的发生实际上就是宏观经济从一种均衡过渡到另一种均衡。

在第二代货币危机理论中，政府不再像第一代模型中那样是一个简单的信用扩张者，对于货币危机处于一种听之任之的被动地位，而是一个主动的市场主体，它将根据自身利益的分析对是否维持或放弃固定汇率做出策略选择。由于政府策略的不同，预期的实现方式也不相同。在第二代模型中预期的实现方式有多种，如“冲击——政策放松分析”“逃出条款分析”和“恶性循环分析”。

（三）第三代货币危机模型

1997年下半年爆发的亚洲金融危机呈现出许多新的特征，这次危机发生之前，亚洲许多国家都创造了经济发展的神话，而且大多实行了金融自由化。第一、第二代模型已经无法较好地解释这场金融危机，更难理解的是，这些国家和地区经济（尤以韩国为例）在危机过后的很短时期内就实现了经济复苏，某些方面甚至还好于危机之前。

第三代货币危机模型的代表性人物是保罗·克鲁格曼、詹卡洛·柯塞蒂（Giancarlo Corsetti）与其合作者罗伯特·张（Robert Chang）和安德烈斯·维拉斯科（Andres Velasco）、迈克尔·多利（Michael Dooley），该模型关注国际金融市场的缺陷和发展中国家的道德风险问题。由于金融市场的结构性缺陷以及借款机构或国家的道德风险，容易形成过度投资和金融泡沫，从而诱发货币危机。该模型强调了第一、第二代模型所忽视的一个重要现象：在发展中国家，普遍存在着道德风险问题。普遍的道德风险归因于政府对企业和金融机构的隐性担保，以及政府同这些企业和机构的裙带关系。从而导致了在经济发展过程中的投资膨胀和不谨慎，大量资金流向股票和房地产市场，形成了金融过度（Financial Excess），导致了经济泡沫。当泡沫破裂或行将破裂所引致的资金外逃，将引发货币危机。

在方法论上，第三代货币危机模型沿袭了第二代货币危机模型，继续引用动态的博弈论和不完全信息，强调多重均衡的存在，强调市场交易者在不完全信息条件下的预期形成，强调市场交易者和政府之间的战略互动。第三代货币危机理论出现较晚，但研究者们普遍认为脆弱的内部经济结构和亲缘政治是导致危机的关键所在。

根据三代货币危机经济学模型的理论维度，西方经济学学者们做出了大量的实证研究。其中对政治经济学学者影响较大的一项实证研究是FR概率模型。1996年，杰弗里·弗兰克尔（Jeffrey Frankel）和安德鲁·罗斯（Andrew K. Rose）以100个发展中国家在1991—1992年发生的货币危机为样本，建立了可以估计货币危机发生可能性的概率模型（probit model）。这一模型将货币危机作为虚拟因变量，而将国内生产总值（GDP）增长率、国外利率、国内信贷增长率、政府预算赤字/GDP比率和经济开放程度等作为自变量（即货币危机的引发因素），用所有自变量的联合概率分布来衡量货币危机发生的概率。这一概率模型的结论是：当GDP增长缓慢、国外利率较高、国内信贷增长率较快、外国直接投资占总债务的比例较低时，货币危机发生的概率增加。

第三代货币危机理论，焦点则是金融体系与私人部门，特别是企业。第三代货币危机理论认为关键在于企业、脆弱的金融体系以及亲缘政治，这是东南亚货币危机发生的原因所在。对于1997年东南亚金融危机的解释，理论界存在着两种看法：一种认为这并非是新的危机，已有的货币危机理论已经足以解释；另一种则认为已有危机理论无法充分解释，并导致第三代货币危机理论的发展。事实上，这两种观点之间没有本质的分歧，各自从不同的侧重点回答这次危机是否是一次新的危机。前者强调原有两代理论的思路和方法仍适用于本次危机，特别是第二代货币危机理论中既给予基本面以重要地位又承认多重均衡、自我实现式冲击的存在这一模型具有良好的解释力，与此同时他们并不否认东南亚国家危机前的特征与历史上货币危机前的特征的差异。至于后者，他们更强调本次危机发生前的新表现，认为应寻找新的危机的形成和传导机制，用主流方法建立模型，但其建模的方法和对诸如自我实现、多重均衡等核心概念的认识与应用与已有的文献仍然是一致的。

第三代国际金融危机模型主要包括以下几种类型：

（1）道德风险危机模型

这是第三代金融危机模型的主要组成部分。克鲁格曼（Krugman）（1998）、柯赛蒂（Corsetti）、Pesenti和罗比尼（Roubini）（1999）认为，国内银行在借贷的过程中，由于存在政府对国内银行负债的隐性担保，会导致国内银行借贷政策中的道德风险问题。道德风险使得国内银行的不良贷款增加，因而会引发金融危机。由于有政府的隐性担保，国外投资者也乐于将资金以较低的利率借贷给国内银行，资本充足率低且缺乏谨慎监管的国内银行由于有政府的担保而投资于高风险领域，国内银行不加限度地引入外资将导致银行资产迅速泡沫化。当资产泡沫化破灭时，由于国内银行资产过多地暴露于资产市场而使其资产负债急剧恶化，陷入困境，不良贷款急剧增加。国内银行所持有的巨额不良贷款是政府将来的消费支出，银行和政府之间的紧密关系使得存款者认为政府会对陷入困境的国内银行进行救助。因此，从本质上来看，国内银行的不良贷款与财政支出是等价的。国外投资者认为政府会对由不良贷款所引起的财政赤字进行融资。他们认为，即使没有严重的财政赤字，亚洲金融危机也会发生。

（2）金融恐慌模型

金融恐慌模型最初是由戴尔蒙德（Diamand）和狄伯威格（Diybvig）（1983）在分析银行挤兑（bandrun）现象时提出的（因此称为D—D模型），亚洲危机后，拉德里特和萨克斯（Radelet & Sachs）（1998），米勒和劳格拉姆（Mille & Luangram）（1998）等人将这一模型用来解释亚洲危机，影响很大（王春峰，1998）。当市场谣言或人们预见将发生金融经济危机时，这部分人将纷纷到银行提款以维护个人利益，银行发生挤兑现象，从而使银行产生流动性危机。为了弥补流动资金缺口，银行不得不将贷款所支持的长期项目中途下马，这又将导致银行利润的损失。由于银行不能偿还所有人的本金和利息，在看到其他人从银行提前取款的情况下，每一个存款人的必然选择是马上到银行取款，从而使个人行为演变为集体性的行动。

在戴尔蒙德（Diamond）和狄伯威格（Dybvig）（1983）的模型中，银行将存款人的存款投资于经济中的长期项目，银行这一功能实现的前提是所有存款人不会在同一时间提取存款。在正常情况下，银行的贷款得以支持长期经济投资，经济运转正常，存款人得到存款利息，经济实现好的平衡点。但当许多存款人从银行提取存款时，由于银行的流动资金有限，银行不得不将其贷款所支持的长期项目中途下马，这将导致银行贷款的损失。由于银行不能偿还所有存款人的本金和利息。从而最先提取存款的存款人损失最小，而最后提取存款的存款人损失最大。因此，如果某种原因使得存款人确信他人会提前提取存款，那么每一个存款人的理性选择是立刻从银行提取存款，结果导致所有存款者都受到较大的损失，经济实现的是一个坏的平衡点。

银行挤兑是理性的且存款者的预期具有自促成性质。如果所有的人都不提取存款，那么所有存款者的福利都将增加。尽管如此，在预期给定的情形下，单个存款者提前提取存款能增加个体福利。这意味着存款者试图离开即将倒闭银行的行为将使得所有人的利益受到损害，而且每一个存款者都有提前提取存款的激励。因此，当所有的存款者都选择逃离时，银行挤兑和金融危机很快就会发生。

拉德里特和萨克斯（Radelet & Saches）（1998）、张和维拉斯科（Chang & Velasco）（1998a，1998b）认为多重均衡（“每个人都预期货币会贬值，进而出售通货，从而导致通货事实上的货币贬值”的均衡和“每个人都预期币值会得到维护，进而不出售通货，从而导致币值得以维护”的均衡）经济中不合意均衡（货币危机发生的均衡）发生的可能性依赖于投资者的预期。他们的思想是基于“协调失败”理论或者银行挤兑理论。由于某种原因，国外投资者预期到货币会贬值，他们就会出售通货，这就使得一国无法维护固定汇率制度，导致货币贬值，进而引发金融危机。他们认为亚洲金融危机中许多亚洲国家出现的资本大规模外逃现象不能由宏观经济基础变量（如财政赤字、失业率和货币供给等）的变化来解释，金融危机是由市场参与者预期的突然变化所引发的。国际投资者由于对新兴市场缺乏充分信息，在一定的条件下（国际贸易冲击、国内经济薄弱等），投资者的信心会突然发生改变，当看到或预期到其他投资者将要撤离资金，投资者最优的理性选择是在其他投资者之前撤离资金，结果导致迅速撤离资金的集体行动。国际投资的这种集体行动使新兴市场产生流动性危机，并最终导致非清偿性危机。

（3）金融系统不稳定模型

金融系统不稳定假说（Financial Instability Hypothesis），美国经济学家海曼·P.明斯基（Hyman P. Minsky）提出的“金融不稳定假说”（Financial Instability Hypothesis）开了金融脆弱性理论研究的先河。明斯基是当代研究金融危机的权威，他所坚持的“金融不稳定假说”认为，资本主义的本性决定了金融体系的不稳定，金融危机以及金融危机对经济运行的危害难以避免。

该学说的形成始于1963年明斯基在任布朗大学经济学教授时发表的一篇著名论文《“它”会再次发生吗》（“它”指大危机）。以此文为出发点，明斯基在随后30年中出版的各种论著对金融危机进行了深入研究，逐步形成今天为众多文献广泛引用的“假说”。由于它是一个不断丰富和完善的理论体系，在流传过程中出现了版本各异甚至引喻失义的情况。鉴于此明斯基在1991年整理出一个逻辑完备的标准文本（Minskey，1991）。

“金融不稳定假说”是一个关于债务对系统行为影响的理论，而且考虑到了债务成立的方式。与传统的货币数量理论相反，金融不稳定假说将银行业务视为寻求利润的行为。

该模型认为银行存款者之间的协调失败（coordination failure）所导致的银行挤兑是金融危机爆发的根本原因。从金融系统内在不稳定的成因可以将其分为两类：一是协调失败模型，该模型的重中之重在于强调存款者收益具有外部性，存款者个人依赖于其他存款者的行动；二是流动性市场无效率模型，即当银行面临流动性危机时，其通过出售自有长期资产或向银行同业进行拆借等办法来获取流动资金。但如果这一流动性市场缺乏效率，那么在外部冲击和挤兑效应下，单个银行的流动性就会波及整个金融市场的流动性。

（4）“羊群效应”模型

“羊群行为”（herd behavior）是信息连锁反应（information chain-reacion）导致的一种行为方式，当个体依据其他行为主体的行为而采取类似的行为时就会产生羊群行为。换言之，当羊群行为产生时，个体甚至有可能放弃自己掌握的私人信息而仅依靠公共信息来选择自己的行为，个体趋向于一致行动。社会整体的一个较小冲击会导致群体行为发生巨大的偏移，个体甚至可能放弃私人信息而仅仅依靠公共信息来选择自己的行为。

羊群效应是管理学上一些企业的市场行为的一种常见现象，是指由于对信息收集不充分或缺乏了解，投资者很难对市场未来的不确定性做出合理的预期，往往是通过观察周围人群的行为而提取信息，在这种信息的不断传递中，许多人的信息将大致相同且彼此强化，从而产生的从众行为。

而经济学中羊群效应是指市场上存在那些没有形成自己的预期或没有获得一手信息的投资者，他们将根据其他投资者的行为来改变自己的行为。

羊群效应就是比喻人都有一种从众心理，从众心理很容易导致盲从，而盲从往往会陷入骗局或遭到失败。羊群效应是由个人理性行为导致的集体的非理性行为的一种非线性机制。

20世纪80年代以来，曾被传统的金融学认为是非理性的、不科学的羊群行为（Herds Behavior）的研究受到越来越多的重视。羊群行为亦称为群体心理、社会压力、传染等。随着人们对于金融市场本质的认识不断深入，加上频频爆发的金融危机引发的对于投资者行为的深层次思考，对金融市场中的羊群行为的研究成为一个极富挑战性的现实意义的方向。

Asch是最早研究群体行为的心理学家，他于1952年在以美国的大学生中为被试对象进行实验发现了一种非理性的从众行为。他将这种行为称为同类压力现象。

来自金融市场中的大量证据显示，参与羊群行为对于主体不利，积极参与羊群行为的投资个体在市场中获得的收益率比较低。同时，羊群行为程度和股票价格波动之间形成一种正反馈机制，这使得许多学者认为羊群行为是导致市场价格波动过度的一个重要因素，在对于东南亚爆发的金融危机的研究中，发现外国投资者的羊群行为对金融危机起了推波助澜的作用。因此羊群行为引起了学术界和政府监管部门的广泛关注。

（5）“外资诱导型”货币危机模型

该模型解释了大量外资流入对一国宏观经济运行和银行业运营产生的影响，强调外资通过银行信用的过度扩张加大了本国宏观经济和金融业的脆弱性。

World Bank（1997）和Calvo（1998）提出了由外资导致的货币危机模型，认为大规模外资的流入、波动和逆转是导致货币危机的重要原因。大规模外资流入对一国的宏观经济状况和银行业的运营产生了重大影响，使得宏观经济稳定性变弱（经济过热、实际汇率升值、经常项目恶化、资产泡沫化等），导致银行业过度放贷，风险贷款比例、不良贷款比例增加，银行业变得更加脆弱。当有外部冲击或内部震荡时，投机者将会发起投机冲击，外资逆转，货币危机发生。这种模型强调外资通过银行业信用过度扩张的传导机制使本国的宏观经济和金融业的脆弱性增强。

张和维拉斯科（Chang & Velasco）（1999a，1999b）的有外资冲击的协调失败模型是戴尔蒙德和狄伯威格（Diamond & Dybvig）的银行挤兑模型在小型开放经济中的应用，当一国经济有外国资本输入时，短期外债是国外投资者之间协调失败的根源。资本输入对一国经济而言并不是坏事，资本输入使得输入国可以利用更多经济资源，输入国的经济福利可以达到一个更高的水平。但资本输入的短期性质对经济却是有害的，因为短期的资本输入使得国外投资者之间出现协调失败，从而使经济不能实现帕累托最优均衡。国内存款者之间的协调失败消除后，国外投资者之间仍然存在协调失败的可能。在封闭经济中，消除协调失败的有效手段是禁止提前提取存款或对提前提取存款进行征税。开放经济中消除协调失败的有效手段依然是禁止撤资或对撤资征税。

（四）第四代货币危机理论

第四代货币危机模型是在已有的三代成熟的货币危机模型上建立起来的。该理论认为，如果本国企业部门的外债水平越高，“资产负债表效应”越大，经济出现危机的可能性就越大。其理论逻辑是：企业持有大量外债导致国外的债权人会悲观地看待这个国家的经济，减少对该国企业的贷款，使其本币贬值，企业的财富下降，从而能申请到的贷款下降，全社会投资规模下降，经济陷入萧条。第四代危机模型目前尚不成熟，有待进一步完善。

二、银行业危机理论

（一）货币政策失误论（Theory of Lapse of Monetary Policy）

货币政策失误导致银行业危机的理论是由米尔顿·弗里德曼（Milton Fredman）提出的。货币政策失误理论核心思想为：货币需求是一个稳定的函数，货币供给是货币乘数与基础货币的乘积，由于货币乘数相对稳定，货币数量决定物价和产出量，货币供给变动的原因在于货币政策，因为货币需求函数的相对稳定性，货币供求失衡的根本原因在于货币政策的失误。货币政策的失误可导致一些小规模的、局部的金融问题发展为剧烈的、全面的金融危机。并且这种失误（如突然的通货紧缩）可以使一些轻微的局部的金融问题，通过加剧银行恐慌演变为剧烈的全面的金融动荡 。

弗里德曼还认为，正是美联储在1929—1933年错误地执行了紧缩的货币政策使货币供应进一步减少，货币量的减少会降低产出、收入和就业水平，因而才导致了这场大危机。如果当年美联储不收缩货币供给，就不大可能出现金融体系动荡，至少这种动荡也不会太严重。

（二）金融不稳定假说（Financial Instability Hypothesis）

海曼·明斯基（Hyman P. Minsky）对金融内在脆弱性进行了系统分析，提出了“金融不稳定假说”。该假说认为，以商业银行为代表的信用创造机构和借款人相关的特征使金融体系具有天然的内在不稳定性，即不稳定性是现代金融制度的基本特征。明斯基把金融危机很大程度上归于经济的周期性波动，但其潜在和更重要的内涵在于表明金融危机是与金融自身内在的特征紧紧相关的，即金融的内在不稳定性使得金融本身也是金融危机产生的一个重要原因。明斯基承认银行脆弱、银行危机和经济周期发展的内生性，银行和经济运行的周期变化为市场经济的自我调节，认为政府干预不能从根本上消除银行的脆弱性。案例研究方面，他的理论可以较好地描述20世纪30年代美国、80年代末90年代初日本的情况，以及1997年东南亚金融危机中受害最深的泰国的情况。

（三）银行体系关键论（Significant Banking Theory）

詹姆斯·托宾（James Tobin）1981年提出银行体系关键论，银行体系关键论其作用过程是：企业过度负债，银行风险增大，银行贷款管理从严，企业投资减少，经济发展减缓；企业被迫出售资产以清偿债务，资产价格急剧下降，资产缩水，债务链条断裂，出现连锁反应，银行业危机发生。这一理论的核心思想是：银行体系在金融危机中起着关键作用。托宾认为，在过度负债的状态下，如果银行能提供贷款，就可以避免债务—通货紧缩过程。但在过度负债的经济状态下，经济、金融扩张中积累起来的风险增大并显露出来，银行可能遭受贷款损失，甚至破产，所以，银行为了控制风险，必然不愿提供贷款，甚至提高利率、减少贷款。银行的这种行为会使企业投资减少，或引起企业破产，从而直接影响经济发展，或者使企业被迫出售资产以清偿债务，造成资产价格急剧下降。这种状况会引起极大的连锁反应，震动也极强烈，使本来已经脆弱的金融体系崩溃。托宾认为，在债务—通货紧缩的条件下，“债务人财富的边际支出倾向往往高于负债人”，因为在通货紧缩—货币升值的状况下，债务人不仅出售的资产贬值，而且拥有的资产也贬值。在债务人预期物价继续走低的情况下，变卖资产还债的倾向必然提前。

（四）“金融恐慌”理论（Financial Panic Theory）

金融恐慌是指由于某种外在的因素，短期资金的债权人突然大规模地从尚具有清偿能力的债务人那里撤回资金，这是一种集体行为。

金融恐慌理论主要是由萨克斯（J. Sachs）、瑞德莱特（S. Radelet）等人提出的。他们指出，东亚各国及地区经济基本要素存在的问题本身不足以构成金融危机，这种危机主要是由外来因素造成的。国际资本流动造成的冲击，使人们对东亚金融市场及经济前景产生了一种过分悲观的预期，而这种预期把个别东亚国家发生的问题看成是整个东亚的通病，因而造成外资突然大量撤出，导致危机的发生。他们将东亚金融危机的形成归结为投资者的盲目乐观情绪、金融市场的不稳定性、将流动性危机误认为清偿性危机、国际市场条件的恶化，以及国内金融市场的自由化5个因素。

戴尔蒙德和荻伯威格（Diamond and Dybvig）认为银行体系脆弱性主要源于存款者对流动性要求的不确定性以及银行的资产较之负债缺乏流动性之间的矛盾。他们在1983年提出了银行挤兑理论（又称D-D模型）。其基本思想是：银行的重要功能是将存款人的不具流动性的资产转化为流动性的资产，以短贷长。实现资产增值，在正常情况下，依据大数定理，所有存款者不会在同一时间取款。但当经济中发生某些突发事件（如银行破产或经济丑闻），就会发生银行挤兑。查瑞和亚格那罕（Chari & Jagannathan）进一步指出，一些原本不打算取款的人一旦发现取款队伍变长，就会加入挤兑的队伍，发生金融恐慌。

（五）“道德风险”理论（Moral Hazard Theory）

道德风险（Moral Hazard）是指在信息不对称的情形下，参与合同的一方所面临的对方可能改变行为而损害到本方利益的风险。道德风险行为就是当签约一方不完全承担风险后果时所采取的自身效用最大化的自私行为。

理论上讲道德风险是从事经济活动的人当最大限度地增进自身效用时做出不利于他人的行动。它一般存在于下列情况：由于不确定性和不完全的或者限制的合同使负有责任的经济行为者不能承担全部损失（或利益），因而他们不承受他们的行动的全部后果。同样，也不享有行动的所有好处。

麦金农（Ronald Mekinnon）认为，由于存款保险制度的存在，以及政府和金融监管部门在关键时候扮演“最后贷款人”的角色。一方面会使银行产生道德风险，从事具有更高风险的投资，增加了存款人受损害的可能性；另一方面存款者也会不对银行实施监督。世界银行和IMF对65个国家在1981—1994年间发生的银行危机做的计量测试也表明，在设有存款保险制度的国家，发生危机的概率要高于没有设立存款保险制度的国家。

三、外债危机理论

（一）欧文·费雪（Owen Fisher）**的“债务—通货紧缩”理论**

欧文·费雪的“债务—通货紧缩”理论的核心思想是：企业在经济上升时期为追逐利润“过度负债”，当经济陷入衰退时，企业赢利能力减弱，逐渐丧失清偿能力，引起连锁反应，导致货币紧缩，形成恶性循环，金融危机就此爆发。其传导机制是：企业为清偿债务廉价销售商品—企业存款减少、货币流通速度降低—总体物价水平下降—企业净值减少、债务负担加重、赢利能力下降—企业破产、工人失业—人们丧失信心、悲观情绪弥漫—人们追求更多的货币储藏、积蓄—名义利率下降、实际利率上升—资金盈余者不愿贷出、资金短缺者不愿借入—通货紧缩。

（二）沃尔芬森（Willfenshen）的“资产价格下降论”

沃尔芬森的资产价格下降理论的核心思想是：由于债务人的过度负债，在银行不愿提供贷款或减少贷款的情况下，被迫降价出售资产，就会造成资产价格的急剧下降。由此产生两方面的效应：一是资产负债率提高；二是使债务人拥有的财富减少。两者都削弱了债务人的负债承受力，加大了其债务负担。债务欠得越多资产降价变卖就越多，资产降价变卖越多，资产就越贬值，债务负担就越重。

（三）“综合性国际债务”理论

苏特（Suter）（1986）从经济周期角度提出的综合性的国际债务理论认为：随着经济的繁荣，国际借贷规模扩张，中心国家（通常是资本充裕的发达国家）的资本为追求更高回报流向资本不足的边缘国家（通常是发展中国家），边缘国家的投资外债增多；债务的大量积累导致债务国偿债负担的加重，当经济周期进入低谷时，边缘国家赖以还债的初级产品出口的收入下降导致其逐渐丧失偿债能力，最终爆发债务危机。

苏特（Suter，1986）从经济周期的角度提出综合性的国际债务危机理论。他把与经济周期相关的全球债务周期分为三个阶段：（1）国际借贷扩张，中心国家资本向国外投资，边缘国家外债增多；（2）外债的大量积累导致债务国偿债负担的加重逐渐失去偿债能力，最终爆发债务危机；（3）债权、债务国间就债务清理问题进行谈判并达成协议，边缘半边缘债务国因而继续从国际市场上融资，但不良的偿债记录限制了这种融资的规模，直至新周期第一阶段即贷款繁荣阶段的来临。但他没有具体分析这三个阶段，而是借鉴了梅森（Mensch）的创新理论和费农（Vernon）的全球生产周期理论。

随着金融的发展，金融危机理论已发展成为一个完善的理论体系，但其不可避免地会存在以下缺陷：

（1）引发金融危机的新因素不断出现，金融危机也呈现出新的特点。理论认识相对实际情况滞后，往往只能对已经发生的金融危机做出事后解释而无法对新情况提出有价值的意见。

（2）研究金融危机，目的在于预测、防范或者减小金融危机带来的损失。而事实证明，金融危机理论在这方面的作用似乎微乎其微，其有用性受到怀疑。

这并不意味着金融危机理论毫无意义，它还会伴随金融发展不断发展完善。有必要指出的是，由于金融危机的复杂性，各种金融危机理论都存在着片面性，甚至存在彼此矛盾的情况。如何在我国实际情况下应用发展这些理论才是金融理论研究者和工作者的职责所在。

第三节 旅游危机理论研究综述

一、危机溯源及特征

“危机”一词是由希腊语“Krisis”演化而来，意为鉴别或判断①。在法律上，危机被用来区分公正与不公正的判决；在神学界，危机则用于区别灵魂获得拯救和罚入地狱；在医学术语中，危机是指某一个连续发展过程的中断，是疾病的转折点，在这个阶段个体组织的自我恢复系统能否有效地恢复②。16世纪，随着古典医学的复兴，危机一词成为人们的日常用语的，广泛用于政治、经济、社会等众多领域。

我国的《辞源》里，将危机解释为潜伏的祸端③。我国古代文献的记载里，“危机”亦作“危几”，是指潜伏的祸害或危险。如三国时期魏国的吕安在《与嵇茂齐书》中的描述：“常恐风波潜骇，危机密发。”在《宋书·范泰传》：“如此，则苞桑可系，危几无兆。”唐代刘言史《观绳伎》诗：“危机险势无不有，倒挂纤腰学垂柳。”到了近代，瞿秋白在《欧文的新社会》中写道：“英国的工业经过了一次大危机又恢复过来了。”此处的危机用来指严重困难的关头。

目前，危机多用来指有危险又有机会的时刻，是人生、团体、社会发展的转折点，生死攸关、利益转移，有如分岔路。

危机是突然发生或可能发生的危及组织形象、利益、生存的突发性或灾难性事故、事件等。这些事故、事件等一般都能引起媒体的广泛报道和公众的广泛关注，对组织正常的工作造成极大的干扰和破坏，使组织陷入舆论压力和困境之中。处理

① O’Conner，J. The meaning of crisis：A theoretical introduction. New York：basil Blackwell，1987.

② Pauchant T. C. & Mitroff. I.I. Crisis Prone versus crisis avoiding organizations：Is your company’s culture its own worst enemy in creating crisis? Industrial Crisis Quarterly，1988，2（1）：56–63.

③ 辞源（第一部）［M］. 北京：商务印书馆，1979：434.

和化解危机事件，将危机转化为塑造组织形象的契机是对组织公共关系工作水平最具挑战性的考验。

卡特（Carter）将灾难定义为“那些对社区产生严重影响，而社区必须采取例外措施加以应对的自然或人为的事件”。布斯（Booth）指出，“危机是个体、团体或组织面对的难以通过常规程序加以应对且其压力由外力所致的情况。”罗森塔尔（Rosenthal）等认为，危机是对一个社会系统的基本价值和行为准则构架产生严重威胁，并在时间压力和不确定性极高的情况下，必须对其做出关键决策的事件。巴顿（Barton）认为：危机是一个会引起潜在负面影响的具有不确定性的大事件，这种事件及其后果可能对组织及其人员、产品、服务、资产和声誉造成巨大的损害。奥特·里宾杰（Otto Lerbinger）将危机定义为：导致一企业组织陷入争议并危及未来获利、成长甚至生存的事件。

我国学者多将危机表述为“突发事件”，从不同角度进行了界定。林汉川认为，所谓突发事件是指突然发生的危及生命财产的重大事故。袁辉从组织行为角度指出，突发事件是在特殊情况下，由于系统的内部条件和外部环境发生急剧变化，系统的稳定性和可控性遭到破坏。系统的行为出现异常情况而发生的一类无秩序的意外事件。任生德等从哲学层面定义突发事件是事物内在矛盾由量变到质变的飞跃过程。赵伟鹏等指出，突发事件是超常规的、突然发生的、需要立即处理的事件。秦启文归纳为，突发事件是在某种必然因素支配下出人意料地发生，给社会造成严重危害、损失或影响且需要立即处理的负面事件。

现有文献并没有提供普遍接受的危机定义和种类，学者们已经探索了许多危机的形式，一些学者将危机视为一种单独的现象，或者只关注危机的一种表象，但总体上存在结构问题。

此外，诸多文献中，由于使用许多“危机”的同义词“突发事件”（contingency）、灾难（disaster）、灾害（hazard）、事故（accident）、风险（risk）、冲击（shock）、转折点（turning point）等词，使得危机问题的研究和实践进一步复杂化，甚至在许多领域被滥用。秦启文等又撰文对突发事件、危机、冲突、事故、风险等相关概念进行了区分。

因此，危机是人们对出乎意料的事件的总称。通常，危机包括各种自然灾害、恐怖主义行为、重大群众性骚乱、重大政治事件、重大经济事件等。

现代危机具有以下几大特点：

（1）必然性与偶然性

正如有句名言所说："危机就像死亡和纳税一样是不可避免的。"但危机的发生又是偶然的，组织的任何薄弱环节都有可能因某个偶然因素导致危机发生。这就是危机防不胜防、容易给组织带来混乱和惊慌的原因。因此必须防患于未然，做到居安思危。

（2）未知性与可测性

危机在什么时间、什么地点发生，破坏性多大往往是难以预料的，特别是自然灾害、科技新发明等带来的冲击是难以抗拒的。危机爆发的具体时间、实际规模、具体态势和影响深度，是始料未及的。

但是危机的发生也存在一定的规律性因素，可以通过对这些规律性因素的研究来预见发生危机的可能性，这就是可测性。

（3）紧迫性与严重性

危机发生后，情况往往瞬息万变，危机的应对和处理具有很强的时间限制。严重性是指危机往往具有连锁效应，引发一系列的冲击，不仅破坏正常的经营秩序，更严重的是会威胁组织的未来发展。

（4）公众性与聚焦性

组织的危机事件会影响公众的利益，公众会对整个事件高度关注。进入信息时代后，危机的信息传播比危机本身发展要快得多。由于现代传播媒体十分发达，组织的危机情况会迅速公开化，成为各种媒体热评的素材；同时公众不仅关注危机本身，更关注组织的处理态度和采取的行动。媒体对危机报道的内容和对危机报道的态度影响着公众对危机的看法和态度。

（5）破坏性与建设性

危机必然会给组织造成不同程度的破坏，由于危机常具有"出其不意，攻其不备"的特点，不论什么性质和规模的危机，都必然不同程度地给企业造成破坏，造成混乱和恐慌，而且由于决策的时间以及信息有限，往往会导致决策失误，从而带来不可估量的损失。对企业来说，危机一旦爆发，其破坏性的能量就会被迅速释放，并呈快速蔓延之势，如果不能及时控制，危机会急剧恶化，使企业遭受更大损失。

但处理危机的过程也是体现组织决策能力、应变能力的时机，更是展示组织形象、塑造组织形象的难得机遇。抓住这个机会，就会将坏事变好事，迅速提高组织的知名度、美誉度。

二、旅游业危机及影响研究

（一）旅游业危机

旅游业危机是影响和阻碍旅游业计划活动开展的各类非预期事件，主要涉及政府相关部门、旅游行业组织、旅游企业、旅游景区等旅游机构子系统层面。

世界旅游组织对旅游危机的定义为：“影响旅行者对一个目的地信心并扰乱继续正常经营的非预期性事件。这类事件可能以无限多样的形式在许多年中不断发生。”

旅游危机管理的内容大致包括：政府危机管理、旅游企业危机管理、旅游从业人员危机管理、旅游者危机管理。

旅游业危机按照所能波及的空间范围，可以分为企业旅游业危机、区域旅游业危机、国家旅游业危机以及国际旅游业危机四大类型。其中区域旅游业危机则是针对那些对一座城市或一个较大区域内的旅游业产生明显影响的旅游业危机，如区域内发生的突发性事件所造成旅游目的地出现的旅游危机。从管理的角度出发，按引发危机的主导风险因素的来源不同，旅游业危机划分为外因危机和内因危机两类。外因危机就是由旅游行业以外的因素所引发的旅游业危机；内因危机主要是由于旅游行业自身的因素所造成的旅游业危机。

根据发生旅游危机的成因可以将旅游危机主要分为来自生态方面的危机、来自社会方面的危机、突发公共卫生危机、来自政治方面的危机、来自经济方面的危机、来自旅游行业自身的危机等类型。

1. 来自生态方面的危机

既包括自然灾害也包括人为因素引发的生态危机。主要有气象性灾害如洪水、暴雪、冰雹、台风，地质性灾害如地震、山体崩塌、滑坡、泥石流等重大灾害引发的危机。

2. 来自社会方面的危机

主要指在人类社会活动中出现的一些突发事件引发的旅游危机，如公路、水运、铁路、民航等旅游交通事故，影响或中断城市正常供水、供电、供气等城市社会事故，通信、信息网络、特种设备等安全事故，纵火、抢劫、凶杀等刑事犯罪，以及重大环境污染和生态破坏事故引发的危机。

3. 突发公共卫生危机

是指各种对人类健康带来巨大危害的突发性疾病引发的旅游危机。包括突然发生，造成或可能造成游客健康严重损害的重大传染病（如传染性非典型肺炎、禽流感、鼠疫、霍乱、血吸虫等）、群体性不明原因疾病、重大食物和职业中毒，重大动物疫情，以及其他严重影响游客健康的事件引发的危机。

4. 来自政治方面的危机

主要包括发生战争、政变事件、恐怖袭击事件、经济安全事件、影响较大的针对性破坏事件以及规模较大的群体性事件等引发的危机。

5. 来自经济方面的危机

主要是由于宏观经济发生波动，如金融危机等形成经济衰退乃至产生经济危机，进而对旅游需求和旅游供给产生巨大冲击。包括经济停滞或下降、股市下跌、汇率重大变动等。

6. 来自旅游行业自身的危机

主要是指发生在旅游业营运的范围内，直接对旅游业或旅游从业人员发生威胁，影响旅游活动的重大事件，如重大旅游交通事故、大型活动造成人员伤亡事故、饭店发生火灾、旅游设施产生意外事故以及旅游企业发生财力危机等。

（二）旅游危机的特征

旅游危机产生的原因多种多样，影响范围和持续时间长短不同，但旅游危机也有一些共同特征，掌握旅游危机的特征可以使我们更好地掌握规律和应对旅游危机。

1. 突发性

旅游业是一种敏感度很高的产业，自然、经济、社会环境出现的“非常态状”都可能成为引发旅游危机的诱因。因此，旅游危机往往是在人们意想不到、没有做好充分准备的情况下突然爆发的。相对于常态的发展状况而言，旅游业危机是一种超出常规的突发性事件，表现为在短时间内给旅游业及相关行业造成措手不及的一系列的、连锁性的破坏，甚至使它们陷入混乱、跌入低谷。

2. 危害性

旅游业危机的危害性主要是指危机发生会在短时间内对旅游业造成致命的打

击。同时，由于旅游产业关联度很高，涉及食、住、行、游、购、娱等许多产业，因此旅游危机往往会对经济社会带来很大的影响。因此，旅游业危机具有波及效应，常常会引发其他不同类型的危机，导致该危机的危害性被进一步放大和延续。

3. 紧迫性

当旅游业危机真正爆发以后，会以非常惊人以及出人意料的速度发展和演变，并引发一系列的后续问题。如：旅游企业生存环境的明显恶化、虚假信息的广泛传播以及公众人心浮动，常常会导致受到冲击的各个旅游企业面临着反应时间有限的突出问题。在此状况下，决策者如果无法在巨大的压力下用尽可能短的时间做出最终的决策，不仅会使解决危机的最佳机会稍纵即逝，而且将导致一系列短时间内难以彻底根除的消极影响。它要求我们在第一时间里迅速应对、决策和化解。

4. 双重性

危机集“危险”与“契机”于一体，旅游危机的双重性表现为危险与契机并存，危机在对旅游业造成各种直接或间接的消极影响的同时也蕴含着前所未有的发展机遇。如果处置得当，往往有“来得快”和“恢复快”的双重性。因此，当危机爆发时，要看到不利的方面，更应高瞻远瞩，充分认识到这种困难局势之中所包含着的发展机遇，把握机会，在逆境中取得突破，在危险中求得生机，变坏事为好事，化危险为机遇。

（三）旅游危机的影响

分析旅游危机对旅游业的影响可以使我们采取正确的措施来应对旅游危机，消除不利影响，并尽快恢复正常的旅游业态。旅游危机对旅游业的影响主要表现为对旅游者的影响、对旅游企业的影响、对旅游产业的影响和对旅游目的地的影响。

1. 旅游业危机对旅游者的影响

旅游者作为旅游活动的主体，对旅游危机的反应最为敏感、最为直接。旅游危机对旅游者的影响主要表现为旅游需求的下降和旅游信心的损害。由于危机可能会影响正常的生活，会使旅游者对旅游目的地作为一个具有吸引力、安全的旅游地失去信心，导致旅游者改变旅游行为，如停止或推迟旅游活动、寻求替代性旅游等。然而，这种影响具有短期性和可逆性，在旅游危机结束后，会较快地恢复到常态，甚至会出现新的旅游机遇。

2. 旅游业危机对旅游企业的影响

旅游企业是旅游产品和旅游服务的提供者。旅游危机对旅游企业的影响主要表现为旅游企业由于旅游者减少而出现营业停顿或下降，旅游设施和供给能力大量闲置，使旅游企业面临较大的经营困难。由于旅游生产和消费的同一性、旅游产品的不可储存性及旅游设施的难以转换性，旅游企业有相当大的经营风险，如果旅游危机持续较长时间并且没有扶持政策，旅游企业将面临生存危机。

3. 旅游业危机对旅游产业的影响

旅游业是一个关联度很强的产业。旅游业危机不仅直接造成旅游市场的严重下滑，也会影响到相关行业和产业的经济效益和社会效益，影响到旅游产业在一个时期内的持续稳定健康发展。

4. 旅游业危机对城市（旅游目的地）的影响

旅游地发生旅游危机会使目的地形象或声誉受到负面影响，导致旅游吸引力和旅游人数下降、竞争力削弱，并在一定程度上影响到旅游目的地经济社会生活等各个方面。如果危机处置得不当，将对旅游目的地产生长远的负面影响。

三、旅游危机管理理论研究

旅游业危机管理就是为预防可能危及、影响旅游业正常发展的各种突发性事件的发生，而建立的一套系统防范、沟通、处理、化解危机的日常管理模式。旅游危机管理体系包括政府（主要指政府旅游主管部门）、旅游企业、旅游从业人员、旅游者等多个行为主体。

旅游业的危机管理研究是近30年来新兴的研究方向，它综合了很多学科如自然科学、混沌论、心理学、组织管理学、经济学、社会学及政治学等学科的相关理论，下面做简单的阐述。

（一）自然科学（Physical Science)

从自然科学角度，危机的研究方法与灾难理论存在着渊源。灾难理论（Catastrophe Theory）是用于描述当参数发生变化时其数量如何改变的数学分支[①]。是由法国数学家勒内·托姆（René Thom，1975）提出的，勒内·托姆研

① Feinberg.G. Solid Clues［M］. New York：Touch Stone Books，1985.264.

究了灾难的过程形态，针对函数的不连续性建立了数学模型，该模型包含三个维度：正常因素（normal factor）、分离因素（splitting factor）、因变量（dependent vairable）。他认为，正常情况下，正常因素和因变量之间存在着线性关系，在非正常情况下分离因素的介入，会影响到正常因素和因变量的影响效益，也会使之间的线性关系发生突变，表现出不连续现象。灾难理论用数学公式表示为：灾难象限乘以时间。即认为灾难与非连续性相关。灾难理论问世以来，在物理学、生物学、行为科学、心理学领域得到广泛应用。而突变理论是用形象的数学模型来描述连续性行动突然中断导致质变的过程，这一理论与混沌理论（Chaos Theory）相关，尽管它们是两个完全独立的理论，但现在突变理论被普遍视作为混沌理论的一部分。

突变理论研究的是从一种稳定组态跃迁到另一种稳定组态的现象和规律。它指出自然界或人类社会中任何一种运动状态，都有稳定态和非稳定态之分。在微小的偶然扰动因素的作用下，仍然能够保持原来状态的是稳定态；而一旦受到微扰就迅速离开原来状态的则是非稳定态，稳定态与非稳定态便相互交错。非线性系统从某一个稳定态（平衡态）到另一个稳定态的转化，是以突变形式发生的。

突变理论作为混沌理论（Chaos Theory）的一部分，起源于20世纪60年代末。“突变”一词，法文原意是“灾变”，强调变化过程的间断或突然转换的意思。在自然界和人类社会活动中，除了渐变的和连续光滑的变化现象外，还存在着大量的突然变化和跃迁现象，如岩石的破裂、桥梁的崩塌、地震、海啸、细胞的分裂、生物的变异、人的休克、情绪的波动、战争、市场变化、企业倒闭、经济危机等。1975年，勒内·托姆发表著作《结构稳定性和形态发生学》①，对这一理论进行了独立且系统的阐述。托姆希望借此预测复杂无序的系统变化行为。20世纪70年代，英国数学家齐曼（E. C. Zeeman）对突变理论的发展应用做了进一步的研究。

混沌论（Chaos Theory）是一种兼具质性思考和量化分析的方法，用以探讨动态系统中（人口移动、气象变化、化学反应、社会行为等）无法用单一的数据关系，而必须用整体、连续的数据关系才能加以解释和预测的行为。它是物理学中的重要理论。混沌论（Chaos Theory）被用来研究和解释危机与灾难、股市起伏等。该理论认为一个简单的确定但非线性的联系可能导致十分复杂的时间轨迹。各区间

① Structural Stability and Morphogenesis：An outline of a general theory models [M]. Mass：W.A.Benjamin.1975

行为可能因为随机冲击带来干扰，并导致在时间和质量上的动荡和不连续变化。

混沌论的主导思想是，宇宙本身处于混沌状态，在其中某一部分中似乎并无关联的事件间的冲突，会给宇宙的另一部分造成不可预测的后果。这意味着系统具有放大的作用，一个微小的运动经过系统的放大，最终影响会远远超过该运动本身。格里克、皮特和着里格芙（Gleik① 、Peat和Prigoing② ）从混沌和耗散解雇现象角度对危机和灾难进行了概括。根据混沌理论，自然界总是处于不规则状态，甚至稳定系统也经常处于“混沌边缘”。混沌现象起因于物体不断以某种规则复制出前一阶段的运动状态，而产生无法预测的效果。具体而言，混沌现象发生于易变动的物体或系统，该物体在行动之初极为单纯，但经过一定规则的连续变动之后，却产生始料未及的后果，也就是混沌状态。但是此种混沌状态不同于一般杂乱无章的混乱状况，此一混沌现象经过长期及完整分析之后，可以从中理出某种规则。混沌现象虽然最先用于解释自然界，但是在人文及社会领域中因为事物之间相互牵引，混沌现象尤为多见。如股票市场起伏、教育的复杂过程等。

用混沌论的核心概念“蝴蝶效应”（Butterfly Effect）可以很好地解释旅游业高度敏感性及连锁反应与危机的联系。这个概念指对初始条件的敏感性依赖（Sensitive Dependence on Initial Conditions），是1960年冬气象学和数学家爱德华·劳伦斯（Edward Lorenz）在气象学方面的一个发现③ 。爱德华·劳伦斯最初用“海鸥”的形象来描述他的发现，不过更出名的是“蝴蝶效应（The Butterfly Effect）”。这个名字是Gleick在1979年12月29日发表于美国科学进步协会年度会议上的论文《可预

① Gleik.J. Chaos，making a new science［M］.London：Heinemann，1987；Gleik.J. Chaos［M］. New York：Penguine Book，1988，3.

② Peat.F.D. The Philosopher' s Stone：Chaos，synchronicity and the hidden order of the world ［M］. New York：Bantam.1991；Prigoing. I，Stengers. I. Orders out of Chaos：Man' s new Dialogue with nature ［M］. Hammersmith：Flamingo，1985.

③ “蝴蝶效应（The Butterfly Effect）”是指在一个动力系统中，初始条件下微小的变化能带动整个系统的长期的巨大的连锁反应。这是一种混沌现象。任何事物发展均存在定数与变数，事物在发展过程中其发展轨迹有规律可循，同时也存在不可测的“变数”，一个微小的变化能影响事物的发展，说明事物的发展具有复杂性。蝴蝶在热带轻轻扇动一下翅膀，遥远的国家就可能发生一场飓风。“蝴蝶效应”假设，初始条件的细微变化将导致终端事件的动态大变革。换句话说，初始一个小小的错误，通过相互加强反馈的正向过程，将可能导致将来一个巨大的错误。

性：巴西的蝴蝶振动翅膀是否会导致得克萨斯的龙卷风》中提出来的，后来成为混沌论的核心概念。

对于这个效应最常见的阐述是："一只南美洲亚马孙河流域热带雨林中的蝴蝶，偶尔扇动几下翅膀，可以在两周以后引起美国得克萨斯州的一场龙卷风。"其原因就是蝴蝶扇动翅膀的运动，导致其身边的空气系统发生变化，并产生微弱的气流，而微弱气流的产生又会引起四周空气或其他系统产生相应的变化，由此引起一个连锁反应，最终导致其他系统的极大变化。他称之为混沌学。当然，"蝴蝶效应"主要还是关于混沌学的一个比喻，也是蝴蝶效应的真实反应。不起眼的一个小动作却能引起一连串的巨大反应。"蝴蝶效应"通常用于天气、股票市场等在一定时段内难以预测的比较复杂的系统中。1998年太平洋上出现的"厄尔尼诺"现象就是大气运动引起的"蝴蝶效应"。1998年亚洲发生的金融危机和美国曾经发生的股市风暴，还有2008年发生在美国的次贷危机和2009年发生在希腊的主权信用危机实际上就是经济运作中的"蝴蝶效应"。此效应说明，事物发展的结果，对初始条件具有极为敏感的依赖性，初始条件的极小偏差，将会引起结果的极大差异。蝴蝶效应在社会学界用来说明：一个坏的微小的机制，如果不及时地引导、调节，会给社会带来非常大的危害；一个好的微小的机制，只要正确指引，经过一段时间的努力，将会产生轰动效应。

"蝴蝶效应"是混沌运动的表现形式。当我们进而考察生命现象时，既非完全周期，又非纯粹随机，它们既有"锁频"到自然界周期过程（季节、昼夜等）的一面，又保持着内在的"自治"性质。蝴蝶效应也是混沌学理论中的一个概念。它是指对初始条件敏感性的一种依赖现象：输入端微小的差别会迅速放大到输出端压倒一切的差别，好像一只蝴蝶今天在北京扇扇翅膀，可能在大气中引发一系列事件，从而导致在地球另一端的纽约在某个月的某一时间发生一场暴风雨。

（二）**心理学理论**（Psychology Theory）

心理学是研究人的行为和心理活动规律的科学。心理学领域汇集了与人相关的全部信息，每个人的心理行为都可能向某个方向移动和被控制。在心理学中，风险和形象是不可分的，因为两者都是通过个体对未来不确定时会发生的事件（风险），而不是当前的目标/事件的认知过程和感知联系在一起的。心理学在独立后的100多年中，出现了各种心理学流派：

行为主义心理学（Behaviorism Psychology），代表人物是美国心理学家华生（John B. Watson，1878—1958），华生认为心理学作为一门科学，只能研究可观察的行为。他主张心理学应该摒弃意识、意象等太多主观的东西，只研究所观察到的并能客观地加以测量的刺激和反应。他认为人类的行为都是后天学习获得的，环境决定了一个人的行为模式，无论是正常的行为还是病态的行为都是经过学习而获得的，也可以通过学习而更改、增加或消除，认为查明了环境刺激与行为反应之间的规律性关系，就能根据刺激预知反应，或根据反应推断刺激，达到预测并控制动物和人的行为的目的。另外，他认为，行为就是有机体用以适应环境刺激的各种躯体反应的组合，有的表现在外表，有的隐藏在内部，在他眼里人和动物没什么差异，都遵循同样的规律。华生的行为主义有着深刻的哲学渊源，机械唯物主义、实证主义和实用主义等哲学思想都对行为主义产生了广泛的影响。产业革命以来，作为当时自然科学成果总结的哲学思想是机械唯物主义。华生在创立其行为主义体系时，显然接受了这种机械唯物主义思想，他认为“人也是机器，受刺激—反应规律的制约”。实证主义的基本原则是把一切科学知识建立在观察和实验的经验事实的基础上。早期的行为主义正是根据这一原则，放弃了对意识的研究转而研究可观察的行为。相对于机械唯物主义和实证主义，作为美国权威哲学的实用主义对早期的行为主义的影响更为直接和深刻。华生把不可直接观察和经验的意识排除在心理学研究之外，把人的行为活动简化为刺激—反应的行为模式，把有效地控制人的行为作为心理学的最终目的，都是实用主义哲学在心理学中的具体体现。华生坚持心理学是研究行为的科学，华生行为主义心理学思想的形成在很大程度上受俄国生理学家巴甫洛夫（Ivan Pavlov）的条件反射学说的影响。华生认为，只要找到不同事物之间的联系，再根据条件反射原理给予适当的强化，使刺激和反应之间建立起牢固的联系，那么就可以预测、控制和改变人的行为。总之，华生否认心理意识，强调行为，认为人的一切行为都是在后天环境的影响下形成的。美国心理学家斯金纳（B. F. Skinner）在巴甫洛夫经典条件反射基础上提出了操作性条件反射，斯金纳认为，人类行为主要是由操作性反射构成的操作性行为，操作性行为是作用于环境而产生结果的行为。在学习情境中，操作性行为更有代表性。斯金纳认为强化训练是解释机体学习过程的主要机制，坚持行为主义的基本原理，他明确指出，任何有机体都倾向于重复那些指向积极后果的行为，而不去重复指向消极后果的行为，斯金纳的行为主义心理学扩展了心理学的研究领域，其对行为的突出强调，不仅促进了心理学的应用，而且使人们看到新的希望，突出和强调行为和客观，强调实证的、具有社会性的可用作客观观察的知识，使客观主义盛行，实证主义空前具有市场；斯金纳是坚持行为主义基本立场最激进的一位，也是对当代心理学影响最大、重要的新行为主义者。

精神分析学派（Psychoanalysis）于 19 世纪后期产生于欧洲，其创始人是奥地利精神病医生弗洛伊德（Sigmund Freud，1856—1939），这一理论主要源于弗洛伊德治疗精神病的实践，重视对人类异常行为的分析，强调心理学应该研究无意识现象[①]。弗洛伊德认为，人的心理可以分为两部分：意识与潜意识。他强调潜意识的重要性，认为性本能是人的心理的基本动力，是摆布个人命运和决定社会发展的永恒力量。弗洛伊德把人格分为本我、自我、超我三部分。其中本我与生俱来，包括先天本能与原始欲望；自我由本我分出，处于本我与外部世界之间，对本我进行控制与调节；超我是“道德化了的自我”，包括良心与理想两部分，主要职能是指导自我去限制本我的冲动。三者通常处于平衡状态，平衡被破坏，则导致精神病。精神分析学派重视潜意识与心理治疗，扩大了心理学的研究领域，并获得了某些重要的心理病理规律，但他们的一些主要理论遭到许多人的反对。

人本主义心理学（Humanistic psychology）产生于20世纪中期，当时美国一些学者出于对当时影响最大的两个心理学派别——行为主义和精神分析的不满，提出了这一新的理论，这一理论的代表人物是马斯洛（Abraham Harold Maslow，1908—1970）和罗杰斯（Carl Rogers，1902—1987），主要观点有马斯洛的自我实现论和罗杰斯的自我理论[②]。

认知心理学（Cognitive psychology）是20世纪50年代中期在西方兴起的一种心理学思潮，20世纪70年代成为西方心理学的一个主要研究方向。代表人物有纽厄尔（Alan Newell）、西蒙（Herbert Alexander simon）以及唐纳德·布罗德本特

① Sigmund Freud；Translation by A. A. Brill. The Psychopathology of Everyday Life（1901）［M］. London：T. Fisher Unwin，1914.

② 马斯洛 . 存在心理学探索［M］. 李文恬 译 . 昆明：云南人民出版社，1988.6；马斯洛 . 马斯洛的人本哲学［M］. 刘烨 译 . 呼伦贝尔：内蒙古文化出版社，2008：1–4 .

（Donald E. Broadbent）。

认知理论主要研究人类的认识活动。认知心理学家关心的是作为人类行为基础的心理机制，其核心是输入和输出之间发生的内部心理过程。但是人们不能直接观察内部心理过程，只能通过观察输入和输出的东西来加以推测。所以，认知心理学家所用的方法就是从可观察到的现象来推测观察不到的心理过程。有人把这种方法称为汇聚性证明法，即把不同性质的数据汇聚到一起，而得出结论。美国心理学家奈瑟（U.Neisser）于1967年把各种研究成果加以总结，写成《认知心理学》一书，从而作为认知心理学（Cognitive psychology）产生的标志，心理学不只要研究行为，也要研究作为行为基础的内部心理活动规律。认知心理学家坚信，要想充分了解一个人的行为必须研究他的内部心理活动，因为同一个行为可以由不同的动机引起且指向不同的目的。认知心理学家还指出内部认知过程是可以运用科学的方法进行研究的。现代心理学中的认知理论主张研究心理活动的结构与过程。这种观点得到了心理学界的广泛认同，成为当前占主导地位的心理学思潮。

心理学中对心理危机的研究主要是从个体角度研究出发的冲突和非人格化行为，强调通过“危机干预”来矫正行为。心理危机干预理论认为，心理危机是人心理暂时性的失衡状态，Caplan 认为，当一个人面对困难情景而他先前处理问题的方式与惯常的支持系统不足以应对眼前的处境，即他必须面对的困难处境超过了他的能力时，他就会产生暂时的心理困扰，而这种暂时性的心理失衡状态就是心理危机。一个个体赖以生存和发展的基本需要和供给发生改变，或如果一个个体的这些基本供给严重不足或过剩，或存在出现过多或过少变化的可能性，他就有可能产生心理危机。另外，个体的基本供给包括三个方面：生理供给、心理供给和文化供给。个体是否产生心理危机，不仅取决于他所经历的或即将经历的基本供给发生改变，更取决于他对自己应对困境能力的评估，因此，心理危机不是个体经历事件的本身，而是其对自己所经历的困境出现的情绪反应状态。Caplan的危机理论也描述了危机反应的演变过程，认为处于心理危机的个体要经历四个阶段：一是当个体感受到自己的生活出现突然变化或即将出现变化时，内心的基本平衡被打破，表现为警觉性提高，开始紧张；二是经过第一阶段的努力，发现自己解决问题的办法未能奏效，焦虑程度增加；三是尝试未能有效解决问题，内心紧张程度持续增加，并设法寻求和尝试新异的办法；四是当事人经过以前三个阶段仍未能有效解决问题，很容易产生习惯性无助。

心理学与旅游业危机相结合，近些年发展成为旅游研究中一个重要领域——游客感知与目的地形象等理论。游客对目的地的感知，形成了目的地形象。游客是否决定前往某个目的地，是根据形象而不是现实。因此，目的地营销能否成功，在很大程度上依靠潜在游客头脑中确定和创造的目的地形象①。

在心理学中风险和形象是不可分的，因为两者都是通过个人对未来不确定是否会发生的事件（风险），而不是当前的目标/事件的认知过程和感知联系在一起的。正是两个概念之间这种不可分的关系，将旅游者和目的地联系在一起。游客选择目的地依赖于游客心理认为潜在目的地能提供给他们需要的相关事物。因此，目的地形象是激发游客的重要刺激物，不管形象是否真实地代表了该地所能提供的东西，它都有可能是目的地选择过程中的关键因素。

（三）**组织管理学**（Organizational Theory）

组织管理学是一门新兴的学科，国内外的研究还处于初始阶段，迄今尚未形成一个统一、完善和独立的学科体系。

作为边缘科学和应用科学的组织管理学，在20世纪80年代伴随着其他社会科学和自然科学领域的各个学科的发展而得到了飞速发展，其思想也是多不胜数，尤其关于组织创新的学说或思想五花八门：一是关于组织本身创新的如组织的再造工程、无疆界的组织、超越界限的组织管理等；二是关于组织间相互关系的如资源依赖理论、种群适应性理论、协作网络理论、战略联盟理论等。这些思想理论以及实践应用体系都是围绕人类的共同目标为主线而进行研究的。

组织管理（Organizational Management）就是通过建立组织结构，规定职务或职位，明确责权关系，以使组织中的成员互相协作配合、共同劳动，有效实现组织目标的过程。

现代组织管理理论产生于20世纪中叶，学派甚多，主要有以美国C. I. 巴纳德②为代表的社会系统论、以H. A. 西蒙为代表的决策理论，以F. E. 卡斯特为代表的系统与权变理论和以E. S. 巴法为代表的管理科学理论等。这一阶段理论的特点是吸收

---

① 斯滕伯格（Sternberg R. J.）. 认知心理学［M］.3 版 . 杨炳钧，等译 . 北京：中国轻工业出版社，2000.

② 科塞 . 社会冲突的功能［M］. 北京：华夏出版社，1989：16，41，45，24.

了古典组织管理理论和行为科学管理理论的精华，并且在现代系统论的影响下有了新的发展。他们把组织看成一个系统，要实现组织目标和提高组织效率取决于组织系统内各子系统及各部门之间的有机联系。

决策理论（Theory Of Decision Making/Decision Theory）是把第二次世界大战以后发展起来的系统理论、运筹学、计算机科学等综合运用于管理决策问题，形成的一门有关决策过程、准则、类型及方法的较完整的理论体系。决策理论已形成了以诺贝尔经济学奖得主赫伯特·西蒙（herbertsimon）为代表人物的决策理论学派。决策理论是有关决策概念、原理、学说等的总称。"决策"一词通常指从多种可能中做出选择和决定。行政决策理论是用以指导和阐释行政决策的理论依据。

行政决策理论形成于20世纪30—40年代。首先提出行政决策观点的是美国学者L. 古立克。他在《组织理论》一文中认为决策是行政的主要功能之一。其后，美国学者C.I.巴纳德在《行政领导的功能》一书中，认为行政决策是实现组织目标的重要战略因素。这些观点对后来行政决策理论颇有影响。但行政决策理论体系的形成，并使其在行政学中占有重要的地位，则是由美国行政学家H.A.西蒙实现的。1944年他先在《决策与行政组织》一文中提出了决策理论的轮廓。3年后，他出版了《行政行为——在行政组织中决策程序的研究》，成为决策理论方面最早的专著。此后，他继续研究决策理论和实际决策技术（包括运筹学、计算机学），为决策学成为新的管理学科奠定了基础。

马克斯·韦伯（Max Weber德国社会学家）在《社会和经济组织理论 1920》① 中提出组织的生命周期（Organizational Life Cycles）说明组织的产生、成长和最终衰落的过程。组织结构、领导体制及管理制度形成一个在生命周期各阶段中具有相当可预测的形态，各阶段实际上是一个连续的自然过程。

组织生命周期是指组织从诞生到死亡的时间过程。组织生命周期实际上是一个连续的自然过程。组织生命周期思想，认为企业组织同人一样具有生命周期，有它的童年、青年、壮年和老年时期。在组织的不同时期，根据不同的要求，管理人员应该采取相适应的管理方式，度过危机，向更高级的管理阶段过渡，以夺取更大的

① Max Weber；trans. by A. M. Henderson and Talcott Parsons . The Theory of Social and Economic Organization（Edited with an introduction by Talcott Parsons. ）［M］，New York： Free Press. 1947.

成功。

组织在进化过程中，一般要经过五个阶段：创业管理阶段、个人管理阶段、职业管理阶段、行政性组织管理阶段、矩阵式管理阶段。

组织管理的内容有三个方面：组织设计、组织运作、组织调整。

第一，确定领导体制，设立管理组织机构。什么是体制呢？体制是一种机构设置、职责权限和领导关系、管理方式的结构体系。确定领导体制，设立管理组织机构，其实就是要解决领导权的权力结构问题，它包括权力划分、职责分工及他们之间的相互关系。当然，在确定领导体制时，形式可以多种多样。

第二，对组织中的全体人员指定职位、明确职责，使组织中的每一个人明白自己在组织中处于什么样的位置，需要干什么工作。

第三，设计有效的工作程序，包括工作流程及要求。因为一个企业的任何事情都应该按照某种程序来进行。这就要求有明确的责任制和良好的操作规程。一个混乱无序的企业组织是无法保证完成企业的总目标、总任务的。

C管理模式理论，所谓C管理模式，就是构建一个以人为核心，形神兼备、遵循宇宙和自然组织普遍法则，能够不断修正、自我调节、随机应变的智慧型组织，并将中国人文国学（为人处世之道）与西方现代管理学（做事高效高量之法）相互融合，进行企业人性化管理的一种新型企业组织管理运营模式。

组织管理理论是旅游业危机管理的一个重要的理论基础，组织管理的目的在于从混乱中创造出秩序、在混沌中确保生存。20世纪80年代初开始，管理的传统方法受到西方社会中日益增长的不确定性的挑战。现代管理理论把防止组织衰弱、危机情况的管理，整合、规划、协调和指导组织作为一个经常的过程。危机管理不再仅是事后管理，同时也是事前管理。旅游业危机管理尤其应关注组织理论中有关危机发生事前、事中和事后的管理。

（四）社会学（Socialogy）

社会学家用冲突理论来强调社会内部结构的重要性，倾向于把社会看成由追求各自利益的不同群体组成的。社会冲突的外在表现即危机。在社会学领域，与危机相关的研究早期主要考察社会冲突。不同利益的存在意味着矛盾和危机是永远潜在的。冲突理论源于马克思的阶级矛盾论、齐美尔的有机功能理论和韦伯的权威结构论思想。20世纪50年代，德国社会学家科塞（Coser）和达伦多夫（Ralf Dahrendorf）[①] 分别对社会冲突问题进行了研究，提出现代社会冲突理论。

卡尔·马克思（Karl Heinrich Marx）的冲突理论，关注的是阶级冲突，阶级和阶级冲突是社会发展的动力，它一直贯穿于马克思的理论当中，在阶级社会中统治阶级占有生产资料并且剥削其他阶级，但是，被统治阶级发现，在可能的情况下，必须通过革命方式来推翻统治阶级，建立一种更加有利于自己利益的社会秩序。马克思、恩格斯更多地强调由经济造成的冲突。

马克思在对人类历史特别是资本主义社会制度进行了深入研究后指出，人类文明史是一部矛盾和阶级斗争历史，始终认为只要阶级存在，阶级斗争就不会停止，阶级冲突也不可能间断。在资本主义社会，无产阶级和资产阶级斗争的结果必然导致无产阶级专政，即推翻人类历史上最后一个人剥削人和人压迫人的社会制度，最终消灭社会阶级的对立和冲突。

马克思主义阶级学说的最重要贡献就是将阶级的存在同生产发展的一定历史阶段即所有制联系起来，从生产过程中工人与资本家对生产资料的占有关系来揭示阶级的本质。社会分工促进生产力的发展，提高劳动生产率，随之出现剩余产品的不平等分配，伴生了私有制，也就产生了阶级。

马克斯·韦伯（Max Weber）的冲突理论体现于他的多元分层冲突理论上。马克斯·韦伯认为，社会不同群体以及个人利益都能形成人类社会中的冲突关系，而不仅仅是资产阶级和工人阶级之间单一的冲突。韦伯强调的是，社会分层的多维层面，尤其是阶级、地位和权力组织等维度。在韦伯看来，冲突关系的基础可以来自很多不同的利益类型，包括社会的、物质的和政治的。而其中对社会系统的解释最为重要的利益类型，是政治的或者组织的冲突和统治。韦伯同时强调冲突的缘起与政治权威合法性的缺失有很大的关系，“如果被统治者撤销了政治权威的合法性，他们更有可能寻求冲突”。由于社会缺乏有效的流动机制，主要是缺乏向上流动的机制，一小部分人掌握了权力、财富和声望，而作为被统治者的绝大部分人则被排除在外，而被统治者拒绝合法性来自整个社会权力、财富和声望的高度相关。于是

---

① 王彦斌．科塞与达伦多夫的冲突论社会学思想比较研究［J］．思想战线，1996（2）；（英）拉尔夫·达仁道夫．现代社会冲突［M］．林荣远译．北京 ：中国社会科学出版社 ，2000.

他们怀疑政治权威的合法性，一旦他们当中少部分人利用自身的魅力将被统治者的不满情绪调动起来，冲突就会不可避免地产生了。

德国社会学家齐美尔的有机功能理论认为冲突是社会互动交往的一种形式，冲突是普遍存在和不可避免的，冲突既是利益冲突的反映，也是社会行动者本能的反应，冲突并不一定引起社会各系统的崩溃和变迁。社会冲突是促进社会有机体团结和统一、保持社会系统整体完整的过程。他的有机功能论是科塞思想的直接理论渊源。

科塞从齐美尔的著作中形成了他的冲突理论。科塞认为，社会体系内每一种成分、每一个部门都是相关联的，在社会系统运转时，由于各个部门对社会系统的整合与适应程度不一致，会导致不同部门操作及运行方式和过程不协调，造成社会系统运行出现紧张、失调和利益冲突现象，整个社会体系处于绝对不均衡中，社会冲突是不可避免的，而且是社会运行中的常态。社会冲突是在一定条件下具有维护社会有机体或社会子系统的重要功能。科塞的社会冲突正功能论主要表现在以下几方面：冲突对社会以及群体具有内部整合功能；冲突对社会与群体具有稳定的功能；冲突对新群体与社会的形成具有促进作用；冲突对新规范和制度的建立具有激发作用；冲突是一个社会中重要的平衡机制。

达伦多夫认为社会冲突的根源是特定的社会结构，而不是别的。这种特定社会结构就是阶级结构。但是这种阶级结构不是根据是否占有生产资料划分的，而是根据统治与服从之间的权威关系来划分的。

沃尔夫认为“达伦多夫的见解是在制度稳定的、经常性的权威模式中总是会系统地引起那些有某种程度权威的人和无权威的人之间的社会冲突”。

达伦多夫在思索现代社会冲突时借鉴了众多理论家的观点。但最重要的启发源于雷蒙·阿隆和T. H. 马歇尔。两位都对工业社会进行了细致的探究，但却从各自特殊的角度探讨了工业社会的运行。

雷蒙·阿隆在《工业社会十八讲》中寻找欧美社会与前苏联社会的共同特征，从而成功地将二者纳入了工业社会的分类中。同时他在《阶级斗争——工业社会新讲》中多处强调经济发展对于减少不平等的重要性，而且认为经济发展导致最终的平等是必然的趋势。

T. H. 马歇尔在《公民权与社会阶级》中，通过完善公民权的三个维度——公民权利、政治权利和社会权利——而创造了公民权的进化史。巴里·辛德斯很好地概括了马歇尔的理论："公民身份是马歇尔理论描述中的核心概念。它是一种平等原则，通过一系列公民权利、政治权利和社会权利体现出来，在参与公共领域及公共组织的实践过程中这种原则被逐渐制度化，但是这种原则的运行却被其他制度所限制，特别是市场，实际上马歇尔向我们展示了一个初步的社会模型即在经济要求约束下的多种价值制度化。"

正是基于两位作者对工业社会中的阶级冲突观点的综合，达伦多夫创造性地发展了阶级冲突理论。一方面，他从阿隆那里看到了经济发展，即供给在工业社会中的重要作用，以及经济对阶级冲突的作用。另一方面，他并不像阿隆一样认为经济的发展会消灭不平等，他对没有冲突的社会几乎不抱有任何希望。他认为经济发展的作用是有限的，它在总体上确实可以增加社会整体的财富，并对生活水平的提高是有益的，但经济的作用并不会导致不平等的终结，这是经济无能为力的事情。社会中的权威结构变换着形式在社会中运作，它作为文化的形式在社会中引起不平等、引起冲突，而经济的发展是渗透不了这种坚固结构的。

（五）经济学（Economics）

1. 经济危机理论（Economic Crisis Theory）

经济危机理论在经济学上的应用源于对经济危机（Economic Crisis）和经济周期（Business Cycle）理论的研究。经济危机理论即经济周期理论，目前已有数十种理论。代表性理论有：李嘉图的局部危机论，否认了普遍生产过剩危机的可能性；萨伊的经济无危机论，萨伊定律认为供给会自行创造需求，所以经济无危机；消费不足论（马尔萨斯和西斯蒙第等认为，经济危机及萧条产生的原因为消费不足）；资本主义基本矛盾论（马克思）；投资过度论（哈耶克、马克路普）；凯恩斯的有效需求不足论，认为资本主义经济危机在于有效需求不足，包括投资需求不足和消费需求不足；心理周期论（庇古、拉文顿），认为经济危机产生于人们心理上的周期变化；太阳黑子论，认为经济周期产生于太阳黑子的周期性变动；弗里德曼的纯货币论，认为经济危机的原因是由于货币信用过度扩张，早期代表为霍特里①。

① 关于危机理论的代表人物及其思想，我国学术界已熟知，这里不再详述。

自1825年英国爆发世界上第一次经济危机以来，经济便在繁荣与萧条中交替运行，由此而产生了各种解释经济危机成因的理论。

伦敦学派的主要代表人物哈耶克的经济周期理论是在他“中立货币论”的基础上阐述的。按照瑞典学派代表人物维克塞尔的观点，“货币中立”是指：当自然利息率与货币利息率一致时，经济处于均衡状态，货币对经济不发生影响，这时的货币就是中立货币。哈耶克将其纳入自己对货币与物价、货币与经济均衡的关系的研究，提出了“中立货币论”。哈耶克认为，货币变动会影响经济变动，只有当货币保持中立时对经济影响最小，对经济发展最为有利。货币的中立性是经济均衡发展的重要条件。他又指出货币也会失衡，而当货币失去中性后，为了防止经济危机，就要不断增加货币供应量，靠加速通货膨胀持续扩大银行信用来扩大投资，维持“强迫经济”下的经济均衡。但是，银行不可能无限地扩张信贷，于是就会发生资本供给不足，从而使资本品生产不能持续扩张，导致资本品销路萎缩，价格暴跌，生产过剩，发生失业和经济危机。

哈耶克具体考察了相对价格，说明为什么在人为的繁荣之后不可避免地出现衰退。他的分析从充分就业的假设开始。由银行体系派生的信用增加将使市场利率下降，使之低于自然利率，企业家在这个虚假信息的误导下，重新配置资源，从消费转移到投资。假定公众的时间偏好没有改变，对更为迂回，或更长的生产过程的营利性就会形成错误的预期。这种脱离消费的投资增加不会维持。因为随着生产过程的增长，占用了大量的资源，而消费品的产出下降，价格上升，消费者需要维持既有的消费水平，因而生产的时间结构需要重新调整，回到更直接的生产过程。如果在人为繁荣时期，或者说在强制储蓄时期有利可图的投资现在无利可图时，危机就出现了。

简言之，哈耶克把投资过度、货币资本供给不足视为经济危机爆发的原因。既然危机和萧条是高涨的恶果，哈耶克给出的治病药方自然是：防止高涨。其唯一有效办法是免除任何人为的信用膨胀，让自由竞争的市场机制充分发挥其自动调节社会经济运行的作用。

凯恩斯以有效需求不足为逻辑起点，侧重从经济行为主体的心理角度分析经济危机的原因。他认为，一个经济社会的总收入与总就业量决定于有效需求，而有效需求不足是因为有三大心理规律，即“边际消费倾向递减”“资本边际效率递减”

和“流动性偏好”。在两部门理论假设下，社会总需求是由消费需求与投资需求之和所组成，心理上的消费倾向使得消费的增长赶不上收入的增长，因而引起消费需求不足；心理上的灵活偏好及对资本未来收益的预期使预期的利润率有偏低的趋势，从而与利息率不相适应，这就导致了投资需求的不足。在这三个产生有效需求不足的心理因素中，凯恩斯特别强调资本边际效率的作用。他认为在经济繁荣后期一般人对资本品未来收益作乐观预期，同时成本和利率也随之上升，此时投资必然导致资本边际效率下降，从而导致投资吸引力减弱和人们对货币流动偏好加强，结果使得投资大幅度下降，经济危机爆发。

马克思经济危机理论是马克思主义经济学说的重要组成部分，是研究自由资本主义现实经济危机的产物，它将随着经济危机实践的发展而不断发展。对马克思经济危机理论在当代发展的研究，具有重要的理论意义。

马克思对资本主义经济危机根源的揭示，是其危机理论的核心。马克思危机根源逻辑的分析是：经济危机的本质是生产过剩；生产过剩的原因在于劳动者有支付能力消费不足；劳动者有支付能力消费不足的原因在于群众的购买力不足；群众购买力不足的原因在于资本和劳动收入分配的两极分化；两极分化的原因在于生产资料的资本家占有制度①。

马克思认为，资本主义经济危机的爆发与资本主义制度密切相关②。

资本主义经济危机实际上也是生产力发展到一定阶段的产物，危机不仅与制度相关。马克思指出了危机现实爆发的实现条件：其一，对剩余价值的追逐和机器的资本主义使用使生产力得以扩张，这既为生产过剩的经济危机提供了物质基础，也使经济危机成为可能；其二，市场竞争与物质技术的变革加速了生产过剩，造就了相对过剩的工人人口，使得经济危机表现为相对过剩的危机；其三，固定资本的周转特点为经济的周期性波动提供了实现条件；其四，信用制度的发展，强化和加速了危机的出现③。这就告诉我们，尽管危机的爆发从根本上讲是源于资本主义的占有制度，但是危机爆发与否还与生产力发展水平紧密相连。

---

① 马克思恩格斯全集：第 25 卷 [C]. 北京：人民出版社，1974：287 [-1]，287 [-2]，499 [-3]，548 [-4]，296 [-5]，277 ~ 278 [-6].

② 马克思恩格斯全集：第 26 卷（第 2 册）[C]. 北京：人民出版社，1975：582 ~ 588.

③ 马克思恩格斯全集：第 24 卷 [C]. 北京：人民出版社，1972：207 [-1]，353 [-2]，353 [-3].

2. 现代冲击理论（Modern Attacks Theory）

凯恩斯的货币供给冲击理论（Monetary Supply Shock Theory）认为，经济波动的根本原因在于经济中的某种市场出现供给和需求的缺口，结果导致需要对一些经济变量进行偏离均衡轨迹的调整，因此经济波动必定是由需求冲击或供给冲击造成的[①]。这一理论研究主要分析宏观经济冲击及其传导机制，经济冲击对经济的影响，就像一个正常运行的天体受到异物的撞击，所形成的冲击导致天体运行轨迹发生改变一样，需求冲击产生以后，经济的供给向需求调整，这是冲击传导的基本方向。

20世纪70年代到80年代，西方国家普遍出现了滞胀现象。这对凯恩斯主义的宏观经济学提出了极大的挑战。按凯恩斯主义的宏观经济学理论，经济衰退与通货膨胀是不能并存的。因为当经济出现衰退迹象时，国家可利用宏观经济政策工具刺激经济复苏，而刺激经济复苏的一个不可避免的结果就是通货膨胀，也就是说，经济复苏与高涨往往与通货膨胀相伴。但当经济出现过度繁荣时，通货膨胀成为主要问题，为了治理通货膨胀，一个不可避免的代价就是经济衰退，也就是说通货膨胀率的下降往往与经济衰退相随。显然，滞胀并存的现象与传统的凯恩斯主义理论不相符。

为了对凯恩斯主义的宏观经济学进行辩护，凯恩斯主义者提出了供给冲击的理论。供给冲击理论认为，供给的逆向冲击，即供给的突然性下降会导致总供给曲线向左上移动，这就会造成两个后果：一方面均衡产出减少；另一方面价格上升。这样便会出现滞胀并存的现象，而20世纪70年代到80年代的滞胀并存现象的出现正是作为供给方的石油冲击的结果。第一次石油冲击导致1971—1974年石油的实际价格上涨了4倍，加速了经济进入1973—1975年衰退的进程。第二次石油冲击使石油价格又翻了两番，大大加速了通货膨胀。经济学家通过实际样本数据来分析石油价格的变化是否为经济增长率变化和通货膨胀率变化的原因。格兰杰（Granger）因果检验就派上了用场[②]。

旅游活动的进行也处于动态变化过程当中，外部因素或是内部因素的波动均会

① 刘金全．现代宏观经济冲击理论［M］．长春：吉林大学出版社，2000.

② 李庆华．计量经济学［M］．北京：中国经济出版社，2005.

对旅游活动的进展产生一定的冲击，影响其发展的进程。旅游危机作为一种外部冲击对旅游经济的影响，主要通过直接或间接机制造成需求冲击和供给冲击的缺口而影响旅游系统，从而进一步诱发危机事件对旅游业的冲击。

3. *旅游需求层次理论*（Tourism Demand Debris）

旅游需求层次理论是建立在马斯洛的需求层次理论① 基础上的，从人的本质和心理需求角度对旅游活动中安全的心理学进行了解释，是了解旅游动机的基础，也是旅游危机管理研究的理论基础之一。马斯洛在1943年发表的《人类动机的理论》（*A Theory of Human Motivation Psychological Review*）一书中提出了需要层次论。马斯洛认为，人的需求结构是不断发展变化的，人在某一特定时期会有某种特别需要，这种特别需要不仅会使人的需求结构产生变化，而且对人的行为有更大的推动作用。

马斯洛的需求层次理论基本内容：

（1）生理上的需要。这是人类维持自身生存的最基本要求，包括饥、渴、衣、住、性各方面的要求。如果这些需要得不到满足，人类的生存就成了问题。在这个意义上说，生理需要是推动人们行动的最强大动力。马斯洛认为，只有这些最基本的需要满足到维持生存所必需的程度后，其他需要才能成为新的激励因素，而到了此时，这些已相对满足的需要也就不再成为激励因素了。

（2）安全上的需要。这是人类要求保障自身安全、摆脱事业和丧失财产威胁、避免职业病的侵袭、接触严酷的监督等方面的需要。马斯洛认为，整个有机体是一个追求安全的机制，人的感受器官、效应器官、智能和其他能量主要是寻求安全的工具，甚至可以把科学和人生观都看成是满足安全需要的一部分。当然，这种需要一旦相对满足后，也就不再成为激励因素了。

（3）感情上的需要。这一层次的需要包括两个方面的内容：一是友爱的需要，即人人都需要伙伴之间、同事之间的关系融洽或保持友谊和忠诚；人人都希望得到爱情，希望爱别人，也渴望接受别人的爱。二是归属的需要，即人都有一种归属于一个群体的感情，希望成为群体中的一员，并相互关心和照顾。感情上的需要比生理上的需要来得细致，它和一个人的生理特性、经历、教育、宗教信仰都有

---

① H. Maslow. A Theory of Human Motivation［J］. Psychological Review，1943，50，370-396.

关系。

（4）尊重的需要。人人都希望自己有稳定的社会地位，要求个人的能力和成就得到社会的承认。尊重的需要又可分为内部尊重和外部尊重。内部尊重是指一个人希望在各种不同情境中有实力、能胜任、充满信心、能独立自主。总之，内部尊重就是人的自尊。外部尊重是指一个人希望有地位、有威信，受到别人的尊重、信赖和高度评价。马斯洛认为，尊重需要得到满足，能使人对自己充满信心，对社会满腔热情，体验到自己活着的意义和价值。

（5）自我实现的需要。这是最高层次的需要，是指实现个人理想、抱负，发挥个人的能力到最大限度，完成与自己能力相称的一切事情的需要。也就是说，人必须干称职的工作，这样才会使他们感到最大的快乐。马斯洛提出，为满足自我实现需要所采取的途径是因人而异的。自我实现的需要是在努力实现自己的潜力，使自己越来越成为自己所期望的人物。

马斯洛指出，五种需要像阶梯一样从低到高，按层次逐级递升，但这个次序不是完全固定的，可以变化，也有种种例外情况；一般来说，某一层次的需要相对满足了，就会向高一层次发展，追求更高一层次的需要就成为驱使行为的动力。相应地，获得基本满足的需要就不再是一股激励力量；五种需要可以分为高、低两级，其中生理上的需要、安全上的需要和感情上的需要都属于低一级的需要，这些需要通过外部条件就可以满足；而尊重的需要和自我实现的需要是高级需要，它们需要通过内部因素才能满足，而且一个人对尊重和自我实现的需要是无止境的。同一时期，一个人可能有几种需要，但每一时期总有一种需要占支配地位，对行为起决定作用。任何一种需要都不会因为更高层次需要的发展而消失。各层次的需要相互依赖和重叠，高层次的需要发展后，低层次的需要仍然存在，只是对行为影响的程度大大降低。

马斯洛和其他的行为科学家都认为，一个国家多数人的需要层次结构，是同这个国家的经济发展水平、科技发展水平、文化和人民受教育的程度直接相关的。在不发达国家，生理需要和安全需要占主导的人数比例较高，而高级需要占主导的人数比例较低；而在发达国家，则刚好相反。在同一国家不同时期，人们的需要层次会随着生产水平的变化而变化。

根据马斯洛的需求层次理论，安全是人满足了生理需要后第二层次的需求，旅游者从熟悉的居住地到陌生的旅游地旅游，在品味异地生活的同时，由于对周围环境不熟悉，心理上缺乏安全感，若旅游地没有安全保证，旅游消闲也就无从谈起。旅游安全为旅游者的精神愉快、身心放松提供了最大保障，使旅游者能真正融入旅游地的异地生活体验中，实现"旅游者身份"的角色心理转变。因此，和平与安全是一个目的地、区域或国家发展旅游业的基本条件，也是旅游业发展的基本决定因素。当旅游者离开居住地进入"陌生"环境时，"旅游社会"中便形成了新的需求层次——旅游需求层次，而"安全健康"即是其中的特别需要，追求健康安全既是旅游者出行的原始动机，也是最高目标，贯穿于整个旅游需求层次的始终，并在"旅游社会"这种特殊情况下显示出迫切性。

4. 不确定性经济学理论

危机本质上是一种风险，具有不确定性。在经济学领域，门格尔、费雪和埃奇沃斯等指出风险和不确定性将深刻改变整个经济学的体系和内容。

奈特最早论述了风险和不确定性对经济学研究的重要性，并对风险和不确定性两个概念进行了定义和界定。希克斯、凯恩斯、斯蒂格勒、哈特等人根据数学期望最大化原则开始解释利润、投资决策、企业结构等问题。

冯·诺伊曼和摩根斯顿（Von Neumann & Morgenstern）提出期望效用最大化原则，萨维奇（Savage）、安斯考姆和奥曼（Anscombe & Aumann）将这一理论完善为主观期望效用理论（SEC）。Savage提出"人与自然博弈"体系，指出事件是世界的状态的集合（state of the world），行动是由世界的状态空间到结果的映射（function），决策者选择行动相当于在各种可能发生的事件上押宝。弗里德曼和萨维奇（Friedman & Savage）提出风险厌恶理论并对此进行分析。

在理论体系中，概率论描述了世界状态的不确定性。安斯考姆和奥曼（Anscombe & Aumann）对概率的主观性质进行了分析。阿洛罗和普拉特（Arrow & Pratt）对效用中蕴含的风险偏好性质进行了分析（绝对风险度量）。由于SEC理论与现实的矛盾和背离，阿莱构建了阿莱悖论（Allais Paradox），埃尔斯伯格建立了埃尔斯伯格悖论（Ellsberg Paradox）。这些理论的共同之处是试图扩展主观效用理论的假设，建立更为一般化的理论。同时将风险和不确定性用于对生产、消费、投资和分配的活动，以及对各种经济组织结构的分析，不确定性经济学在一定程度上为分析和解释现实经济现象提供了新的工具。

（六）政治学——相互依存理论（Interdependence Theory）

相互依存理论是西方国际关系学的重要理论之一。“相互依赖”（interdependence）即彼此相依赖（mutual dependence）。世界政治中的相互依赖，是指以国家之间或非国家行为体之间相互影响为特征的情形。简单地说，是指国际行为体之间的相互影响。具体包括：国家行为体之间的相互影响；国家行为体与非国家行为体之间的相互影响；非国家行为体之间的相互影响。

相互依存理论产生、流行于20世纪60—70年代。1968年理查德·库珀（Richard Cooper）的《相互依存经济学》是该理论的早期代表作[①]。他认为，相互依存是“二战”后国际关系的发展趋势，一国的经济增长将会导致其他国家或国际关系敏感性的增强。1977年罗伯特·基欧汉和约瑟夫·奈在合著《权力与相互依存：转变中的世界政治》中提出了“复合性相互依存”的概念[②]，把相互依存定义为“彼此之间的依赖”，并认为相互依存意指“敏感性”（sensitivity）和“脆弱性”（vulnerability）。相互依存理论的大部分观点在亚洲金融危机中得到验证。

经过30多年的发展，相互依存理论可归纳为以下几个理论要点：

（1）相互依存使各国在许多领域拥有共同利益，在国际关系中国际协调机制的作用日益重要。

（2）由于各国间相互依存，传统的“高级政治”（国家安全）与“低级政治”（经济问题）已很难区分孰高孰低，经济与政治之间的相互依存、相互影响日益加深。

（3）从国际关系行为体方面来看，国家不再是唯一的国际关系行为体，其地位和影响力的下降与非国家因素的上升形成鲜明对比。跨国公司、国际恐怖集团、国际非政府组织等也已成为国际关系行为体，且影响力日益上升。

（4）相互依存的具体特性包括：密切性即相互依存度的大小；对称性体现为有关各方相互依存程度的一致与差异；敏感性即一国对另一国经济增长的敏感程度；脆弱性即相互依存的一国对另一国增长后果的承受或适应能力。

---

① 理查德·库珀．相互依存经济学——大西洋社会的经济政策［M］.1968.

② 倪世雄．当代西方国际关系理论［M］．上海：复旦大学出版社，2011.

尽管相互依存理论在70年代即已产生并流行于学术界，但在经济全球化的今天，其主要观点并未完全过时，且大部分观点在亚洲金融危机中得到验证：（1）亚洲金融危机证明经济全球化下的“高级政治”与“低级政治”不再以从上而下的次序排列，而是两者相互联结、相互影响，经济因素与政治因素的互动性增强。亚洲金融危机首先以“低级政治”的形式表现出来，并逐步对“高级政治”产生影响。危机爆发的根本原因是危机各国经济结构失衡，其爆发的导火线则是国际投机资本的人为冲击，所有这些因素均是“低级政治”的表现形式。然而随着金融危机的发展，其对“高级政治”的影响日益显露，危机在有些国家已发展成为一场社会政治危机，导致了这些国家领导人或政府有关官员被迫辞职或被撤职。危机还使有关国家的经济安全受到严重威胁。（2）相互依存的一些具体特性在亚洲金融危机中突出地表现出来。亚洲金融危机体现了经济全球化下各国之间关系的密切性大大增强。根据卡尔多伊奇的观点，如果相互依存的手段与领域增加，则各国间相互依存的密切性也随之增加。亚洲金融危机爆发的背景是经济全球化进程的不断加速、信息技术的不断发展，尤其是信息高速公路大大缩短了世界市场各部分之间的距离。相互依存的手段由有形的陆上、海上、空中交通线扩展到无形且力量强大的信息高速公路。从相互依存的领域看，由于东南亚各国纷纷顺应经济全球化趋势实行金融自由化，放松外汇管制，大量外资为追求高额回报而流向这些国家的证券市场、汇市和房市，相互依存的领域亦由最初的生产、贸易领域扩展到金融领域。随着相互依存手段与领域的增加，东南亚各国与西方发达国家的密切性亦大为增强。（3）亚洲金融危机也证明了各国之间相互依存的不对称性，罗伯特·吉尔平（Robert Gilpin）称之为“相互但又不平等的依存关系”。在东南亚，这种过度依赖表现为钉住汇率制和过多吸引短期外资。亚洲金融危机的爆发是从泰国宣布放弃钉住汇率制开始的。实际上，在危机爆发前东南亚各国几乎均实行钉住美元的汇率制度，造成这些国家在金融领域和贸易领域过度依赖美元，在调整汇率上丧失了自主权，为金融危机的爆发埋下隐患。1997年美元兑日元持续呈现强势，造成泰铢、菲律宾比索等东南亚货币币值高估和产品竞争力削弱，国际收支逆差增加，同时成为国际投机资本冲击的对象，最终引致金融危机。相互依存的不对称性还表现为东南亚各国受美国倡导的经济全球化趋势带来的影响，在国内金融监管不得力、金融立法不完善的情况下过早实行金融自由化，对外资（尤其是短期外资）进入缺乏必要的管理和限制。而这些外资大部分来自发达国家，造成东南亚国家对发达国家的过度依赖。由此造成国内金融市场和证券市场的动荡，进一步冲击国内货币。此外，东南亚各国均为发展中国家，在金融危机爆发前已经形成外债规模过大、债务结构不合理的严重问题。例如，金融危机爆发前，泰国外债余额占GDP的比例已达46%，菲律宾则高达54%，印度尼西亚为47%。如此高额的外债实质上就是一种不平等的依存关系，为国际游资兴风作浪制造了机会。（4）国际协调机制的重要性在亚洲金融危机后也得到有力验证。由于经济全球化下相互依存的加深，各国形成相互依赖的局面。由此，相互依存的加深使得国际间趋向于合作与协调而非冲突与战争。亚洲金融危机爆发后，不仅造成危机各国金融动荡，经济增长速度下滑甚至出现负增长，而且对其他国家包括发达国家的经济产生负面影响。

四、国内外旅游危机管理研究文献综述

（一）危机管理研究

国内外学者对旅游危机管理的研究主要涉及两方面：一是从危机的广义范畴探讨危机管理理论，如危机的概念、类型、范围和性质，危机产生的根源、危机管理体系的建立等；二是从特定的角度研究危机管理，如企业危机管理、公共关系危机管理等。

斯托林斯（1978）指出，危机发生时可能的组织机构，危机管理者应确认的特定危机中应急反应机构的类型，以及在危机发生时估算各类型组织所面临的问题并设法解决这些问题。

史蒂文·芬克（1986）的《危机管理：为不可预见的危机做计划》，是一部较早为危机管理建立分析框架的研究专著，他提出危机管理可帮助企业有计划地消除风险与不确定因素，是企业更能掌握自己前途的一门艺术。

迈克尔·里杰斯特在《危机公关》中提出危机管理的基本指导方针，包括做好危机准备方案、传播方案、危机处理与危机传播，确定了危机管理的程序各应对措施，被国内外学者和企业广泛采用。

罗伯特·希斯（2001）的《危机管理》阐述了危机规模、可见性、危机复杂程度及危机管理范畴，并从心理学角度分析了危机对人生理和心理方面的影响，还针对危机对企业以及周围环境的破坏程度，并对其进行危机风险评估。

藤井定美认为，所谓危机管理就是针对那些事先无法预知何时发生，然而一旦发生却对企业经营造成极端危险的各种突发事件的事前和事后管理。

对危机管理进行研究的学者和著作还有：菲特普的《危机管理》、亚历山大·L的《避免战争——危机管理中的问题》、米歇尔·里杰斯特的《经营风险与危机管理》、威吉尔·托马斯的《压力下的领导——国际危机的心理分析》、吉伯特·R. 威汉姆的《国际危机管理的新问题》、大卫·S. G. 顾德曼和里杰德·塞格尔的《90年代中国危机管理》、特里·理查德《经济全球化、国际组织与危机管理》、弗雷·丹尼的《国际危机与危机管理》等。

（二）国外旅游危机管理研究概述

旅游危机是指影响旅游者信心、妨碍旅游业正常运转的所有不曾预见的事件。包括自然灾害，也包括对目的地旅游吸引力产生影响的政局动荡、意外事故、犯罪、疾病等事件，还包括诸如汇率波动、经济危机、金融危机等经济因素①。

国际上对于旅游危机的研究始于20世纪70年代，是基于旅游安全的研究发展而来。1972年德国慕尼黑奥运会上的恐怖袭击促使学者们将注意力转向旅游危机的研究。1974年，世界范围内的能源危机使旅游业遭受严重冲击，旅行研究协会召开了主题为“旅行研究在危机年代中的贡献”的年度会议，这次会议的报告对旅游危机影响进行了描述和汇报，并且在旅游研究中引入了旅游危机研究的重要课题，旅游学者开始关注旅游危机及其管理，并由此展开了积极的探索。此后30多年，国外旅游危机管理在各个方面展开了深入的研究。对于特定旅游危机的影响研究可以分为恐怖主义对旅游业，犯罪活动、战争及政治不稳定对旅游业的影响、经济危机对旅游业的影响、自然灾害、公共卫生事件对旅游业的影响等方面。概括起来，国外旅游危机管理的研究集中于案例研究和基础理论研究两方面：一类是宏观的研究旅游企业如何进行危机管理；另一类则侧重于微观，研究某一类企业应对危机策略，某一事件对旅游业的影响，如饭店业危机管理等。

德克·格莱泽（Dirk Glaesser，2003）的《旅游业危机管理》（*Crisis Management in the Tourism Industry*），是一部全面系统论述旅游危机管理的著作，在国际旅游学术界和实业界产生了广泛的影响。作者通过对危机管理活动的重新评

① 邓冰，吴必虎，蔡利平．国内外旅游业危机管理研究综述［J］．旅游科学，2004，18（1）：1–8.

估来说明采取防范措施的至关重要性。指出旅游产品的特殊性，揭示旅游业危机管理的目的。采用系统理论的思考方法对旅游的各种不同的活动领域进行了讨论。从消费者、旅游产品、竞争者、政府等角度出发，列举了旅游活动的范畴，开展危机分析和诊断方法，提出早期预警体系和方法，并探讨了旅游危机管理的战略、危机计划和组织及危机管理工具。作者创新性地提出旅游产品基本利益和附加利益的决定体系、形象传导及其在危机管理框架内应用可能性的评估、防范性危机管理的必要性。本书主要从旅游企业角度、而非产业角度研究旅游危机管理，在实操性和定量分析上有待突破。

里克特（2003）从人口增长、森林采伐、放松管制、分权化等方面探讨了对全球旅游导致的公共健康危机的影响，由于国际交往的增加，加强管制和合作越来越重要，同时提出应对危机的十大行动纲要，并强调加强管制和合作的重要性。

桑莫兹（Sónmenz）等提出饭店应建立一套精心设计的危机管理策略，饭店经理要接受必要的培训，以处理饭店经营中可能遇到的各种类型的危机。

道吉（1995）的《餐饮业危机管理》系统论述了餐饮业应对危机的策略。包括企业品牌的维护、防患于未然的策略、食品安全预警、对跨国公司的影响、危机管理等。

史瑞格，史密斯（Craig、Smith）从全球危机事件中总结了旅游危机管理的经验，提出了旅游可替代性概念，即空间的可替代性、功能的可替代性，还对旅游可替代性程度进行分级，从强到弱划分为大众休闲旅游、兴趣旅游、探亲访友旅游和商务旅游，对危机中的旅游业决策具有重要意义。

卓贝克（Drabek.1991a）从处理旅游突发事件的先后次序方面提出旅游危机管理主要应包括10方面内容：危机前兆、确认危机、危机动员、了解消费者信息、为消费者寻找安身之处、了解员工所需、转移、为员工寻找安全之处、保护幸存物、危机后恢复。

比尔·富克纳提出旅游危机管理的框架由三大部分组成：危机处理阶段、相应的危机管理要点及危机管理战略的主要因素。

朱卓任（Chuck Y，Gee）的《国际饭店管理》中提出饭店的危机管理，认为饭店应建立处理危机的紧急计划，以缓解各种危机，如政治危机、自然灾害、恐怖事件等，危机计划中把人身安全放在第一位，其次是财产安全和避免损失。

旅游危机管理成为目前学术界研究的热潮。国外很多学者研究了突发危机事件对旅游业的影响，如可汗（Khan，2001）等探讨了亚洲瘟疫对新加坡旅游业的影响。卡瑞（Carey，2002）等利用季节性自回归整合滑动平均模型分析了亚洲金融危机对中国香港旅游业的影响。黄（Huang，2002）等探讨了中国台湾地震后旅游业的恢复问题。古德瑞奇（Goodrich，2002）等针对美国“9·11”事件展开了危机事件对美国旅行和旅游业的影响研究。巴巴拉（Barbara，2006）等研究了各类危机事件对澳大利亚旅游业的影响。

其他研究包括：皮扎姆和曼斯菲尔德主编的《旅游、犯罪和国际安全》，主要内容包括：旅游与犯罪、旅游与政治不确定性、旅游与战争等；凯克对旅游政治风险加以归类及评估；阿切尔对国际旅游壁垒进行研究；埃杰尔阐述了国际旅游政策；科克雷尔分析了不确定环境中国际旅游组织的角色；佩吉从航空安全角度对旅游危机及安全机制建立的意义进行了阐述。

（三）国内学者关于旅游危机管理的研究

20世纪90年代初，国家自然科学基金资助佘廉等人从事“企业危机的预警原理与管理方法”等方面的研究工作，开始了国内企业危机管理的研究进程。目前，国内关于旅游危机管理的基础性研究成果主要有：

李九全（2003）等认为旅游危机管理是“为避免和减轻危机事件给旅游业所带来的严重威胁，通过研究危机、危机预警和危机救治达到恢复旅游经营环境、恢复旅游消费信心的目的，进行的非程序化的决策过程”。

郑向敏（2003）的《旅游安全学》较为系统地阐述了旅游安全管理手段，但理论体系的完整性和先进性还存在欠缺。

邹统钎（2005）的《旅游危机管理》，较为系统地介绍了旅游危机管理的理论与危机防范方法，全面分析了“非典”对中国旅游业影响路径和方式、影响程度与影响周期以及对中国消费者行为的影响，针对中国政府处理突发事件存在的问题，提出中国旅游业危机管理的对策建议。

谷惠敏（2007）的《旅游危机管理研究》系统地论述了旅游危机理论、介绍了危机对旅游业的冲击的表现和冲击度计量模型，旅游危机管理研究、分析了危机对中国旅游业冲击及激活旅游市场的实证研究，较全面地分析研究了国外突发性危机冲击与激活旅游市场的实证研究，并对我国旅游业应对未来突发性危机提出了对策建议。

北京大学旅游研究与规划中心与美国普渡大学旅游与酒店研究中心协同进行国际合作研究，重点研究“SARS对中国旅游业的影响及其危机管理”，该研究从旅游产业自身的脆弱性以及产品产销一致性分析了旅游业受“非典”影响的必然原因，并就政府采取的救市措施的效用、旅游业到底受多大影响、政府应进一步采取的政策、旅游业损失对整个国民经济的影响程度等问题进行系统研究。

张广瑞、魏小安（2003）的《中国旅游业：“非典”影响与全面振兴》涉及“非典”对中国旅游业的影响、企业的应对措施、危机管理、旅游振兴策略、国际借鉴等多方面内容。

邓冰、吴必虎、蔡利平（2004）的《国外旅游业危机管理研究综述》对近年来国内外相关文献进行了系统回顾。

李树民、温秀（2004）在归纳分析危机的类型特征和危机管理目标的基础上，界定了建构我国应对旅游业危机的预警机制的作用和内容，并从宏观、微观层面提出了建构预警机制的步骤和方法。

刘春玲（2005）等探讨了旅游危机的预警机制及其管理，分别从旅游产业、旅游六要素、旅游景区、饭店和旅行社等角度分析了各自危机的特征及危机预警体系的构建。

其他相关研究有：戴学锋的《SARS让我们对旅游研究进行反思》、高舜礼和任佳燕的《浅析9·11对我国入境旅游影响的研究》。

此外，北京第二外国语学院课题组通过“非典”对旅游业的影响机制，重点阐述了后“非典”时代中国旅游业环境变化及中国旅游产业发展的政策调整，尽可能减少“非典”对中国旅游业的负面影响，政府、企业、协会应确立共同的目标，进行协调，制定相应的产业政策。持相同观点的还有石培华等，从“非典”事件对中国旅游产业的影响角度出发，提出旅游产业的第四特性是“敏感产业”，并就我国旅游产业轻视危机管理现状提出从宏观层面开展“风险管理”的必要性。

五、金融危机对旅游业影响的研究

（一）国外关于金融危机对旅游业影响研究文献

金融危机爆发的频繁性、超周期性及不可预见性，必然会对旅游业造成严重的冲击和影响。目前国内外已有学者对此方面着手进行研究，但还处于起步阶段，亚洲金融危机后，越来越多的国内外学者开始关注金融危机对旅游业影响的研究。克洛兹（Croach，1994）指出，旅游业所要考虑的重要变量是国际旅行的价格衡量、境外目的地的旅游商品和服务的外汇价格以及不同汇率的影响。安格沃（Agarwal，1999）考察了商业经营发生的一般性经济危机所造成的影响以及旅游景区的重新恢复政策。亚洲金融危机后，帕恩（Pine）、陈和李昂（Chan & Leung，1998）评估了1997年亚洲金融危机对旅游业的影响及旅游业发展的趋势。拉布（Raab）和施沃（Schwer，2003）调查了亚洲金融危机对拉斯维加斯博彩收入的影响。桑斯曼里兹（Sausmarez，2003）研究了亚洲金融危机对马来西亚旅游业的影响。普瑞多克斯（Prideaux，1999）对危机与旅游业的关系进行了全面和深入的分析，在评估金融危机对旅游业影响方面做出了重要贡献。

旅游业极易受到危机的影响，原因之一就是旅游业是高度依赖性的，各环节之间高度相关，极易产生连锁反应。旅游研究者们尤其关注旅游业特性的研究，希望能从根本上对现象做出解释。世界银行（World Bank，2002）在巴厘岛爆炸事件之后，考察了巴厘岛旅游经济的脆弱性。萨特那（Santana G，2001）论述了全球化时代旅游业的脆弱性（vulnerbility）。劳斯E、福克纳B和马斯卡多G（Laws E、Faulkner、B. & Moscardo G，2001）认为，旅游业以“多方位的混沌” 著称。国际旅行中，游客过去的旅行经历、风险的类型以及对安全的感觉程度都会影响游客将来的旅游行为。桑买兹和哥拉菲（Sónmenz & Graefe，1998）使用信息集合理论和保护动机理论为框架，解释为什么旅行者会避免前往某些目的地。

福克纳（Faulkner B，2001）建立了一个分析和制定旅游灾难管理策略的一般模型，从与危机和灾难相关的大量文献入手分析旅游业的灾难。同时，他还和维库罗夫（Vikulov，2001）以澳大利亚凯瑟琳（Katherine）为例来检验和补充完善这一模型。

劳和罗博（Law & Rob，2001）根据官方公布数据分析预测了赴中国香港旅游的日本游客及需求因素。研究了亚洲金融危机对地区经济造成的重要影响，特别是对旅游目的地的影响。

德・桑斯曼里兹和尼可里特（de Sausmarez & Nicolette，2004）指出，旅游业是一个脆弱的行业，分析了马来西亚旅游业应对亚洲金融危机的举措，以及在部门

（公共、收入）层次进行旅游危机管理。

萨莫·夏尔马（Samir Sharma）（Nepal，2004）以尼泊尔为例，论述了金融危机对旅游目的地的影响，认为金融危机使全球航空业受到重大影响，致使全球旅游业损失惨重。旅游业尽管不会覆灭，但会影响人们的旅游行为，在此情况下，旅游业和酒店行业应采取相应的对策以求生存。

里恩、胡易胡易、史米斯和拉赛尔（Lean、Hooi Hooi、Smyth & Russell，2009）运用LM 单位根测试法，以马来西亚10个客源地市场数据分析危机对到访旅游者数量的影响是长期的还是暂时的，得出从长远看影响是暂时的结论。

2009年6月，在西班牙马洛夫（Mallorca）召开的全球经济危机与旅游的国际会议上，安德里斯、帕帕斯德善、杰姆·罗赛洛、肖洪根（Andreas Papatheodorou、Jaume Rosselló 、Honggen Xiao）等人指出，全球经济危机使亚太地区、欧洲、北美世界经济和旅游业下滑，并分析了经济危机对全球经济和旅游业影响的结果和前景。

埃根·斯迈洛（Egon Smeral，2010）根据2009—2010年欧盟15国数据，分析和预测了在价格和汇率不变时，国际旅游需求的变化，并从宏观经济的关键要素出发，分析其对国际旅游需求和发展的影响的模型，对减少危机提出战略性建议。

皮特夫斯卡和比杰纳（Petrevska & Biljana，2012）论述了世界经济危机对马其顿旅游业的影响和经济发展。

在研究方法上，对经济影响，境外一些学者的研究偏重于从计量经济学角度进行，通过建立模型揭示危机对一个国家或特定目的地或某一产业学的影响研究。德怀尔（Dwyer）等依据莫纳什（Monash）模型建立了多区域CGE旅游危机影响模型，通过该模型对2003年SARS和伊拉克战争对澳大利亚旅游业的直接影响及对经济的影响进行了分析，并通过模拟，对2004年经济进行了预测，结论认为，当危机发生时必须考虑替代产品消费。

（二）国内学者关于金融危机对旅游业影响研究综述

国内学者关于金融危机对旅游业的影响研究可以分为两个阶段：一是1998年开始到2000年，主要是关于亚洲金融危机对旅游业的影响研究；二是2008年以来关于全球金融危机和欧债危机对旅游业的影响研究，其中，关于全球金融危机对旅游业的影响研究更为广泛和深入。

国内学者关于金融危机背景下的旅游研究，最早始于1998年的亚洲金融危机，主要有以下成果：一是关于亚洲金融危机对东南亚各国旅游业的影响方面。较具代表性的有郑一省（2000）、陈艳（2000）、马振（2000）、宋一兵（2000）等。二是关于亚洲金融危机对我国旅游业的影响研究，有代表性的是周玲强（1999）、刘阳（1998）、杜家元（1998）、何忠诚（1999）、郭英之和姚新民（1999）、李开宇和张艳芳（2003）、张广瑞（1998）等。此外，段合明（1998）、张玉伟（1998）、李波（1998）、盛毅（1998）、李天德（1999）、谢建刚（1998）、郭路（1998）等学者研究了亚洲金融危机对我国地方旅游业的影响。三是关于亚洲金融危机对世界及其他各地旅游业的影响研究，如梁昭（1999）、梁琦（1999）分析了亚洲金融危机对国际旅游业的影响研究。

2008年9月以来，由美国次贷危机引发的席卷全球的金融危机并逐步演化为全球性经济危机，多数学者都从金融危机对我国旅游市场（即入境旅游、出境旅游、国内旅游）的影响出发进行分析。戴斌（2009）从入境旅游、国内旅游和出境旅游三大市场以及企业融资等方面分析了金融危机对中国旅游市场的影响，对中国旅游市场走势进行了预测。林婧和杜富荣（2009）、于成国（2008）等的基本结论也基本一致。

钟先丽（2008）认为旅游业是极易受经济波动影响的产业，并从入境旅游、出境旅游和国内旅游三大旅游市场入手，分析金融危机对中国旅游市场所产生的影响和旅游业面临的战略机遇。

张冬、任静、刘涛、魏震铭、岳乐、姚远、王晴（2009）等通过对全球金融危机对我国旅游业的影响分析，探讨了我国旅游业的发展对策。

国内学者关于全球金融危机对我国旅游业中旅游饭店、旅行社、旅游企业等各具体要素的影响研究，较具代表性的有：朗楷淳（2008）的《美国：金融危机让旅游业受伤》指出，2008年9月份以来美国旅游业受到金融危机的沉重打击，航空业和饭店业衰退的情况；何建民（2009）在介绍和分析了金融危机下国外旅馆的经营策略的基础上，提出了我国旅游饭店的经营策略；陈祖斌、戴祎华从市场的重新定位、着力内涵建设、做好会展营销、拓宽融资渠道及开源节流等几方面，为金融危机下我国旅游饭店业的突围提出了相关的对策；李祇辉、李明（2009）从参考韩国旅行社业应对金融危机的策略出发，提出了我国旅行社业应对金融危机的借鉴；吴南（2009）从旅游市场、地域范围、星级饭店、国家政策等方面剖析了金融危机背景下我国旅游饭店业发展面临的问题，并提出了相应的发展策略；苗苗、黄兰兰则分析了金融危机对经济型酒店的影响，并探讨了全球金融危机背景下我国经济型酒店发展的机遇；朱琳琳探讨了金融危机对河南旅行社行业发展的影响，并提出了应对策略；褚士永、姜剑波则探讨了金融危机下忻州旅行社业发展的问题与出路；张赛、万华探讨了金融危机下我国旅游企业创新的重要性、旅游企业创新的对策，并提出了我国旅游企业的创新道路。

林龙飞、王佳佳、瞿利娟（2009）分析了全球金融危机对我国入境旅游客源市场结构的影响，并提出了优化我国入境旅游客源市场结构的对策。赵春峰（2009）在分析金融危机背景下我国旅游者行为模式的变化及新特征的基础上，提出了我国景区的应对措施及景区发展的预期。

王永明、马耀峰、张佑印（2009）通过总体分析和对比分析的方法，从全国和区域两个角度分析了金融危机对我国入境旅游业产生的影响，并对入境旅游业走势进行了初步预测，最后提出在新形势下促进我国旅游业恢复发展的对策。

邹家红、王慧琴（2009）分析了2008年金融危机对我国入境旅游业的影响，提出拉动国内旅游市场，重新定位入境旅游市场，调整旅游产品开发，优化入境旅游空间格局等应对金融危机的措施。

陈修岭（2009）论述了由美国次贷危机引发的全球金融危机及其所带来的经济衰退对我国入境旅游产生的巨大负面影响，我国港澳台、韩国、日本、俄罗斯和美国等我国主要客源地区及国家入境旅游人数及外汇收入出现严重下滑。为应对和降低金融危机对我国入境旅游的影响，我们必须采取积极的旅游复苏计划与措施来渡过难关。

李先锋、李志强（2009）主要通过分析旅游业与金融业和国民经济的关系，来研究当前金融危机对我国旅游业影响的传导途径，以及我国旅游业所受到的负面影响，从而提出一些避免旅游业受到冲击的应对措施。

张凌云、刘波（2010）指出后金融危机时代，我国旅游业的发展面临重大的转型和发展机遇，国民旅游成为推动经济增长、扩大内需的重点，而自驾车、大众度假、低碳旅游将成为今后我国旅游业发展的三大热点。

赵青、刘晓春（2010）在对金融危机背景下我国商务酒店面临的问题分析的基础上，提出了我国商务酒店应具有的核心竞争力模型及金融危机背景下提升我国商务酒店核心竞争力的对策。

何建民（2012）运用国际经济学与旅游经济学原理，收集分析世界经济与世界国际旅游业发展的统计资料，对具有代表性的旅行社、旅游饭店与旅游景区点进行调查研究，同时对我国国际化程度最高的世界著名旅游城市香港进行比较研究，从而回答了国际金融危机对世界国际旅游业影响的传导机制、其影响进行科学分析与预测的指标、影响的状况及影响的趋势及我国的对策等问题。

（三）国内外学者对入境旅游者旅游市场开拓及旅游者消费行为的研究概述

从旅游目的地角度，对旅游目的地形象和营销系统等展开分析。［法克耶和克朗普顿（Fakeye & Crompton），1991；Buhalis，2000］。Katrin Blumberg在《旅游目的地营销》中提出要注重旅游目的地的文化，在制定营销战略时要考虑到游客与旅游目的地的文化交融，将营销战略看作发展旅游目的地的方式，而不仅仅是宣传旅游目的地的工具。奇奇·卡普兰尼多（Kiki Kaplanidou）在对于行为意向认识事件，不同地域的奥运会观众和目的地形象的关系一文中提到以奥运会兴起的运动旅游可以看出不同地域的游客对待事物的不同反应，同时注重旅游目的地城市形象的塑造。

建立旅游目的地营销联盟。安得瑞·帕英（Adrian Palmer，1995）认为建立旅游目的地营销联盟可以使各利益相关者整合资源，以合力效应对潜在游客产生较大的促销效果。

关注信息技术在客源市场宣传推广中的应用。坎弗和普林蒂瑟（Cannv & Prenticer，1998）认为网站设计与管理有必要引入一个与交流有关的概念，即“爱意行为”，使旅游者在进行电子访问时对网站有心理上的亲近感。此外，对网络营销效果的评价也是客源市场的一个重要问题，杜林布、伯格瑟和库珀（Doolinb、Burgessl & Cooper. J，2002）等建议采用因特网商业应用扩展模型对在线营销的效果进行评价，并使用交互性衡量旅游营销网站的相对成熟度。

从地理学视角，对入境旅游特征规律进行探讨。如入境游客的空间流动特征及其表征模型建构，旅游流的空间演变和系统调控等方面（孙新宇，2010；刘春济，2007；郭为，2007；李天元，2007；陈秀琼，2006；马晓龙，2006；马耀峰，2001）。

从旅游区位和区域的角度探讨入境旅游市场的开发。如对区域游客特征分析；旅游市场开发的空间布局和旅游线路优化组合的模式等分析（刘妍，2009；邓小海，2008；梁雪松，2005）。

从静态角度对入境游客消费行为进行分析。如对入境游客消费决策行为影响研究；旅沪外国游客选择研究；入境旅游者对旅游目的地和旅游路线的选择研究等（白凯，2005；马耀峰，2005；德村志成，2002）。

从经济学视角，对中国入境游客旅游消费变动进行实证分析（雷兴长，2011；席建超，2008；张凌云，1999）。

（四）旅游业危机预警机制的研究

国外学者对于旅游业预警机制的研究大多借鉴发展比较完善的社会危机和企业危机预警机制/体系构建的经验，包括：情景分析、预警指标确认、预警方法探讨等。

哈恩（Hahn，1979）对危机预警系统在情景矩阵中的适用情况进行了深入的分析；普姆平（Pumpin，1980）提出建议使用因果链确认危机预警指标；戈麦斯（Gomez，1981）提出用反馈图表法来选择早期危机预警指标，并用此方法分析一个度假地人口增长的反馈结构模型。此外，还有一些利用不连续性调查、组合分析、结构趋势性等方法对危机早期预警的研究，这些研究对旅游业危机预警体系的发展和完善起到了重要的促进作用。

世界旅游组织（WTO，1998）提出的旅游业危机的各项生态风险指标的早期预测。部分国家和地区出台的危机管理指南和计划中一般也包括危机规避和防控部分，对旅游业危机预警起到了指导作用。

比尔·福克纳（Bill Faulkner，2001）提出全球每一个角落的旅游目的地都会不可避免地面临经历的一种或其他形式灾难的历史必然性，但由于该领域缺乏系统的研究，几乎没有任何旅游目的地建立起适当的灾难管理规划来应对这些可能发生的突发事件。Faulkner通过建立通用模型分析旅游业灾难管理结构和发展旅游灾害管理战略，提供一套有效旅游业灾难管理规划的前提条件和原则，以及提出建立旅游危机预警系统 。

D·克莱泽（D. Glaesser，2003）从危机的定义、活动领域、分析预测、战略对策、计划与组织实施、管理工具等方面对旅游业危机管理进行了阐述分析。并从危机预警重要领域及负面事件的确认、早期预警体系及方法两方面对旅游业危机预警体系与方法进行了探讨。

布林特·W·瑞奇（Brent W. Ritchi，2004）指出旅游业危机和灾难管理的日益重要性，为旅游业制定了危机管理的纲领和整体战略，对运用战略方法防控旅游业危机进行了分析，认为积极的危机前计划到旅游危机管理是通过战略实施和最后的评价与反馈等来实施的。

尼哥尔·伊凡和萨拉·埃尔费克（Nigel Evans & Sarah Elphick，2005）利用危机管理过程模型对英国旅游业危机管理过程进行了实证分析，其中包含了对危机萌芽阶段的分析，旅游业易于受外界冲击的影响，由于其本身性质的不可预测性，需要进行有效的危机管理，旅游企业危机管理应包括：战略计划过程、制定详细的应急方案、决策作用和责任、管理的灵活性。

克里斯托弗·皮费尔（Christof Pforr，2006）研究了2006年埃及、孟买的恐怖爆炸和2005年7月的伦敦和10月巴厘岛的恐怖爆炸事件，认为旅游业总是处于危机的威胁中，是对于负面事件特别脆弱的行业，在梳理了旅游业危机管理相关文献的基础上提出危机的处理和后危机管理，以及一些更为系统和概念化的问题，诸如旅游业如何应对危机、采取哪些措施、有哪些影响、危机情况下企业如何准备或能做些什么，采取什么战略可以对付危机等，意味着对危机的规避和防控的观点。

国内旅游业危机预警体系研究：2001年，国家旅游局和国家统计局联合建立国内假日旅游业信息预报系统，在“黄金周”期间，以一定的标准检测、统计重点旅游城市和旅游景区及境外旅游目的地住宿设施状况、旅行社组接团、客流量及民航、铁路、水运等交通相关旅游信息，将这些信息在中央电视台等媒体向社会公开发布，并进行动态跟踪、检测，为游客和旅游企业预先提供各类旅游信息，这是我国旅游业预警系统的雏形。这一系统为准确提供旅游业发展态势信息，引导假日旅游，促进旅游资源优化配置，推动假日经济持续、快速、健康发展而组建的信息系统。但其在应对突发性的旅游业危机事件时还是显得无能为力。随着旅游业危机管理的加强和不断完善，对旅游业危机预警及体系的构建研究也开始出现，这些研究主要有：

龙凌（2004）《旅游企业特殊经营风险的界定及应对措施初探》旅游企业存在着大量经营风险，从影响的广度和深度可将旅游企业经营风险分为常规风险与特殊风险两大类。提出旅游企业特殊经营风险的预测与防范措施，旅游行业要成立高效精干的常设机构，从事相关情报的收集和分析，并以通畅有效的渠道将结论公示于众。

任学慧、王月（2005）在《滨海城市旅游安全预警与事故应急救援系统设计》中针对滨海城市旅游业特点，以4S技术与TIS集成构建滨海城市旅游安全预警与事故应急救援系统，该系统具有旅游环境和事故安全预警、应急事故处理决策及应急救援网络组织互动等功能，不仅能为政府机构的管理决策提供科学依据，而且是旅游及其相关管理部门实施旅游安全管理的有力工具。

樊志勇（2005）指出，长期以来我国旅游业预警制度基本上是空白，强调了旅游业预警体系建立的重要性。建立和进一步完善现行的旅游预报制度，加快旅游预警机制的建立和完善，是发展我国旅游业必须做好的一项工作。

第四节　本章小结

本章主要论述了旅游危机的主要理论，国内外旅游危机研究综述、金融危机对旅游业影响研究文献。近30年来，国内外学者对危机管理、旅游危机管理和金融危机对旅游业影响进行了较为系统的研究。亚洲金融危机后，越来越多的国内外学者开始关注金融危机对旅游业影响的研究，已有的成果包括：金融危机对旅游业以及不同部门行业的影响、危机对地区经济的影响。旅游研究者们尤其关注旅游业特性的研究，希望能从根本上对金融危机对旅游目的地和旅游者行为的影响做出解释。不少学者还将定量的模型分析应用于危机研究，国外一些学者的研究偏重于从计量经济学角度进行研究，通过建立模型揭示危机对一个国家或特定目的地或某一产业学的影响研究。本章分析为后续的研究提供了理论依据。

第四章

金融危机的传导机制及其对旅游业的影响机理

第一节 金融危机的传导机制

金融危机的传导机制是从金融系统出现紊乱到实体经济全面衰退存在一系列的过程与环节的集合。金融危机的传导，实际上是一个金融风险形成、积累、转化和扩散的过程，是一个从量变到质变的过程。

金融危机的传导过程可以分为两个层面：一个是危机在不同市场或不同领域之间的传导与扩散过程；另一个是危机在不同地理空间上的传导与扩散过程。

金融危机的国际传导过程，是由投机者、本国公众、外国公众、本国政府、外国政府和国际组织等多方参与者参加的多方非对称信息的动态博弈过程[①]。危机的形成和传导必然导致博弈各方的实力对比、利益格局和所获信息的变化，而这些变化又将导致博弈均衡的变化，从而导致危机的迅速传播和扩散。有关金融危机的国际传导问题较为系统的研究文献大多出现在1992—1993年的欧洲货币危机之后。综合现有文献来看，现代金融危机的蔓延表现出各种传导机制综合作用的结果，它包括贸易溢出效应、金融溢出效应、季风效应和传染效应[②]。但在不同危机中，每个传导机制起作用的程度有所不同。

① 周昌斌 . 金融脆弱性传导机制与中国现代金融的模式选择［D］. 重庆：重庆大学，2010.

② 安辉 . 现代金融危机生成的机理与国际传导机制研究［D］. 大连：东北财经大学，2003.

一、金融传导机制——金融溢出效应（financial spillover effect）

现代化的信息传输方式及金融的自由化极大地加快了全球金融市场上的资金流动，各国金融市场、投资者以及融资者与全球金融市场日益融合。这种全球性资本的流动已经远远超越了商品的流动而成为当今世界经济中一股最为活跃的力量，它有力地影响着国际金融资源在全球范围内的配置，改变着各国经济运行的效率，使各类金融交易的供求关系和价格信号的可变性和不确定性增强。近期的大危机无不是国际短期资本投机冲击所致；与此同时，危机的金融溢出效应远远大于贸易溢出效应，国际资本流动渠道成为金融危机在国家间传导最迅速、最重要的渠道。

金融溢出效应指一个国家发生投机性冲击导致的货币危机可能造成其市场流动性不足，这就迫使金融中介清算其在其他市场上的资产，从而通过国际资本流动渠道导致另一个与其有密切金融关系的市场流动性不足，引发另一个国家大规模的资本抽逃行为。

金融溢出效应传导的逻辑是，一国发生经济金融危机一般会影响到本国的资产价格或收益率，金融投资机构（如投资银行等）为了平衡自己现有的资产组合，优化收益风险比而主动调整自身的资产组合结构。而这样的行为往往会对其他国家的汇率、资产价格等产生明显冲击。

金融溢出效应主要通过以下方式传导金融危机：

（1）通过国际金融市场上流动性需求传导金融危机

戈芬和瓦尔德斯（Goffan & Valdes，1997）从给国外提供流动资产的金融中介入手解释金融危机的传导[①]。由于金融中介机构为那些不愿进行长期投资的外国投资者提供了流动性资产，并且给流动存款提供了许多有吸引力的条件，因此大大增加了资本流动的数量。然而，一旦由于外生性原因使得外国投资者提取他们的存款时，金融中介不能毫无成本地收回贷款以应付提款需要，就会产生对金融中介的挤兑。当外国投资者提取的存款兑换成外汇时，就产生了货币危机。

---

① 宗良. 危机后的全球金融变革［EB/OL］. http：//book.forex.com.cn/html/601/Allbook601.html，2010-04-13.

（2）借助于银行体系传导金融危机

银行是外汇市场的主要参与者，并且向其他参与者提供相关的支付服务，银行业发生的动荡无疑会波及外汇市场。银行体系的危机会诱发国内存款人和国际投资者对该国银行体系稳健性的忧虑，从而将本币资产换为外币资产，因此银行体系的危机有时就会导致货币危机，当银行危机在国际传递的时候，就有可能同时传导货币危机。

最容易导致银行危机在国际传导的是国际金融市场上的银行间多边支付清算系统，该系统把系统内的所有银行联系在一起，造成了相互交织的债权债务关系，一家银行造成的微小的支付困难就有可能酿成全面的流动性危机，一国银行体系的危机通过清算系统会被迅速地传递到其他国家。

（3）依靠机构投资者的运作传导金融危机

随着发达国家机构投资者的增长，机构投资者的运作也极大地影响了货币危机在国家间的传导。据《国际资本市场报告》（1997）估计，目前整个保值性期货买卖基金自营交易商和投机性互助基金的总资产在1000亿美元以上，而经过一定的投资活动，这些基金可在原有资本基础上放大5倍到10倍，因此机构投资者资金的运作对国际金融市场的影响极大。机构投资者在运作过程中，基本上遵循马柯维茨提出的风险分散的投资组合理论，根据诺贝尔经济学奖获得者W.Eshall的研究报告，在抽样的美国共同基金的经验数据中，证券月收益差额的90%来源于投资地区的选择，仅有10%来源于证券种类的选择。因此，相当多的基金采取了按照地理区域的投资分散风险的方式进行管理，如此一来，一旦某一地区内一国的货币遭受投机冲击，投资基金则可能将属于该板块货币的证券都抛出去，从而可能引发该板块内其他国家的货币冲击。

考德斯和普瑞斯克（Kodres & Pristker，1999）对这一现象进行了相关研究，他们把注意力集中于在不同市场间对宏观经济风险进行套期保值的投资者。投资者在某个市场受到冲击时，会重新调整他们的证券组合，从而把冲击传播到其他市场。

卡尔沃（Calvo，1999）提出了一个内生流动性模型，运用信息经济学来解释机构投资者运作所产生的金融危机传导。他把投资者分为两类：拥有信息者和不拥有信息者。拥有信息的投资者知道有关某个国家经济基本面的信号，由于他们受到了流动性冲击，不得不卖掉在该国的资产。不拥有信息的投资者想方设法从拥有信息者的交易中获取有关信息，但是他们不能识别拥有信息者卖掉资产的原因是该国的经济基本面不好还是由于流动性冲击，因此不拥有信息者会认为该国的资产报酬率下降了而撤回在该国的资金，使这些基金经理人具有某种形式的集体行为趋同特征。

二、贸易传导机制——贸易溢出效应（trade spillover effect）

国际贸易是现代国家间国际经济交往的重要组成部分，全球国际贸易日益呈现出高速增长的趋势，它推动全球经济的一体化和全球经济的发展，加强了各国间相互依存的经济关系紧密的经济联系并使本国经济暴露在国际经济波动的冲击之下，国际贸易同时也成为金融危机传导的主要渠道之一。

贸易溢出效应是一国投机性冲击造成的货币危机，导致本币贬值，恶化了另一个（或几个）与其贸易关系密切的经济基础，从而可能导致另一个（或几个）国家遭受发生金融危机的压力，传播金融危机，即所谓的“贸易溢出效应”。它通过国际贸易渠道的实现，一般分为直接双边型的贸易渠道和间接多边形的贸易渠道。国际贸易传导渠道一般是通过贸易伙伴型传导和产业联动效应实现的。

格里厄希和斯迈兹（Geriach & Smets，1994）研究了贸易联系途径，如果一国的贸易伙伴或者竞争对手发生货币贬值，则投资者预期改变，可能增加一国的脆弱性，其中的主要原因是每个国家为了保持竞争力都有贬值的动力，投资者知道中央银行很难抵制贬值的诱惑，在别国贬值的情况下若不贬值，可能会使本国遭受投机性攻击。格里克和罗斯（Glick & Rose，1998）用实证研究表明贸易研究能够很好地解释危机传播。

贸易溢出效应是一国投机性冲击造成的货币危机，导致本币贬值，恶化了另一个（或几个）与其贸易关系密切的经济基础，从而可能导致另一个（或几个）国家遭受发生金融危机的压力，传播金融危机，即所谓的“贸易溢出效应”。它通过国际贸易渠道实现，一般分为直接双边型的贸易渠道和间接多边形的贸易渠道。其中，直接双边型的贸易渠道指两国为直接的贸易伙伴关系，因此高度相关；间接多边形的贸易渠道指高度相关的竞争同一国际市场的贸易联系。贸易溢出效应主要是通过价格效应和收入效应实现的，即一国货币危机造成的货币贬值一方面提高了其相对于贸易伙伴国的出口价格竞争力，另一方面通过影响国内经济（国民收入减少）而减少了向其贸易伙伴国的进口。

国际贸易传导渠道一般有：

（1）贸易伙伴型传导。发生金融危机的国家国内经济萎缩，外汇减少，从而导致对进口商品的需求减少。对商品出口国来讲，主要表现在：出口收入减少，外贸顺差减少或逆差扩大，外汇储备减少；出口订单的减少导致相应企业的经济效益滑坡，严重的甚至倒闭。从而使得大量工人的收入减少或失业；人们收入的减少使得对社会消费品的需求发生了变化：在维持对生活必需消费品需求量不变的同时，对社会一般消费品的需求量减少，进而影响到生产一般消费品的企业，从而形成“A国金融危机—A国对进口商品需求减少—B国出口下降—B国出口企业效益降低—B国出口企业员工收入减少—B国社会消费品需求量减少—B国消费品生产企业效益下降—B国经济金融恶化—B国GDP增长放缓—B国对进口商品需求减少”的恶性循环。即通过价格效应和收入效应实现危机传导过程。

（2）产业联动效应。尽管世界各国的产业结构不同，但它们都倾向于采取多种措施鼓励出口，增强本国产品的国际竞争力，从而使得全球范围内的出口产业生产能力急剧扩大，各国经济因出口产业紧密联系在一起（进口原材料进行加工、进口制成品等），一国发生的金融危机通过产业联动效应传导到其他国家。产业联动效应的传导机制有两条途径：第一种是存货的加速原理。这是指金融危机的爆发导致经济衰退和社会有效需求下降，企业产品库存增加。为了缩小成本，使存货降到企业能够接受的水平，企业在短期内会通过裁员和减少原料采购来应对。对于原料供应商来说，他的存货又多于经济正常发展时的水平，他也相应地缩小生产规模，这一循环持续下去，将更多的行业和产业卷入其中，从而造成社会信贷的断裂，金融危机蔓延。因此，存货的加速原理从企业的资产负债角度阐述了金融危机的传导过程。即本币贬值—企业销售额下降—企业财务状况恶化—企业减少存货—危机传入与该企业有关联的产业和行业。在世界经济全球化和金融贸易自由化的今天，各国联系相当紧密，外贸依存度较高。一旦一国的某一产业由于某种原因（产业结构失衡、短期资本投入过多、该产品的替代品大量涌现等）出现生产萎缩，将会迅速波及国际上与该产业相关的其他产业，导致大量的公司出现生产经营困难，许多企业倒闭，最终引发国际性金融危机。第二种是产业的结构性震荡。这是指某些国家在经济发展阶段和产业结构方面与危机发生国十分相似，产业的碰撞和竞争使得这些国家也出现了结构失衡状态。在投机者的预期下，国际资本对这些国家的资本和货币市场进行类似的投机性冲击和规避性撤离，导致这些国家的金融市场动荡不安。一个区域内各国产业结构的过分相似，首先表现在某些商品的严重过剩。一旦全球产业结构进行调整时，危机首先就会在这类结构失衡的地区爆发。国际性产业结构调整通常以两种方式进行：其一是政府主动采取措施对本国的产业结构进行调整，体现了主动的一面；其二是由于经济危机、金融危机爆发，被迫进行破坏性调整。

三、预期传导（染）机制——羊群行为[①]（herding behavior）

社会心理学家认为，羊群行为是在由群体一致性导致的压力下，个体寻求的一种试图解除自身与群体之间的冲突、增强安全感的手段。信息层叠理论在一定程度上对羊群行为做出了解释。

对于羊群行为与净传染关系的解释有：

（1）建立在信息基础上。信息层叠理论在一定程度上对羊群行为做出了解释，即“序列模仿行动”型。假定有3个投机者S1、S2、S3，S1根据自己的信息认为决策实施货币冲击的A比不实施货币冲击的B更优而选择A；S2根据自己的信息应该选择B，但由于看到S1选择了A而认为S1一定掌握了更多信息，于是也选择了A；S3看到S1和S2都选择了A，于是认为A一定优于B，也选择了A，这就是羊群行为造成的。

（2）从博弈的角度得出，即从众行为通常是一种理性的占优投机策略。对金融资产价值的估计取决于人们对资产未来收益的预期，而未来是不确定的，因此对未来的预期往往难以准确做出，这样，金融资产的价格并非取决于能够做出准确预期的投资者，而是取决于大多数投资者的预期结果，由此可以得出，在金融市场上，以获取价格差价为主要获利方式的投机者要想达到获利目的，关键不在于其对金融资产的未来收益做出准确的判断，而在于其对该项金融资产的估价是否与大多数人的估价结果相一致。这种从众的趋势预期策略并不属于非理性的盲目跟风，而是一种在一定约束条件下的理性的占优博弈策略。

（3）对声誉的信任，即传媒以及领袖作用对羊群行为的解释。从社会心理学

① 羊群行为又称从众行为，指个体在社会群体的压力下，放弃自己的观点和转变原有的态度，采取与大多数人相一致的行为心理。

的角度分析，金融市场参与者需要对其所做的金融交易寻找一种心理支持，而传媒正好满足了交易者的这种支援意识。传媒对大众的影响并非完全依赖于传媒本身，而更多的是依赖于出现在这些传媒中的投资专家或领袖的意见。

J.K.加尔布雷斯（J. K. Galbraith，1994）在其著名的《“泡沫”的故事》[①]一文中总结：“在大众心理的压力之下这些人必须抵抗住两种难以抗拒的力量：首先是意识在狂热的信念下发展起来的强大的个人利益冲动，其次是公众压力和为此信念而产生的表面上占优势的金融舆论。这些大都证明了希勒的名言：大众把有着明智意识的个体变为笨蛋，以抵抗徒劳的争斗 。”

（4）博傻心理的作用，也称接力棒理论。投机者购买一项金融资产时，一方面期望该项金融资产价格还会上涨，另一方面期望自己手中的接力棒在价格下跌之前传到下一个人的手中，也就是说会有一个更傻的傻瓜来接手，从而使自己获取投机所带来的风险收益。而只要市场上的参与者有相同的预期，在相反的预期未形成主流心理之前，这一市场接力棒就会不乏后继者，由此极易带来金融市场的狂热和大众的疯狂，从而导致资产价格远远超过其基础价值，泡沫形成并快速膨胀。

另外，贪婪和恐慌也是金融市场参与者投机性心理的重要表现形式。通常，在金融市场普遍看涨时期，市场参与者观察到他们手中持有资产的价格在不断升高，此时，尽管资产价格显然已经超出了其基础价值，并且只要出售该项资产，所获利润已经超出了原先预期的收益，但是由于金融市场参与者普遍具有贪婪的投机心理，他们认为预期价格会继续升高，从而随着价格的不断升高，其获利预期也会越来越高。结果，这种贪婪心理带来的“惜售”导致了供给进一步减少，进而导致价格泡沫的快速膨胀。然而，泡沫不可能永远膨胀下去，此时市场上的任何一个信息都可能会使一些更为理性的投资者兑现离场，因而价格有所下降，由于市场参与者的恐慌心理，一个小的价格波动就会引发大量投资者抛售所持资产，结果泡沫崩溃，价格迅速回落，金融危机开始蔓延。

四、自我实现的多重均衡——净传染效应（pure contagion）

现代经济学理论认为，由于经济预期的不确定性和信息不对称性，加上人的

① ［美］J.K. 加尔布雷斯．“泡沫”的故事——金融投机历史回顾（二）［J］. 改革，1994（5）.

理性是有限的，从事经济活动的人天生具有趋利避害的倾向。这种倾向激励着人们采用各种正当或不正当的手段谋取自身利益。现代信息技术的发展使得信息传播迅速，而信息的不对称性导致一旦用户对银行产生怀疑，信息不对称体现加速，就会产生挤兑现象。

由市场预期所导致的危机传染称为净传染。净传染机制充分说明了两个经济联系薄弱的国家，一国发生的金融经济危机并没有动摇另一国的经济基础，但这两个国家仍然要受到金融危机的冲击。即如果投资者的预期发生了改变，即使该国的经济基本面良好，也会导致危机的发生。净传染可分为经济型传染、政治型传染、文明型传染等情况。①

经济型传染 经济型传染是指具有相同经济基础或经济政策的国家，在一国发生金融危机时，投资者预期与之有相同状况的其他国家也会发生类似情况，导致了投资者对这些国家发起冲击，形成金融危机传导。

政治型传染 政治型传染是指一国在发展战略上对政治目标和经济目标进行抉择时，如果该国政府认为其政治利益大于经济利益，该国政府就会选择政治目标优先。但是，如果该国的储备资产不足，当投机者根据该国的历史政策、宏观环境和决策偏好做出相反预期而对该国货币发起冲击的情况下，当事国政府往往被迫改变发展决策。在一定范围内，其他国家选择经济目标的政治成本也相应降低，改变了政府原有的经济与政治水平平衡关系，投机者预期到与危机国环境相似的国家会采取同样政策，从而导致市场投机向这些国家扩展，金融危机在区域之间传递。

文明型传染 文明型传染是指不同国家间有着相似的文明、文化背景，投机者在对这些国家进行考虑时，往往将它们归并为一类国家，认为这些国家政府在经济政策的取向、处理方式和方法等方面具有一致性。因此当这些国家中的某个国家出现金融动荡、汇率波动时，投机者会认为其他具有相同文明、文化背景的国家在受到攻击时也会采取同样的一系列措施，在这种预期下导致这些国家的货币受到冲击，金融危机发生。

当传染出现时，相应的传导机制发生了变化，特定国家的异质冲击演变为系统

① 安辉．现代金融危机生成的机理与国际传导机制研究［D］．大连：东北财经大学，2003.

性因素，金融市场上被羊群效应与金融恐慌所笼罩。一国的经济繁荣和恐慌往往通过纯粹的心理渠道传导。

IMF（2001）在分析金融危机的传染时就指出，“一个国家（或地区）发生的危机会导致债权人或其他投资者对他国的经济基本面进行重新评估与分析，即使最后的评估结果不会出现完全相反的变化，但债权人或其他投资者也很有可能会降低其资产组合的风险，转而投向高质量资产”，这种情况往往被称为纯传染。

五、经济全球化——季风效应（monsoonal effect）

金融危机暴露了全球化进程的问题。伴随全球化程度的提高，各国经济波动的同步性和金融波动的全球化成为金融危机国际传导的助推器，一国政策和经济指标的变化，立刻对他国产生影响，所以季风效应的传导机制是通过全球化这一传导渠道，由于共同的外部冲击而形成的，这种季风效应在现代金融危机的传导中越来越显著。

季风效应源于国内金融市场与国际金融市场的高度相关性，市场心理因素往往起主导作用，属于非接触性风险传导。金融危机在次贷危机的共同冲击下而引发了全面的流动性危机，印证了季风效应是次贷危机风险传导之一。季风效应最早是由曼森（Masson，1998）提出的，他把由于共同的冲击产生的传导称为“季风效应”（Monsoonal Effects），包括主要因工业化国家经济政策的变化以及主要商品价格的变化等全球性的原因，从而导致新兴市场经济的货币危机或者资本的流进流出。卡尔沃和莱因哈特（Calvo & Reinhart，1996）认为拉美国家的资本流动是由美国利率变化引起的，1995—1996年间美元的坚挺削弱了东亚国家的出口并导致了之后的金融困境，而1992—1993年的欧洲货币体系危机与德国利率的上升也有重要的联系。

当前，欧债危机的传导性问题引起了全球的高度关注，国内外学者也纷纷对此进行研究。这场主权债务危机源于希腊，逐渐传染到爱尔兰、葡萄牙、意大利、西班牙等欧盟国家。究其根源，欧盟PIIGS国家（希腊、爱尔兰、葡萄牙、意大利、西班牙）政府在2008年全球金融危机的冲击下，为了刺激本国疲软的经济而大多采用了规模巨大的财政刺激方案。其直接后果就是导致国内高额的财政赤字以及随之而来的公共债务大幅攀升。如今，欧债危机已对美国、日本等发达经济体以及以金砖国家为代表的新兴国家都产生了显著的负影响。显然，欧债危机表现出较为明显的危机传染性。

第二节　金融危机对旅游业的影响机理分析

金融危机主要从旅游贸易渠道、金融和资本渠道、预期渠道对旅游业的发展产生影响。具体可以从旅游需求和旅游供给两方面来分析。就旅游需求方面来看，金融危机的发生，首先通过可自由支配收入、旅游产品价格、心理预期等因素影响旅游消费，从而使旅游市场发生波动。旅游市场的波动必然引起作为旅游供给方的旅游企业经营范围、经营绩效发生变化，民航、旅行社、酒店、景区以及其他旅游企业都会受到一定冲击。此外，金融危机导致国际金融和资本市场发生波动，从而影响旅游投资。因此，本部分主要集中在金融危机对旅游市场、旅游产业、旅游投资的影响3个方面。参照图4-1。

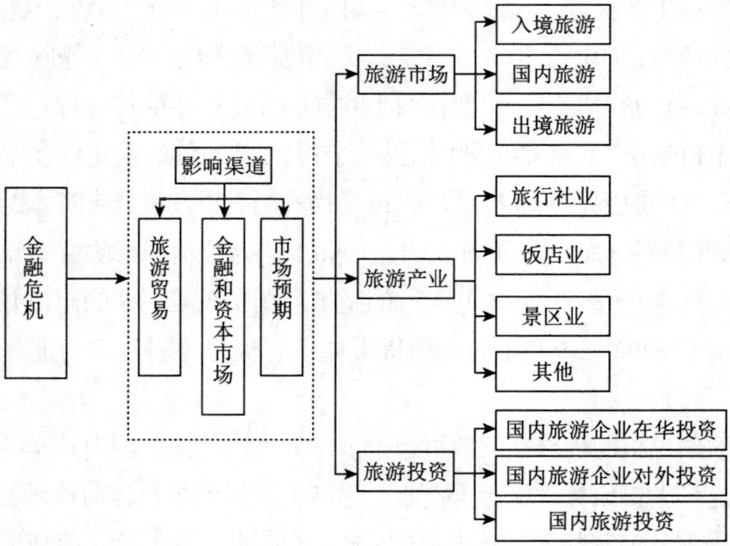

图4-1　金融危机对我国旅游业影响的分析框架

一、金融危机对旅游市场的影响机制

（一）金融危机对入境旅游市场的影响机制

在其他条件不变的情况下，一个旅游目的地入境旅游需求主要受客源地居民可自由支配收入、闲暇时间的影响。汇率的变化会影响客源地旅游者进入目的地的旅游成本，也是影响旅游需求的因素之一。金融危机对入境旅游的影响如图4-2所示。

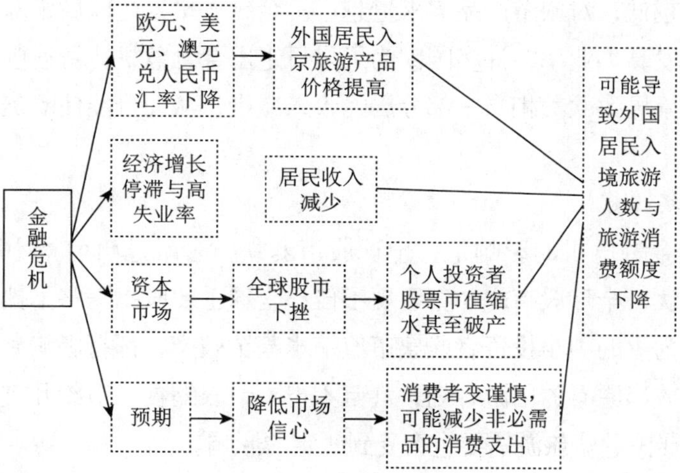

图4-2 金融危机对入境旅游的影响机制

1. 汇率

外汇汇率，是将一个国家的货币折算成另一个国家的货币时使用的比率，也可以说是用一国货币表示的另一国货币的价格。所以两种货币兑换的比率就称为汇率。如果目的地的货币相对客源地贬值了，则意味着目的地国旅游价格相对下降了，从而可能增加来自客源国的国际旅游需求；如果目的地的货币相对客源地升值了，则意味着目的地国旅游价格相对上涨了，从而可能减少来自客源国的国际旅游需求。从入境旅游角度来看，中国是旅游目的地，欧美各国则是旅游客源地，那么外币和人民币汇率的相对变化，将在很大程度上影响客源地的旅游需求。

国内多数学者认为：较大幅度的货币升值将会抑制入境旅游的发展而刺激出境

旅游的发展；货币贬值则会刺激入境旅游的发展而不利于出境旅游的发展。

金融危机造成美元持续贬值，而人民币汇率盯住美元，这意味着人民币兑美元汇率显著升值，外国居民来华旅游产品价格相对上涨，从而提高了来华游客的旅游成本，旅游者来华旅游需求的绝对数量在一定程度上受到抑制。

2. 全球经济增长停滞和高失业率

旅游需求还取决于可自由支配的收入。一般来说，可自由支配收入同旅游产品的需求量之间存在正相关关系；可自由支配收入越高，对旅游产品需求量越大；可自由支配收入越低，对旅游产品需求量越小。金融危机发生以后，欧美国家经济陷入停滞，并引发高失业率，许多国家为了早日走出金融危机，普遍削减开支，减少福利，这些因素导致欧美相当一部分居民收入减少，从而可能使欧美旅游者赴华旅游需求减少。

3. 资本市场

在全球性金融危机的影响下，全球股市暴跌。金融危机前景不明朗对股市来说也是一种隐忧，全球股市2010年表现不佳，全球主要股指一路下挫。在熊市的格局下，以个人为主的中小投资者股票市值缩水甚至破产，都将影响到股民的收益，使他们不得不放弃原有的出游计划，甚至不得不节衣缩食，节约开支。在这种情形下，欧美等国居民赴华旅游需要也会受到一定的影响。

4. 心理预期

经济衰退，失业率上升，金融危机存在的诸多不确定因素和潜在风险，使得人们风险厌恶程度普遍上涨。消费者对未来经济走势的预期存在隐忧，市场信心不足，对未来的就业状况和收入预期不甚乐观，当居民收入预期不佳时，会缩减不必要的消费和支出，首先压缩的就是旅游等非必需性消费，其结果可能导致欧美等国旅游者赴华需求减少。

（二）金融危机对出境旅游市场的影响机制

影响我国居民出境旅游需求的主要有收入水平、闲暇时间、汇率、政策等因素（见图4-3）。这些因素中，闲暇时间在短期内并没有大的变化。从目前的政策导向来看，对中国公民出境旅游持积极态度，欧洲大部分国家、美洲、非洲诸多国家被列为中国公民旅游目的地。就收入水平来看，近年来中国居民人均收入在不断增长。从长期来看，即使欧元、美元兑人民币停止贬值，我国公民出境旅游的需求也

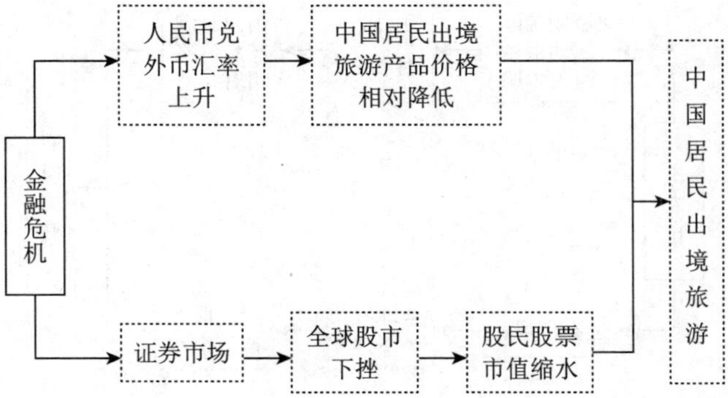

图4–3 金融危机对居民出境旅游的影响机制

可能由于收入水平的提高而增长。但金融危机以来，中国股市跌势连连，2010年年初至7月创当年新低时，上证指数累计跌幅大于20%，这对个人投资者来说，可能造成获利减少、亏损甚至破产。中国股票市场的下跌对国民出境旅游可能会产生一定的负面影响。

金融危机给人民币汇率水平带来了两方面的影响。一方面，由于美元、欧元显著贬值，而人民币名义汇率盯住美元，这意味着人民币有效汇率已经开始升值；另一方面，金融危机的爆发可能导致更大规模的短期国际资本流入中国，从而加大人民币升值压力。金融危机也会增大西方国家的贸易保护主义压力，中国面临的贸易摩擦将继续增大，人民币升值的外部压力也会显著增大。欧元、美元汇率下调，中国居民赴欧美旅行的费用将会降低，尤其是散客自助游；欧洲游、海岛游、东南亚游在一定程度上对游客最大的吸引，不在团费的小幅下调，而是在于在当地购物，尤其是国际一线品牌的购物上。欧元、美元贬值使旅游者认为赴法国、意大利等国家购买奢侈品更加划算，这都可能导致短期内国民出境旅游需求大幅增加。

（三）金融危机对国内旅游市场的影响机制

国内旅游市场的主要影响因素有：中国居民可自由支配收入、闲暇时间、旅游消费价格（见图4–4）。金融危机对中国公民收入和闲暇时间影响不大，对中国国内旅游的影响主要是通过旅游产品的消费价格来实现的。由于金融危机将增强短期国际资本流动的波动性，中国面临规模更大的短期国际资本注入。

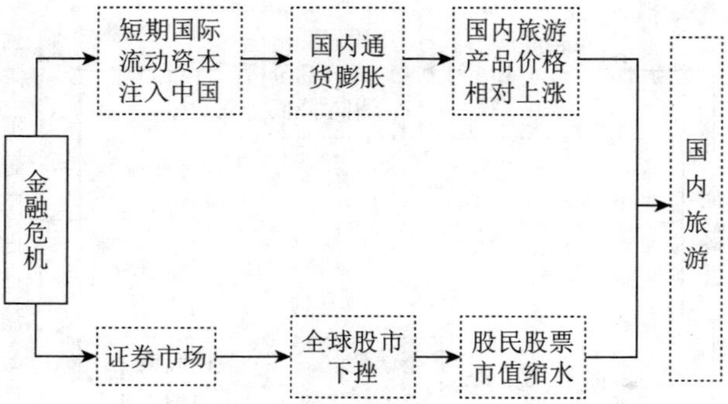

图4–4　金融危机对国内旅游的影响机制

国际短期资本流入迫使央行在公开市场大量运用央行票据强行冲销，结果将导致我国出现通货膨胀的风险，造成央行宏观调控难度的增大。国际游资大量流入会增加投资需求，形成通胀压力。这是因为在现行的结售汇制度下，央行必须持续大量买进外汇。外汇储备增加越多，人民币发行增长越快。因为外汇储备是由央行购买并持有的，其在央行账户的对应科目就是外汇占款，外汇占款的增加直接增加了基础货币量，然后再通过货币乘数效应，造成货币供应量大幅增长。货币供应量大量增加，必然形成通货膨胀压力。

通货膨胀对国内旅游具有一正一反两方面的效应。一方面，通货膨胀导致国内大部分商品和服务价格上升，旅游消费是一个包含诸多商品和服务的综合消费，旅游产品价格必然上涨，在收入一定的情况下，这将在一定程度上抑制国内旅游需求。另一方面，通货膨胀使居民持有货币的需求降低，一部分居民可能通过增加消费的方式降低货币持有量。而旅游消费在所有消费方式中占很大的比重，因此国内旅游消费需求可能出现增长。

二、金融危机对旅游投资的影响机制

金融危机对旅游企业及其投资的影响，一是表现为境外旅游企业在中国的投资；二是表现为国内旅游企业在国外和国内的投资。影响的主要机制包括短期国际流动资本、经济增长、汇率、证券市场走势和预期（见图4–5）。

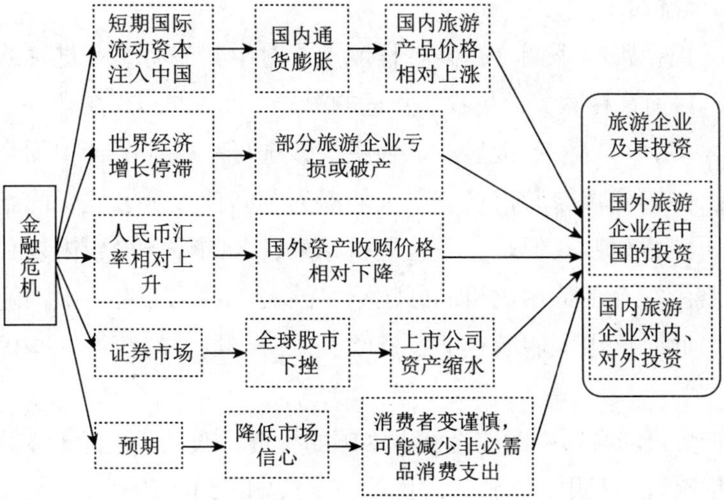

图4-5 金融危机对旅游企业及其投资的影响机制

（一）短期国际流动资本

经上文探讨，金融危机在一定程度上造成国际“游资（hot money）”流入中国，从而导致国内发生通货膨胀，其后果是造成包括旅游产品在内的商品价格上升，提高居民国内旅游的成本，一定程度上将抑制居民国内旅游需求。这不可避免地将改变许多旅游者的决策，市场需求发生分化，可能导致旧的市场需求量缩小，新的市场产生。根据哈佛学派SCP范式，市场结构发生变化，决定了企业的市场行为也应发生变化，企业未来的投资方向亦会相机而动，随着人们旅游需求的变化不断调整。

（二）全球经济增长停滞

金融危机导致全球经济增长停滞，欧美部分以旅游业为支柱的国家经济受到重创，特殊的经济结构造成经济恢复非常缓慢，旅游业则因全球经济衰退，收入锐减，而且随着国际贸易降温，航运业降到21世纪初以来的最低水平。同时，旅游业和航运业在危机过后都是恢复很慢的行业，比其他制造业恢复慢得多，这对全球经济的恢复影响很大。

（三）汇率波动

美元兑人民币汇率下调，在某种程度上，对中国旅游企业进军欧美国家是一个积极信号，目前，在欧美市场收购合适的海外资产，可以节省下一大笔外币，收购的选择非常多，可以发展饭店业、包机等，选择一些能配合中国企业自身发展趋势的对象。中国出境旅游市场有很大的潜力，即使在金融危机的影响下，现在的投资收益可能不乐观，但是，一旦危机结束，各国经济得到恢复和发展，未来利润会很可观。在金融信用危机的影响下，欧美一些国家希望中国能加大在这些国家的投资，此时，中国旅游企业投资欧美旅游市场，能获得一些优惠政策也未可知。

汇率的走势可能会影响欧美企业在中国的投资。欧元、美元汇率跳水，增加了欧美居民赴华旅游的费用，在危机的影响下，公司纷纷节约开支，公务性的商务旅游、会议旅游客源减少，这对外资旅行社的影响可能要比外资饭店的影响大，改革开放30多年来，中国的外资饭店已经逐步适应了中国的国情和市场环境。根据新的《旅行社条例》，第三章第二十三条规定了外资旅行社的经营范围，包括（中国）国内旅游、入境旅游等，客源的减少，会降低企业收益，影响再投入。

（四）证券市场

2008年下半年，金融危机袭击全球，全球股市一齐遭到重创。从旅游投资来看，我国一些与全球资本市场联系较为紧密的旅游企业，正积极利用外资，拓展经营范围，实现品牌化和集团化发展战略。全球金融危机加剧，将会使这些旅行社面临融资渠道减少与融资金额大幅缩水的风险，制约中国尚处在成长期的旅游新业态的良性发展。国内证券市场不稳，A股的持续下跌，也将导致旅游上市公司在证券市场上的融资减少，影响投资扩张的能力。

（五）心理预期

金融危机存在的诸多不确定因素和潜在风险，使消费者对未来经济走势的预期存在隐忧，市场信心不足。消费者对未来的就业状况和收入预期的不乐观，必然会压缩长途旅游等非必需性消费。此时，全球旅游市场结构可能会发生变化，根据哈佛学派的SCP范式，市场结构决定市场行为，无论是境外旅游投资者还是中国在境外的旅游投资者，都应该根据市场需求的变化，找到新需求，开拓新市场，开发新产品，才能在危机中立于不败之地。

第三节 本章小结

本章首先论述了金融危机的五种传导机制：金融传导机制——金融溢出效应（financial spillover effect）、贸易传导机制——贸易溢出效应（trade spillover effect）、预期传导机制——羊群行为（herding behavior）、自我实现的多重均衡——净传染效应（pure contagion）、经济全球化——季风效应（monsoonal effect）；其次，论述了金融危机对旅游业的影响机制。金融危机主要从旅游贸易渠道、金融和资本渠道、预期渠道对旅游业的发展产生影响。具体可以从旅游需求和旅游供给两方面来分析。就旅游需求方面来看，金融危机的发生，首先通过可自由支配收入、旅游产品价格、心理预期等因素影响旅游消费，从而使旅游市场发生波动。旅游市场的波动必然引起作为旅游供给方的旅游企业经营范围、经营绩效发生变化，民航、旅行社、酒店、景区以及其他旅游企业都会受到一定冲击。此外，金融危机导致国际金融和资本市场发生波动，从而影响旅游投资。

第五章

金融危机影响下的旅游CGE模型构建

国外对旅游危机的防范与处理的各种方法、技术与经验的探讨和措施评估是在1998年以后（邓冰、吴必虎，2005）开始的。研究分为两类：第一类是从政府层面来进行。以约翰森（Johansen）于1960年提出的可计算的一般均衡模型（Computable General Equilibrium Model，CGE）为代表；第二类是从企业层面进行分析，以斯塔佛等人（2002）对华盛顿饭店业如何与其他部门合作来应对突发事件的研究为代表。本书主要从政府层面运用CGE 模型分析金融危机对我国旅游业的影响。

第一节　CGE模型的基础理论

一、一般均衡理论

一般均衡是与局部均衡相对应的概念，强调经济系统中供给和需求在一系列因素的共同影响下达到了一种资源配置和价格构成的理性状态，即经济系统中所有商品市场的供给和需求都达到均衡的状态。19世纪的经济学家已普遍认为考虑多个市场之间的相互均衡关系对分析经济系统运作的重要性，认识到局部均衡只是一种特殊的情况，整个经济系统的一般均衡才具有重要的意义。利昂·瓦尔拉斯（L.Walras）在1874年的著作《纯粹经济学要义》中第一次从数学的角度提出了一般均衡模型的研究范式，对一般均衡模型概念做出了完整而充分的论证[①]。

CGE模型脱胎于瓦尔拉斯的一般均衡理论。现代意义上的一般均衡理论的研究始于20世纪30年代，但经济学家们并没有找到很好的方法证明一般均衡的存在性，这损害了一般均衡理论的严密性。1874年，瓦尔拉斯提出了一般均衡的理论模型，用抽象的数学语言表述了一般均衡的思想。1936年，列昂剔夫（Wassily Leontief）首次引入投入—产出模型，并假定成本是线性的、技术系数是固定的。不过，这些理论一般均衡模型的解的存在性至此还一直没有解决；理论一般均衡模型解的存在性、唯一性、优化性和稳定性直到50年代才由肯尼斯·约瑟夫·阿罗（Arrow）和罗拉尔·德布鲁（Gerard Debreu）给予证明。

直到20世纪40年代末50年代初，美国经济学家阿罗（Arrow）[②]、德布鲁（Debreu）和麦肯锡（McKenzie）从不动点定理出发，将拓扑学和凸分析引入经济系统分析中来，证明了有限经济中存在符合帕累托最优的均衡价格，即证明了一般均衡的存在性[③]。从20世纪60年代起，一般均衡理论的公式化研究成为主流经济学的基本研究方法之一，约翰森（Johansen）、斯卡夫（Scarf）给出了相应的均衡价格的具体算法，使得一般均衡模型从纯理论结构转化为可计算的实际应用模型成为可能，并大大地促进了大型实际CGE模型的开发和应用。

CGE模型经常被用来分析税收、公共消费变动，关税和其他外贸政策，技术变动，环境政策，工资调整，探明新的矿产资源储量和开采能力的变动等对国家或地区（国内或跨国的）福利、产业结构、劳动市场、环境状况、收入分配的影响。

CGE模型最重要的成功之处在于它在经济的各个组成部分之间建立了数量联系，使我们能够考察来自经济某一部分的扰动对经济另一部分的影响。对于投入—产出模型来讲，它所强调的是产业的投入产出联系或关联效应。而CGE模型则在整

---

① Walras，L.Elements d’Economie Politique Pure.Lausanne：L.Corbaz.Transl.By William Jaffe as Elements of Pure Economics［M］. Homewood，Ill.：Richard D.Irwin.1954.

② Arrow，K.J，G.Debreu.Existence of Equilibrium for a CompetitiveEconomy［J］.Econometrica.1954（22）：265-290.

③ McKenzie L.W. The Classical Theorem on Existence of Competitive Equilibrium［J］.Econometrica.1981（49）：819-841.

个经济约束范围内把各经济部门和产业联系起来，从而超越了投入—产出模型。这些约束包括：对于政府预算赤字规模的约束，对于贸易逆差的约束，对于劳动、资本和土地的约束，以及出于环境考虑（如空气和水的质量）的约束等。

CGE模型的局限性体现在：

（1）在分析政策变动对福利影响方面也仅获得了部分成功，因为它假定了政策变化不影响劳动力的非自愿失业和资本的水平、企业间竞争的形式和技术进步率。

（2）CGE模型本身并不能提供有价值的预测工具。

（3）CGE模型需要的数据甚至比投入产出分析要远为复杂而难以找到，因为它不仅分析产业或工业，也分析个人、政府决策，这些都是投入产出分析力所不能及的。

二、CGE 模型的研究成果

澳大利亚的亚当姆斯和帕门特（Adams & Parmenter，1991，1992，1995），以及多耶和弗西斯（Dwyer & Forsyth，1993）首先运用CGE模型分析旅游经济影响，模型中包括价格、工资、资源限制与汇率等因素。周、亚那吉达和捷克罗其惕（Zhou、Yanagida & Chakravorty，1997）等运用CGE分析模拟游客支出减少对夏威夷经济的影响，并比较了IO分析与CGE分析结果的异同。

阿拉瓦拉帕提和亚德芙维茨（Alavalapati & Adamowicz，2000）构建了两部门和两要素CGE模型，研究旅游和其他经济部门，以及环境的相互作用。两部门是资源部门（包括林业、农业与能源）与综合旅游部门，两要素是劳动力与资本的复合要素，以及土地要素。模型假定旅游业是受价格与环境损害影响的内生活动，环境损害来自两方面，与资源部门有关的活动，以及资源和旅游部门的综合影响。

多耶、弗西斯、曼顿和斯颇尔（Dwyer、Forsyth、Madden & SPurr，2000）指出旅游发展会引起劳动力市场、价格变动和实际汇率，以及宏观经济政策的变化，进而减少传统出口和进口竞争行业的需求，产生对其他部门经济活动的“挤出效应”。在不同的宏观经济假设条件下，CGE模型能在国家和地区两个尺度上分析这种“挤出效应”。库珀和威尔森（Cooper & Wilson，2002）探讨了旅游卫星账户（TSA）在政策评估和制定方面的拓展应用，即将TSA分析纳入CGE模型中，基于内生增长理论分析的旅行和旅游（TT）部门对英国其他经济部门的溢出作用，他们还分析了运输基础设施的类似溢出作用，以及TT部门冲击所带来的经济影响。马布各（Mabugu，2002）运用短期CGE模型探讨津巴布韦的政策对宏观经济和旅游的直接和间接影响，结果表明，旅游利益由于不连贯的宏观经济政策和不利的政治气候而消失，宏观经济稳定方案主要包括减少财政赤字，以灵活的外汇市场和货币紧缩政策遏制通货膨胀。但是，津巴布韦的债务问题很难让国家引入援助资金，更糟糕的是，恶性通货膨胀还会引发债务紧缩。

布里克和辛克莱尔（Blake & Sinclair，2003）运用CGE模型分析了美国"9·11"危机导致的旅游需求突然下降所产生的经济影响，也分析了潜在的与实际危机应对政策所带来的影响，提出对具体部门的针对性补贴和减税是处理这种情况最有效的手段。布里克、辛克莱尔和苏吉亚托多（Blake、Sinclair & Sugiyarto，2003）运用CGE模型分析了口蹄疫对英国旅游业、农业和所有其他部门的经济影响。结果表明，口蹄疫的爆发大大减少了旅游支出，也影响到农业部门，对GDP有较大的不利影响。这意味着决策者在制定农业政策时应考虑与旅游有关部门的作用。多耶、弗西斯和斯普尔（Dwyer、Forsyth & Spurr，2003）指出旅游经济研究经历了"范式转变"。CGE分析替代了IO分析，CGE模型包括一系列经济约束条件，旅游业的增长对收入和就业机会的影响无法进行预料，认为CGE分析改变了旅游经济学者分析旅游经济影响，向公共和私营部门的决策者提供咨询的方式，CGE分析在目的地管理组织中应用包括：旅游规划、目的地营销和目的地竞争力的评估。

多耶、弗西斯、斯普尔和凡诺（Dwyer、Forsyth、Spurr & Vanho，2003）构建了多区域CGE模型来评估旅游业增长对新南威尔士州经济的影响，模拟了世界、州际和州内旅游业的增长，并假定会产生最大的经济影响。克楠和奇母（Konan & Kim，2003）运用CGE模型分析了夏威夷的运输业与旅游业的经济影响，指出较小的旅游支出增长能显著提高运输、餐厅和住宿服务的收入，但会提高当地居民运输部门的成本。曼德森、杰森–巴特勒和张（Madsen、Jensen–Butler & Zhang，2003）构建了区际CGE模型分析道路收费制度变化对丹麦旅游部门，进而对区域经济的影响。影响涉及区域的需求、收入和就业机会。曼德森和杰森–巴特勒（Madsen & Jensen–Butler，2004）继续探讨了分区域CGE模型的构建与运用。苏吉亚多、布里克和辛克莱尔（Sugiyarto、Blake & Sinclair，2003）利用CGE模型，通过独立的削减关税政策和旅游业的增长，研究全球化对印度尼西亚的经济影响。结果表明，旅游业的增长放大了全球化的积极影响，并减少其不利影响，促进产出增加和福利改善，政府赤字和贸易赤字的不利影响有所减少。那诺彦（Narayan，2004）运用CGE模型分析旅游支出增长10%对斐济经济的长期影响，结果表明斐济GDP将增加0.5%，实际消费将增长0.72%和实际国民福利将增加0.67%。同时，旅游业增长对传统出口部门所造成的损失小于旅游和非传统出口部门的收益。

德怀尔、弗西斯和斯普尔（Dwyer、Forsyth & Spurr，2004）回顾了CGE分析作为一种新兴的方法，能够模拟国内旅游、国际旅游，以及出境旅游的变化对国家或地区的经济影响，能够模拟特殊事件，例如一级方程式大奖赛或音乐节对某个城镇的经济影响，能够模拟旅游特种税、税收政策变化对经济的影响，模拟航空管制、危机事件对旅游业和经济的影响。

2004年之后CGE模型在旅游经济研究中主要应用在以下方面：第一，特殊事件对旅游经济的影响，如布里克（Blake，2005）分析2012年伦敦奥运会的经济影响；德怀尔、弗西斯和斯普尔（Dwyer、Forsyth & Spurr，2006）以及德怀尔、弗西斯、斯普尔和凡诺（Dwyer、Forsyth、Spurr & Vanho，2006）分析SARS与伊拉克战争对澳大利亚旅游经济的影响，布尔曼和希而登（Bohlmann & Heerden，2008）分析2010年世界足球杯对南非经济的影响，帕布迪、麦考吉和史密斯（Pambudi、MeCaughey & Smyth，2009）分析巴厘岛爆炸案对印尼旅游业与经济的影响；第二，相关资源对旅游经济的影响，如伯瑞踢拉、比甘诺、罗森和多尔（Berrittella、Bigano、Roson & Tol，2006）分析气候变化引起的旅游需求变化对经济的影响，惕拉多、哥麦兹和罗扎诺（Tirado、Gomez & Lozano，2006）分析巴利阿里群岛的旅游部门用水效率和群岛的水政策对生态和经济的影响，瓦坦南库里洛斯（Wattanakuljarus，2006）分析泰国旅游业对国家经济与资源环境的影响，卡斯特拉尼、沙拉和皮蒂（Castellani、Sala & Pitea，2007）分析了旅游目的地自然生态承载力和资源与公共服务管理能力的评估问题，耶厄曼、列农、布里克、盖特、格林伍德和麦可曼农-欠蒂（Yeoman、 Lennon、Blake、Galt、Greenwood & McMahon-Beattie，2007）分析了石油和能源价格上升对苏格兰旅游业和经济的影响，比甘诺、布塞罗、罗森、罗伯托和多尔（Bigano、Bosello、Roson、Roberto &

Tol，2005）分析气候变化对海平面上升和旅游业的综合经济影响，考夫曼（Coffman，2005）分析石油价格冲击对夏威夷岛经济的影响，哥麦兹、洛扎诺和雷-曼奎拉（Gomez、Lozano & Rey-Maquieira，2005）分析了环境政策与旅游经济的长期福利；第三，旅游业发展与贫困，如布里克、阿里奇、辛克莱尔和特勒（Blake、Abache、Sinclair & Teles，2008）分析旅游业发展通过分配效应对东非和巴西贫困家庭的影响，瓦坦南库里洛斯和考克斯海得（Wattanakuljarus & Coxhead，2008）分析了泰国旅游发展对贫困家庭的影响，古鲁库姆和米尔讷（Gooroochum & Milner，2005）分析毛里求斯间接税结构的改革对其相对依赖旅游业的经济的影响，古鲁库姆和辛克莱尔（Gooroochum & Sinclair，2005）研究了旅游税收的类型、目标和原则；第四，旅游业与经济增长的关系，如布里克、辛克莱尔和索里亚（Blake、Sinclair & Soria，2006）分析英国旅游业的生产力，布劳、兰泽和皮格里鲁（Brau、Lanza & Pigliaru，2007）实证分析旅游产业专业化程度、国家规模与经济增长的关系，伊凡诺夫和韦伯斯特（Ivanov & Webster，2007）以塞浦路斯、希腊和西班牙的统计数据，衡量旅游业对经济增长的贡献，张、曼德森和杰森-巴特勒（Zhang、Madsen & Jensen-Butler，2007）比较分析丹麦旅游业对不同区域的经济影响，Schubert和Brida（2005）分析了旅游部门补贴的动态经济影响；第五，探讨旅游CGE模型构建与应用方面的问题。如布里克、德巴瑞和尤基尼奥-马丁（Blake、Durbarry & Eugenio-Martin，2006）等结合传统方法与CGE量化方法构建预测模型，德怀尔、弗西斯和斯普尔（Dwyer、Forsyth & SPurr，2007）阐述了旅游卫星账户（TSA）和CGE模型的联系，以及应用尺度的区别，琼斯和莫迪（Jones & Munday，2008）讨论了TSA作为构建社会核算矩阵和CGE模型的基础。

IO分析是旅游经济影响研究的传统分析方法之一。巴斯特（Baster，1980）、弗来彻（Fletcher，1989）、布里苏里斯（Briassoulis，1991）、阿切（Archer，1995）、亨利和迪恩（Henry & Deane，1997）、周和亚尼克达（Zhou & Yanagida et al.，1997）在旅游经济影响研究中运用了IO分析，联合国亚太经社会也于1988年主办会议促进亚太各国应用IO分析评估旅游经济影响。布里克（Blake，2008）认为，在旅游经济研究应用的IO分析具有两个层次：第一层次是分析旅游业的间接影响（Indirect Impacts），即追踪旅游者的花费从住宿、餐饮与航空等直接为旅游者服务的企业向供应链中上游企业的流动；第二层次是分析家庭因旅游者消费而获得的额外收入在经济体中的流转，从而产生旅游业对整个经济的引致影响（Induced Impacts）。

国内的旅游经济影响研究大量采用IO分析方法，并且多属于第一个层次。闫敏（1999）计算了中国旅游业的投入结构，探讨旅游业发展所需的支撑条件；李江帆、李冠霖和江波（2001）分析了广东省的旅游经济影响；吕盛鸽（2006）分析了浙江省的旅游经济影响，并建立模型揭示了各部门产品价格变化规律；乔玮（2006）计算了上海市旅游经济产出和收入乘数，比较了上海、香港、新加坡、秦皇岛、天津的旅游乘数；宋增文（2007）根据中国旅游业的产业关联程度，分析旅游业的产业链结构；张华初和李永杰（2007）计算了旅游业的直接消耗系数、资本装备系数、影响力系数与感应度系数、生产诱发额，诱发系数与生产依存度等，测度了中国旅游业对国民经济发展的地位与作用；邹炜和李兴绪（2008）分析了云南旅游产业的增加值和影响力。

三、CGE 模型的构建机理

CGE模型将经济系统中所有商品的数量和价格都视作变量，通过一组方程来描述市场间的供给、需求关系。即该模型通过对一组方程求解得出各个市场都达到均衡时的价格。由此看来，CGE模型的方程组包括三个组成部分：供给部分、需求部分和供求关系部分。供给部分主要是对生产者对商品和要素提供行为及优化条件的反映，包括生产者的商品和要素生产方程、约束方程、生产者供给优化条件方程等；需求部分主要针对消费者行为及优化条件进行分析，包括消费者需求方程、约束方程、生产要素需要方程及商品和要素需要优化方程等；供求关系部分主要是由一系列市场出清条件构成，即商品、要素、资本市场出清方程①。

CGE模型的基本研究对象是一个特定的经济系统，根据该经济系统的体制结构、生产技术条件、消费者行为等方面的特征将生产函数、需求函数、效用函数具

① Dixon.Peter B.，B.R.Parmenter，J.Sutton，.etc.Orani： A General Equilibrium Model of the Australian Economy： Current Specification andIllustration of Use for Policy Analysis［R］.Canberra：Australia GovernmentPublishing .

体化，并模拟经济系统中各主体的利益优化过程，从而构建起一个经济系统中各个市场相互作用的一般均衡模型。可计算一般均衡模型具有一般的、均衡的和可计算的特征。

四、CGE 模型的结构及宏观闭合

（一）CGE模型的一般结构

CGE模型刻画了经济系统中所有市场中不同经济主体的供求关系、商品和要素的价格与数量之间的关系，且在均衡价格调控下需求不会超过总供给（郑玉歆、樊明太，1999）[①]。罗宾逊（Robinson，1999）指出CGE模型实质上是描述经济系统供求平衡关系的一组方程构成，包括：生产行为、消费行为、政府行为、对外贸易和市场均衡五个部分。

1. 生产行为

生产行为方程主要是反映生产者的产品和要素的供给行为及优化行为的方程。主要有两大类：一类是描述性方程，揭示生产要素投入和中间投入与产出关系，可以采用柯布—道格拉斯生产函数、常替代弹性生产函数（CES）及两层或多层嵌套的CES生产函数描述，其中投入的生产要素包括劳动力和资本、土地、能源等多种生产要素；劳动力还可以根据技术水平、收入、教育水平等条件进行分组；中间投入关系可根据里昂惕夫（Leontief）投入产出矩阵来描述[②]。另一类是生产者优化方程或利润最大化方程，即反映生产者在生产约束下如何实现利润最大化或成本最小化。生产者在生产技术条件限制下通过最小化其投入成本来实现最优化决策，即在生产约束下生产要素的报酬与其边际生产率相等时的产量，用常替代弹性函数来描述（CES）[③]。

2. 消费行为

消费行为方程主要刻画消费者在预算约束下，如何合理地配置自己的资源或

---

① 郑玉歆，樊明太 . 中国 CGE 模型及政策分析［M］. 北京：中国文献出版社，1999.

② Wilfredo Leiva Maldonado，Oct á vio Augusto Fontes Tourinho，Marcos Valli.Endogenous foreign capital flow in a CGE model for Brazil：The role of theforeign reserves［J］.Journal of Policy Modeling.2007，29（2）：259-276.

③ Mahinda Siriwardana.The Australia-United States Free Trade Agreement： An Economic Evaluation.The North American［J］. Journal of Economics and Finance.2007，18（1）：117-133.

禀赋来选择商品和服务的组合以实现自身效用最大化。包括描述性方程和优化方程两大类，其中描述性方程描述消费者的预算约束条件，即可支配收入及收入来源；优化方程描述消费者效用最大化行为，可以用多种效用函数表示，如柯布-道格拉斯效用函数、CES效用函数和Stone-Geary效用函数等，消费者行为优化方程可以用消费者支出的线性支出系统方程（LES）或扩展性支出系统方程（ELES）表示①。

3. 政府行为

一般政府的作用主要是制定如税收、利率、汇率、关税以及财政补贴等政策对整个经济系统进行调控，这些政策作为外生性控制变量引入CGE模型。另外，政府又作为消费者身份反映在CGE模型中，其收入来源主要是各种税收和费用，其开支主要包括公务消费、公共事业开支、转移支付和财政补贴等。

4. 对外贸易

在开放的经济系统中，对外贸易对一国经济发展起着非常重要的作用。在分析对外贸易行为时，需要将不同部门的产品分为进口产品和国内产品，根据研究问题的需要分析二者是否可以替代；当一国的进口贸易较小时，往往可以采取小国假设，即将世界价格假设为固定不变的。在CGE模型中，一种较为普遍的做法是假设国内品与进口品不完全替代，采用阿明顿（Armington）假设用CES函数描述进口行为，用常弹性转换方程（CET）描述进口行为②。在开放的CGE模型中，对外贸易行为包括进、出口商品的供给和需求，并且常采用小国假设，将国际市场价格视为外生变量③。

5. 市场均衡

李丽（2009）指出CGE模型中包含的重要市场均衡关系有：商品市场均衡、劳

---

① Can Wang，Jining Chen.Parameter Uncertainty in CGE Modeling of the acroeconomic Impact of Carbon Reduction in China［J］.Tsinghua Science&Technology.2006，11（5）：617-624.

② Adam Blake，Ramesh Durbarry，Juan L.Eugeniomartin，Nishaal Gooroochurn，Brian Hay，John Lennon，M.Thea Sinclair，Guntur Sugiyarto，Ian Yeoman.Integrating Forecasting and CGE Models：The Case of Tourism in Scotland.［J］. Tourism Management.2006，27（2）：292-305.

③ Christoph Böhringer，Andreas Löschel.Computable General EquilibriumModels for Sustainability Impact Assessment：Status Quo and Prospects［J］.Ecological Economics.2006，60（1）：49-64.

动力市场均衡、资本市场均衡、政府预算均衡、居民收支均衡及国际收支均衡六个方面①。

商品市场均衡，该均衡条件是经济系统中所有部门的总供给等于总需求，这里不仅要求二者在数量上达到均衡，而且在价值上也要达到均衡。当某个部门出现不均衡时，可以将二者之差视为库存，将供给和需求的均衡看作包括库存的广义的均衡。要素市场均衡，该均衡主要指劳动市场的均衡和资本市场的均衡；其中劳动市场均衡是一种包括失业在内的劳动市场上供给与需求相等，是一种广义的均衡；资本市场均衡指总投资等于总储蓄，当二者规模不相等时，可以通过出售债券、引入外资或增减政府财政储备等措施来弥补以实现总投资和总投入的广义平衡。居民收支均衡，该均衡指居民消费的约束条件下的消费或储蓄与居民可支配收入的平衡。其中居民可支配收入来自劳动报酬、企业利润分配以及各种转移支付等，它们构成了居民消费的预算约束。政府预算均衡，该均衡指引入财政赤字条件下的政府收入与政府支出的广义均衡，政府预算的不均衡状态可以用一组均衡方程来反映。国际收支均衡，该均衡指外国的资本流入与本国的资本流出的均衡。

（二）CGE模型的宏观闭合

为了确保CGE模型解的存在性、稳定性和唯一性，需要分析宏观经济系统中破坏均衡解的一个约束条件，选择区分该模型方程体系中的外生变量和内生变量，即CGE模型的宏观闭合问题。依据不同的经济现实和宏观经济理论的不同认识，选择不同的宏观约束假设和闭合规则，从而确定宏观账户的平衡调整机制和计算结果。利果（2008）指出为了保证CGE模型解的唯一性，必须去掉模型中的一组约束条件，由此形成4种CGE模型闭合：凯恩斯闭合、新古典闭合、约翰逊闭合和卡尔多闭合②。

凯恩斯闭合反映了凯恩斯关于市场需求不足、供给过剩的假设，由于市场调节的失灵，国家必须采取增加政府干预措施以增加就业。因此，该闭合放弃了劳动

---

① 李丽，陈迅，汪德辉．我国产业结构变动趋势预测：基于动态CGE模型的实证研究［J］．经济科学.2009，35（1）：14–19.

② Christoph Böhringer，Andreas Löschel.Computable General EquilibriumModels for Sustainability Impact Assessment：Status Quo and Prospects［J］.Ecological Economics.2006，60（1）：49–64.

力市场和商品市场同时达到均衡的约束条件，模型中假定存在大量的劳动力后备军，将劳动力就业率看作内生变量。同时，强调了政府在宏观经济调控中的作用，将政府支持外生化，而内生化政府储蓄和赤字，并通过内生的居民边际储蓄率，使总储蓄等于总投资，即“投资驱动”闭合。反映了该闭合的CGE模型在描述经济运行的短态和非常态（如经济危机）时具有较高的解释力。本书分析经济危机对我国旅游的影响适合于采用凯恩斯闭合的CGE模型，将劳动力就业率作为内生变量。

新古典闭合强调了市场自发调节下保持生产者利润优化的假设。该闭合模型基于新古典经济学的思想，将政府开支水平视为外生变量，则投资水平是由储蓄自发决定的，总投资水平当作内生变量。

约翰逊闭合，该闭合规则是保持生产者利润优化的假定，反映了政府对生产者进行保护的经济思想。该闭合模型将总投资水平视为外生给定的，把政府开支当作内生变量，政府可以通过加大支出来保证生产者的充足投资。

卡尔多闭合，该闭合规则反映了福利经济学的思想，认为工资率不是由劳动的边际生产率决定的，可以通过调节一次分配领域中各阶层的收入来实现和保证相对公平。该闭合模型将投资水平和政府开支都看作外生变量，为了达到一般均衡必须放弃对生产要素的优化条件。在该闭合模型中，为了保证CGE模型解的存在可以通过假定不同组劳动者有不同的储蓄率，通过调节各组劳动力的收入分配以实现真实储蓄与投资规模相适应。

实际上，各种闭合规则都是针对实际问题提出来的，闭合规则的选取将会影响模型的最终结果（Decaluwe，1987），因此，我们在应用CGE模型分析时，首先要对所要分析问题的具体情况进行研究以选择适当的闭合规则。

金融危机背景下，由于经济投资的不足以及消费者购买力的下降，会出现商品市场、劳动力市场、要素市场上的供给过剩的局面，政府对经济的宏观调控可以逐步实现市场的均衡。因此，政府的投资对拉动经济的复苏有着重要作用，应当将政府支出设为一种外生变量，而将政府储蓄或赤字视为内生，同时，由于劳动市场上存在大量的剩余劳动力，可以将劳动力的供给看作内生的，以保证劳动力市场的均衡。

第二节 CGE模型的数据基础

一、社会核算矩阵（SAM）原理

SAM（Social Accounting Matrix）是在20世纪50年代后为了融合经济和融合社会成本两方面数据发展起来的（Pyatt，1985），但真正意义上的SAM是由里查德·斯通（Richard Stone）教授和他的研究团队在20世纪60年代建立的。20世纪70年代，皮亚特和托尔贝克（Pyatth & Thorbecke）等学者继承和发展了Stone的思想，将SAM运用于发展中国家收入与贫困分配问题的研究，随后，SAM主要用于政策分析中，反映一定时期内社会经济主体间的各种联系（UNSO，1993）[①]。

SAM是一个行数和列数相等且行列对应、平衡的棋盘式表格，在其矩阵的单元中，每项交易只记录一次。矩阵的行代表收入（账户的贷方），列代表支出（账户的借方）。在SAM矩阵中每一登录的含义由其所在行、列位置来规定，具有双重含义，即每一登录既是账户的借方项目，同时也是账户的贷方项目，因此，相对于普通的T型账户，SAM矩阵既能简化记账程序，又可以有效地反映账户间的逻辑关联性（侯瑜，2006）[②]。SAM矩阵同样遵循会计记账的原则，即对于每一个账户，其对应的收入之和必须等于各账户的支持之和。用公式表示为：

$$y_i = \sum_{j=1}^{n} t_{ij} = \sum_{j=1}^{n} t_{ji} \quad i=1,\ 2\cdots\cdots n$$

其中，y_i 是账户 i 的总收入或总支出，n 是方阵的维数，即SAM的账户数目。罗宾逊（Robinson，1990）指出这种账户的平衡关系体现了三种含义：（1）各种生产活动的总投入等于总产出；（2）各类机构账户的总收入等于总支出；（3）各种商品

① 徐卓顺．可计算一般均衡（CEG）模型：建模原理、参数估计方法与应用研究［D］．吉林：吉林大学，2009.

② 侯瑜．理解变迁的方法：社会核算矩阵及 CGE 模型［M］．大连：东北财经大学出版社，2006.

的总供给等于总需求[①]。Essama-Nssa（2004）对于一个 n 维的SAM账户，如果 $n-1$ 个账户的行列和都相等，则最后一个账户的行列和也必然相等，这可以用来反映瓦尔拉斯的一般均衡理论[②]。

二、SAM 的基本结构

SAM可以反映宏观经济系统中各部门、各经济主体以及要素市场与商品市场之间的关系。SAM账户可以依据其包含的主要环节分为生产、消费、积累与国外四大类，以生产方程、消费方程、积累方程和国外方程体现国民经济宏观体系内在平衡关系。

生产方程：（C+G）+I+（X−M）=（NNP−P）+D=GDP

消费方程：NNP=（C+G）+NS+T

积累方程：NS+D=S=I+BP

国外方程：T+BP=（X−M）+P

根据账户的自身性质和在经济系统中的职能，一个开放的SAM实体账户又可以划分为：生产活动账户、生产要素账户、机构部门账户、商品账户、贸易账户、积累/资本账户（见表5-1）。

表5-1　开放经济的宏观SAM矩阵

账户			生产活动		生产要素		机构部门			资本	贸易	合计
			商品	活动	劳动	资本	居民	企业	政府			
			1	2	3	4	5	6	7	8	9	
生产活动	商品	1		中间需求			居民消费		政府消费	投资	出口	总需求
	活动	2	总支出									总支出

① 李善同，李强，齐舒畅，等．中国经济的社会核算矩阵［J］．数量经济技术经济研究，1996（6）：42-48.

② Essama-Nssah B.Building and Running General Equilibrium Models in EViews［R］.World Bank Policy Research Working Paper 3197，2004.

续表

<table>
<tr><th rowspan="3">账户</th><th rowspan="3"></th><th rowspan="3"></th><th colspan="2">生产活动</th><th colspan="2">生产要素</th><th colspan="3">机构部门</th><th rowspan="2">资本</th><th rowspan="2">贸易</th><th rowspan="3">合计</th></tr>
<tr><th>商品</th><th>活动</th><th>劳动</th><th>资本</th><th>居民</th><th>企业</th><th>政府</th></tr>
<tr><th>1</th><th>2</th><th>3</th><th>4</th><th>5</th><th>6</th><th>7</th><th>8</th><th>9</th></tr>
<tr><td rowspan="2">生产要素</td><td>劳动</td><td>3</td><td></td><td>劳动增加值</td><td></td><td></td><td></td><td></td><td></td><td></td><td rowspan="2">要素出口</td><td rowspan="2">要素收入</td></tr>
<tr><td>资本</td><td>4</td><td></td><td>资本增加值</td><td></td><td></td><td></td><td></td><td></td><td></td></tr>
<tr><td rowspan="3">机构部门</td><td>居民</td><td>5</td><td></td><td></td><td>工资收入</td><td>财产收入</td><td></td><td>转移支付</td><td>转移支付</td><td></td><td>转移支付</td><td>居民收入</td></tr>
<tr><td>企业</td><td>6</td><td></td><td></td><td></td><td>资本收入</td><td></td><td></td><td>转移支付</td><td></td><td></td><td>企业收入</td></tr>
<tr><td>政府</td><td>7</td><td>关税</td><td>间接税费</td><td></td><td></td><td>所得税</td><td>直接税</td><td></td><td></td><td></td><td>政府收入</td></tr>
<tr><td colspan="2">资本账户</td><td>8</td><td></td><td></td><td></td><td></td><td>居民储蓄</td><td>企业储蓄</td><td>政府储蓄</td><td></td><td>国外储蓄</td><td>总储蓄</td></tr>
<tr><td colspan="2">贸易账户</td><td>9</td><td>进口</td><td></td><td colspan="2">要素进口支出</td><td></td><td></td><td></td><td></td><td></td><td>外汇收入</td></tr>
<tr><td colspan="2">合计</td><td></td><td>总供给</td><td>总成本</td><td colspan="2">要素支出</td><td>用户支出</td><td>企业支出</td><td>政府支持</td><td>总投资</td><td>外汇支出</td><td></td></tr>
</table>

具体解释如下：

生产活动账户是反映国内不同的产业和行业部门的生产活动。横行表示产出，纵行表示生产投入即成本构成。或者，该账户可以将横行视为不同产业和部门的收入，纵行反映各产业或部门的支出。该账户满足“总收入=总支出”的国民经济核算恒等关系。

生产要素账户主要反映劳动力、资本、土地等要素投入与使用状况，其横行反映各要素的投入获得的收入，可进一步分解为要素增加值、生产间接税和中间投入；纵行反映各要素的支出。

商品账户与生产活动账户中各部门的产品相对应，描述国内市场上供给与需求的产品。横行反映生产活动的中间产品的需求及最终消费品的需求；纵行反映国内市场上商品的来源，即国内生产和国外进口，即反映各部门及国外对产品的产出。该账户满足“总需求=总供给”的国民经济核算恒等式。

机构账户反映用户、企业、政府三类机构的收入和支出的账户。各账户的横行表示各项收入的来源，纵行表示各项支出。每一个账户都满足“总收入=总支出”的国民经济核算恒等式。

资本账户表示经济系统中储蓄与投资的状况。横行表示社会总储蓄的来源：居民、企业、政府及国外储蓄，纵行表示社会总投资的去向。该账户满足“总投资=总储蓄”的国民经济核算恒等式。

贸易账户反映国内外收支的关系，横行表示国外机构的收入来源：我国产品的进口及提供生产要素得到的报酬，纵行表示国外机构的支出，包括对我国商品的进口及对我国用户和政府的转移支付。该账户的储蓄应等于其对我国的收入和支出的差额。

从SAM矩阵的基本结构我们可以发现其反映了经济系统中从生产到要素收入的分配，再到最终消费和投资，最后又回到生产的简单经济循环。该矩阵的基本结构与CGE的基本结构基本重合，因此，我们可以应用SAM的数据对CGE进行分析。

三、SAM 的编制方法

SAM作为宏观经济分析和预测的重要工具，其编制方法主要有两种：一是自上而下法（Top-Down）；一是自下而上法（Bottom-Up）（侯瑜，2004）。

自上而下法是在对已知总量进行分解的基础上求得的SAM，即首先编制反映宏观经济指标的SAM，用以对宏观经济活动的总的描述；再进一步分解各指标，编制部门细化的SAM，细化的SAM是进行政策分析和经济分析的数据基础。目前我国国务院发展研究中心编制的中国社会核算矩阵就是使用的该种方法。

自下而上法是一种充分利用现有统计数据，对其进行分类汇总，直接编制细化SAM矩阵的方法。实践中，由于编制细化的SAM矩阵需要大量的数据支持，而细分的详细的数据较宏观总量数据的获得困难，因此自下而上法的应用没有得到普及。在实际SAM编制过程中应该根据数据的实际情况采取两种方法的结合。

四、SAM 平衡处理及模型参数的标定

SAM编制所需数据来源于国家或地区的投入产出表、资金流量表以及反映国民经济核算信息的各种年鉴，由于这些数据来源的不同、统计口径的不一致，因此，调平SAM是CGE模型应用中的一个基本数据处理技术。目前比较常用的SAM调平方法主要有两种：RAS法和交叉熵法（CE法）。

1. RAS 法

RAS法又称双边比例法（Biproportional Method），是由经济学家斯通导（Stone，et al，1942）首先提出的。该方法最初应用在修正IO表中的直接消耗系数，后来逐渐应用于其他矩阵的配平处理（钟契夫等，1987）①。该方法调整SAM的实质是找到两个对角乘数矩阵 $\widehat{R}$、$\widehat{S}$，通过左乘和右乘矩阵A，使其对已知的行（收入）X 之和与已知的列（支出）Y 之和达到一致。即找到一个结果矩阵 A^* 使 $\widehat{R}$、$\widehat{S}$ 能够满足：

$$A^* = \widehat{R}A\widehat{S} \quad (5.1)$$

其中 A^* 的元素为：$a_{ij}{}^* = r_i a_{ij} s_j$（5.2）、$\widehat{R} = diag(r_1, r_2, \cdots, r_n)$，$\widehat{S} = diag(s_1, s_2, \cdots, s_n)$为对角方阵。

RAS方法用公式可以表示为如下形式：

$$R_i^{(k)} = u_i^* \Big/ \sum_{j=1}^{n} a_{ij}^{(k-1)} x_j^{(1)} \quad (i=1, 2, \cdots, n)$$

$$S_j^{(k)} = v_j^* \Big/ \sum_{i=1}^{n} R_i^{(k)} a_{ij}^{(k-1)} x_j^{(1)} \quad (j=1, 2, \cdots, n)$$

$(i, j=1, 2\cdots, n) \quad a_{ij}^{(k)} = R_i^{(k)} a_{ij}^{(k-1)} S_i^{(k)}$

① 钟契夫，陈锡康．投入产出分析［M］．北京：中国财政经济出版社，1987.

其中，k 表示迭代收敛的次数；$R_i^{(k)}$ 代表第 k 步时的行乘数矩阵；$S_i^{(k)}$ 代表第 k 步时的列乘数矩阵，行乘数矩阵和列乘数矩阵均为对角矩阵；u_i^* 、v_j^* 分别代表给定的SAM行向量和与列向量和；$a_i^{(k)}$ 代表第 k 步SAM系数矩阵中各数据项；$x_j^{(1)}$ 代表初始的SAM的列和。

2. 交叉熵（CE）法

CE法是根据Shannon（1948）提出的信息熵理论构建的①，定义信息对于事件 E_i 的期望值为：

$$-I(p,q) = -\sum_i p_i \ln \frac{p_i}{q_i}$$

其中 p_i 和 q_i 分别表示事件 E_i 的先验概率和后验概率，I（p，q）为Kullback-Leibler（1951）定义的两个概率之间的交互熵距离。在SAM配平过程中，在获取了更新的部门汇总数据之后对原有SAM进行更新，其核心思想是将新增信息嵌入SAM中，并使更新后的SAM与原始SAM之间的整体差异最小，这种差异即用交互熵距离来衡量。

假设初始SAM为 M^0，矩阵的数据项为 M_{ij}^0，更新后的SAM设为 M^1，相应矩阵中的数据项为 M_{ij}^1，CE方法即是一个非线性最优化求解问题，其数学表达式可以写成如下形式：

$$\min N = \sum_i \sum_j a_{ij}^1 \ln \frac{a_{ij}^1}{a_{ij}^0} = \sum_i \sum_j a_{ij}^1 \ln a_{ij}^1 - \sum_i \sum_j a_{ij}^1 \ln a_{ij}^0 \quad (5.3)$$

$$s.t \sum_j a_{ij}^1 M_j^1 = M_j^1 \quad \sum_j a_{ij}^1 = 1$$

其中，a_{ij}^0、a_{ij}^1 分别表示调整前与调整后的系数矩阵，即 $a_{ij}^0 = \frac{m_{ij}^0}{\sum_i m_{ij}^0}$；$a_{ij}^1 = \frac{m_{ij}^1}{\sum_i m_{ij}^1}$、$M_j^1$ 和 M_j^0 分别表示更新后的SAM表的列总和及行总和。公式

① Shannon C.E.A. Mathematical Theory of Communication［J］.Bell System TechnicalJournal，1948（27）：379–423.

（5.3）所表达的最优化问题的目标函数是交互熵距离最小，约束条件是更新后的SAM满足行和与列和相等，且等于更新后的行总（或列总）数值。这个最优化问题可以通过Lagranrian法求解，最终解为

$$a_{ij}^{1}=\frac{a_{ij}^{0}\exp(\lambda_{i}M_{i})}{\sum_{i}\sum_{j}a_{ij}^{0}\exp(\lambda_{i}M_{i})} \quad (5.4)$$

其中，λ_i 为约束条件Lagranrian因子，则CE法实质上是求一组A系数，该系数A和新的估计系数矩阵之间的熵距离最小。

SAM调平的SAR法与CE法在原理和分析思路上具有相近之处，其分析的结果差异不大（Schneider，1990）。麦克道格（McDougal，1999）研究认为将列系数交叉熵的加权和最大化同RAS方法本质上是等价的，其权重为行或列之和，此时，RAS法被看作CE法的一个特例；如果从二者分析的原理来看，RAS法能够保证迭代过程收敛的话，那么其所得到的唯一解也恰好是最小化交叉熵问题的解。但是，CE法具有一定的优势，在假设拥有相同的行列和信息的情况下，运用RAS方法配平的SAM价值流更"近似"于初始价值流，可以尽量保持价值流结构的一致性，而通过CE方法配平的SAM，其新的列系数阵更"近似"于初始的系数阵，即尽量保持了成本结构的一致性①。

第三节 金融危机影响下旅游CGE模型构建

一、旅游 CGE 模型的结构模块

考虑金融危机对旅游产业的影响，主要是在金融危机的大背景下，此时市场上可能存在大量的剩余劳动力和商品，需要政府调控以实现市场的一般均衡，因此，本书构建的CGE模型采用凯恩斯闭合规则，其一般结构按SAM账户分为如下类型的模块：

① McDougall Robert.Entropy Theory and RAS are Friends［EB/OL］.1999，http：//www.sjfi.dk/gtap/papers/McDougall.pdf.

（一）活动账户模块

该账户的国民经济平衡等式为“总投入=总产出”，其中，总投入包括中间需求（在商品账户中体现）、劳动者报酬 $L_i = X_i^{(s)} A_i^{-1} \left[\alpha_i r_i \big/ \left((1-\alpha_i) w_i \right) \right]^{1-\alpha_i}$ （5.5）、资本增加值 $K_i = X_i^{(s)} A_i^{-1} \left[\left((1-\alpha_i) w_i \right) \big/ \alpha_i r_i \right]^{\alpha_i}$ （5.6）、出口退税（在政府账户中体现）、生产税（在政府账户中体现）；总支出（在商品账户中体现）。

（二）商品账户模块

该账户的国民经济平衡等式为“总供给=总需求”，其中，总供给包括：国内总产出、复合产品供给和进口；总需求包括中间需求、居民需求、政府需求、投资需求、存货变化和出口需求。

从供给角度分析：

1. 国内总产出用不变规模的柯布—道格拉斯生产函数表示， $X_i^{(s)} = A_i L_i^{\alpha_i} K_i^{1-\alpha_i}$ （5.7），式中 L_i 表示各部门总产出，L_i 为各部门的劳动力，K_i 为各部门的资本存量，A_i 为效率参数，α_i 为各部门的劳动力替代弹性。

2. 复合产品供给主要基于阿明顿（Armington，1969）提出的假设反映不同国家的同一种商品，用CES函数形式来表示。$Q_i = \xi_i \left[\delta_i M_i^{-\rho_i} + (1-\delta_i) D_i^{-\rho_i} \right]^{-\frac{1}{\rho_i}}$（5.8），式中 Q_i 表示复合商品 i 的国内需求量，D_i 表示商品 i 的进口量，D_i 表示国内对产品 i 的需求，ξ_i 为规模参数，δ_i 为CES贸易函数的份额参数，ρ_i 是贸易替代弹性参数。

3. 进口反映了消费者在一定的相对价格和可替代程度的条件下选择国内产品或进口产品，使自身效用最大化而同时使其成本最小的商品组合（国内产品 D_i 和进口产品 M_i 之间选择商品组合）。$\min P_i Q_i = M_i \cdot PM_i + D_i \cdot PD_i$ ，$s.t Q_i = \xi_i \left[\delta_i M_i^{-\rho_i} + (1-\delta_i) D_i^{-\rho_i} \right]^{-\frac{1}{\rho_i}}$ （5.9），式中 PM_i 表示进口商品价格，PD_i 表示国内商品价格，表示进口商品与国内商品之间的替代弹性，σ_i 越小，则进口商品与国内商品间的差距越大，替代性就越小，当 σ_i 为0时，表示二者完全不能替代。通过建立拉格朗日函数，求导得出进口商品与国内商品数量的比值，即

$\mathrm{DM}_i = \frac{M_i}{D_i} = \left(\frac{\delta_i}{(1-\delta_i)} \cdot \frac{PD_i}{PM_i} \right)^{\sigma_i}$ （5.10）

从需求角度分析：

1. 中间需求用 $\mathrm{IT}_i = \sum_{j=1}^{n} a_{ij} X_j$ （5.11）表示，式中 IT_i 是部门 i 的中间需求，a_{ij} 为投入产出系数，X_i 为分部门总产出的数量。

2. 居民需求用居民扩展的线性支出系数表示即 $\mathrm{P}_i\mathrm{C}_i^{(h)} = P_i\gamma_i^{(h)} + \beta_i^{(h)} \left(Y^{(h)} - \sum_j^n P_j \gamma_j^{(h)} \right) 0 \prec \beta_i^{(h)} \prec 1 \sum_i \beta_i^{(h)} \prec 1$（4.11），式中，$C_i^{(h)}$ 为用户组 h 对商品 i 的需求量，$\gamma_i^{(h)}$ 是用户组 h 对商品 i 的基本需求量，P_i 表示用户组 h 对商品 i 的边际消费倾向，P_i 为用户组的可支配收入，P_i 是商品的价格。

3. 政府需求用公式 $\mathrm{CG}_i = \beta_i^{(G)} . \frac{\overline{G}}{P_i}$ ， $\sum_i \beta_i^{(G)} = 1$ （5.12）表示，式中 CG_i 为政府对各部门商品 i 的需求量，$\overline{G}$ 为政府消费的总量，$\beta_i^{(G)}$ 是政府对各部门商品的消费比重。

4. 投资需求可以用公式 $I_i = \beta_i^{(I)} . \frac{\overline{I}}{P_i}$ ， $\sum_i \beta_i^{(I)} = 1$ （5.13）表示，式中 I_i 是对 i 部门的投资，$\beta_i^{(G)}$ 是其占总投资的比重，$\overline{I}$ 是总投资。

5. 存货变化用公式 $ST_i = kc_i \cdot X_i^s$ （5.14）表示，即反映存货变化占产出的比例，ST_i 反映存货增加量，kc_i 为比例系数。

6. 出口需求采用小国假设用公式 $E_i = w_i \left(\frac{PWE_i}{PE_i} \right)^{\eta_i}$ （5.15）表示，式中 E_i 为各部门的出口量，w_i 为规模参数，n_i 为出口价格弹性，PWE_i 为世界市场价格，PE_i 为国内商品出口价格。

（三）居民账户模块

居民账户反映总支出等于总收入，总支出包括居民消费（在商品账户中反映）、所得税（在政府账户中反映）、居民储蓄用公式 $S^{(h)} = DI^{(h)} - \sum P_i C_i^{(h)}$

（5.16），式中 $S^{(h)}$ 为居民的储蓄，$DI^{(h)}$ 为居民的可支配收入，$\sum P_i C_i^{(h)}$ 为居民对各种商品消费的汇总量。

总收入表示：

$$DI^{(h)} = W^{(h)} + R^{(h)} - T^{(h)} + ET^{(h)} + GT^{(h)} + NFN^{(h)} \quad (5.17)$$

$$W^{(r)} = \sum L_i \cdot rpea_i w_i^{(r)} \quad (5.18)$$

$$W^{(u)} = \sum L_i \cdot (1 - rpea_i) \cdot w_i^{(u)} \quad (5.19)$$

$$R^{(r)} = rdp^{(r)} \sum K_i \cdot r_i \quad (5.20)$$

$$R^{(u)} = rdp^{(u)} \sum K_i \cdot r_i \quad (5.21)$$

方程（5.17）中 $DI^{(h)}$ 为可支配收入，$W^{(h)}$ 表示居民劳动收入，$R^{(h)}$ 为居民财产性收入，$T^{(h)}$ 为个人所得税，$GI^{(h)}$ 为企业对居民的转移支付，$GT^{(h)}$ 表示政府对居民的转移支付，$NFN^{(h)}$ 表示国外居民的转移支付。

方程（5.18）中 $rpea_i$ 是农村居民的就业比例，$w_i^{(r)}$ 表示农村居民的工资，方程（5.19）$w_i^{(u)}$ 为城镇居民的工资水平，方程（5.20）中 $rdp^{(r)}$ 表示农村居民的财产性收入的分配比例，方程（5.21）$rdp^{(u)}$ 表示城镇居民的财产性收入的分配比例。

（四）企业账户模块

反映企业的总支出等于总收入。企业总支出包含企业的转移支付（在居民账户中反映）、企业的直接税收及企业储蓄（在政府账户中反映），分别表示如下：

企业储蓄表示为

$$SE = YE \cdot (1 - c_1 - c_2 - c_2) \quad (5.22)$$

企业储蓄反映企业收入减去农村居民、城镇居民及国外的转移支付，式中 SE 为企业储蓄，YE 为企业总收入，c_1、c_2、c 为农村、城镇和国外转移之财富的比重。

企业总收入代表整个经济系统中各部门产品的净收益，表示为

$$YE = \sum_i^n (P_i . X_i^{(s)} - w_i . L_i) - TD \quad (5.23)$$

式中，YE 为企业收入，P 为各部门产品价格，$X_i^{(s)}$ 为各部门产品数量，w_i 为各部门的工资水平，L_i 为各部门的劳动力人数，T 为企业税收。

（五）政府账户模块

政府账户反映政府支出等于政府收入。政府支出包含政府消费（在商品账户中体现），其他支付（在居民账户中体现）包含政府的各种补贴（在政府账户的收入中体现）、政府储蓄，其中政府储蓄表示为

$$SG = DIG - \overline{G} \quad (5.24)$$

式中，SG为政府储蓄，DIG 为政府的可支配收入，$\overline{G}$ 为政府的消费总量。政府收入包含政府的关税收入、政府的出口退税支出、政府的间接税收入、企业所缴纳的所得税、居民缴纳的所得税，分别表示如下：

政府的关税收入为：

$$TM = \sum_i \left(PWM_i \cdot M_i \cdot tm_i \cdot ER \right) \quad (5.25)$$

$$PE_i = \mathrm{PWE}_i(1+te_i) \cdot ER$$

其中，TM 为政府关税收入；$K^s = \sum_i K_j Q_i = \sum_h C_i^h + CG_i + I_i + E_i + IT_i$ 为进口商

$$\overline{I} = \sum_h S^h + SE + SG + NSAV$$

品的世界市场价格，按照Armington的假设[①] 将其视为外生变量；tm_i 为进口关税税率，ER 为汇率，则用 PM_i 表示进口商品的国内价格，$PM_i = PWM_i(1+tm_i) \cdot ER$（5.26）。

政府的出口退税支出为：

$$TE = \sum_i \left(PWE_i \cdot E_i \cdot te_i \cdot ER \right) \quad (5.27)$$

其中，TE 为政府的出口退税支出（可以看作政府的负收入）；PWE_i 为出口商品的世界市场价格，将其视为外生变量；te_i 为出口退税率，则 PE_i 表示出口商品的国内价格，$PE_i = PWE_i(1+te_i) \cdot ER$（5.28）。

① David Roland Holst.，Dominique van der Mensbrugghe. General Equilibrium Techinique for Policy Modeling［M］. 李善同，段志刚，胡枫 主译 . 政策建模技术：CGE 模型理论与实现 .

政府的间接税收入：

$$TX = \sum_i \left(PD_i \cdot t_i \cdot X_i^{(s)} \right) \quad (5.29)$$

其中，TX 为政府的间接税收收入；t_i 为间接税税率；PD_i 为国内产品价格。

企业所缴纳的所得税

$$TD = \sum_i \left(P_i \cdot X_i^{(s)} - w_i \cdot L_i \right) \cdot td^{(e)} \quad (5.30)$$

居民缴纳的所得税

$$TDH = \sum_h \left(W^{(h)} + R^{(h)} \right) \cdot td^{(e)} \quad (5.31)$$

其中，TD 为企业缴纳的所得税；$td^{(e)}$ 为所得税税率；TDH 为居民缴纳的所得税。

政府收入为：

$$YG = TM + TX + TD - TE + TDH \quad (5.32)$$

政府可支配收入为：

$$DIG = YG \cdot (1 - g_1 - g_2) \quad (5.33)$$

其中，g_1 为政府对农村居民转移支付的比例；g_2 为政府对城镇居民转移支付的比例。

（六）资本账户模块

资本账户反映国民经济系统中总投资等于总储蓄，其中总投资包含固定资产投资（在商品账户中体现）和存货变化（在商品账户中体现），总储蓄已在其他账户的储蓄项中反映。

（七）贸易账户模块

贸易账户反映外汇收入和外汇支出的均衡。外汇收入包括在商品账户中体现的出口、在居民账户中体现的国外收益和国外储蓄三部分，其中国外储蓄 NSAV 公式表示为：

$$NSAV = \sum PM_i \cdot M_i - \sum PE_i \cdot E_i + R \cdot rdf - \sum NFN^{(h)} \quad (5.34)$$

式中，$\sum PM_i \cdot M_i$ 为我国进口商品总价值；$\sum PE_i \cdot E_i$ 为我国出口商品的总价值；

$R \cdot rdf$ 为国外部门的财产性收入价值，其中，R 为资本增加值；rdf 表示企业收入中国外部门转移支付的比例；$\sum NFN^{(h)}$ 表示国外部门对国内农村及城镇居民的转移支付。

外汇支出包括在商品账户中体现的出口、国外资本收益和在政府账户中体现的对国外的转移支付三部分。

二、旅游 CGE 模型宏观闭合

资本构建均衡条件：资本供给总量（K^s）=各部门的资本需求总量（$\sum_i K_j$），即 $K^s = \sum_i K_j$ （5.35）

商品产出均衡条件：总投资（$\bar{I}$）=总供给=居民储蓄（$\sum_h S^h$）+企业储蓄（SE）+政府储蓄（SG）+国外储蓄（$NSAV$），用公式表示为：

$$\bar{I} = \sum_h S^h + SE + SG + NSAV \quad (5.36)$$

商品需求均衡条件：总需求（Q_i）=家庭消费（$\sum_h C_i^h$）+政府消费（CG_i）+固定资产投资（I_i）+出口（E_i）+中间商品需求（IT_i），用公式表示为：

$$Q_i = \sum_h C_i^h + CG_i + I_i + E_i + IT_i \quad (5.37)$$

三、旅游 CGE 模型求解方法

旅游CGE模型求解最关键的是选择恰当的求解技术和确定模型参数，基于恰当的求解技术，输入数据得出模型参数均衡解。

（一）旅游CGE模型求解技术选择

对于CGE模型目前常用的求解技术主要有不动点算法（Scarf，1967；Shoven和Whalley，1992）、Newton法（Dervis，1982；Adelman，1991）和Johansen–Euler法（Dixon，1982；Hertel，1991）三种，其中，不动点算法是一种全局收敛的算法，不适合与不满足不动点理论假设的模型；Newton法的求解核心是找到两点的边值，对于远离平衡点状态的点不能用于求解；Johansen-Euler法是一种线性化求解技术，即用曲线上一点的切线代替曲线。

实际中，旅游经济活动复杂多变，用于描述金融危机对旅游经济影响的方程大多是非线性的，需要采用Johansen-Euler法将其线性化进行求解。因此，本书选择Johansen-Euler法作为求解旅游CGE模型的工具，并且根据金融危机对旅游业影响模拟的需要，改变模型内生变量和外生变量间的划分，将模型线性化进行求解。

（二）旅游CGE模型参数的确定

旅游CGE模型参数的确定需要获取相关的数据，而由于CGE模型包括国内、国外两个市场，涉及生产部门、消费部门、政府行政部门等，因此求解该模型的基础数据要求具有全面性，一般含有大量的宏观经济统计数据作为基础数据以达到CGE模型参数求解的需求，则需要引入一种能全面反映国民经济核算的形式来解决该模型的参数求解问题。社会核算矩阵（SAM）是在投入产出表的基础上，对一定时期内一国的经济结构情况进行全面的描述工具，以平衡、封闭的矩阵形式表现国民经济各部门间的联系，能够为CGE模型提供求解的基础数据。

国内外CGE模型参数最常用的求解方法是校准法流程，该方法可以在只有一个基础期数据的基础上进行求解，并不要求经济数据的时间序列，但是参数的结构缺乏严格的计量经济检验。本书根据建立的旅游CGE模型和金融危机的爆发年（2007年）为基准数据年，设计具体校准流程，并以2007年的SAM表为基础数据表确定参数系数取值（见图5-1）。

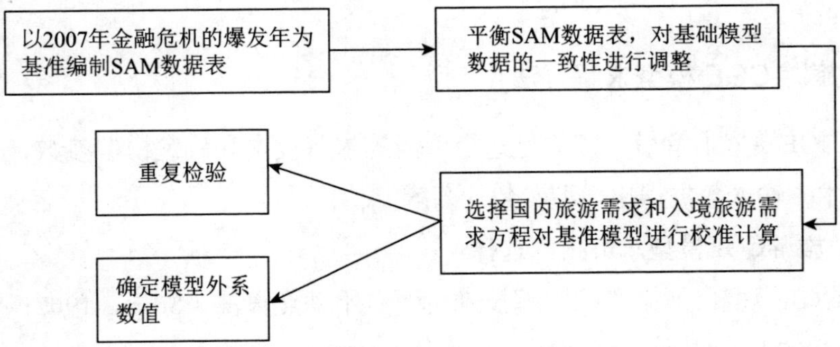

图5-1　旅游CGE模型的校准流程图

第四节 基于旅游CGE模型的金融危机影响分析

一、基于旅游 CGE 模型的金融危机影响框架

在经济全球化的条件下，任何一个外部事件的变化，都会对相关产业和经济体发生影响。旅游产业是一个高度外向性和关联性的产业，2008年的美国次贷危机给全球金融市场带来了强烈的震荡，进而影响到其他实体行业，旅游行业也受到了一定的冲击。本书主要采取CGE模型研究金融危机通过对旅游行业带来的影响波及国民经济整体的影响效应，在此基础上提出应对该种类型突发事件的行动、政策建议，以期降低金融危机对我国国民经济带来的损失程度。本书在第四章已分析了金融危机对旅游业的影响机制，由于旅游业自身市场的好坏是对其相关产业产生影响的基础，因此，在此对金融危机对旅游业整体市场带来的影响进行分析，剖析金融危机对入境旅游和国内旅游需求市场的影响。旅游CGE模型是评价金融危机冲击旅游业并传递到整个经济系统的有力工具。这种分析模型可以全面地分析国民经济的影响情况，而且模型不仅可以计算，还可以模拟和比较，得出的结论操作性强。

CGE模型分析金融危机对旅游产业影响效应的基本思路是：由于金融危机对经济的冲击，引起各个产业部门资本使用成本的变化及产出量的变化，通过比较金融危机爆发前的初始均衡状态和金融危机爆发后的新均衡状态各变量值的变化程度及方向，得出金融危机对旅游产业影响进而波及整个国民经济的影响效果的判断。

二、金融危机影响下旅游需求方程引入

在旅游活动中，消费者参与到了旅游产品的生产过程，而旅游产品具有一定的异地性与季节性特征，是一种自然、人文等资源相互组合构成的整体性产品。基于旅游产业和旅游产品的特征，选择在生产活动中引入旅游特定方程构建旅游CGE模型，其公式为：$X_t = f_t(A_t, K_t, L_t, V_t)$（4.38），其中，$t$ 是旅游部门；A_t 是旅游部门的生产参数，一般假定为常数；K_t 为旅游部门的资本投入；L_t 为旅游部门的劳动投入；V_t 是旅游部门的中间投入。阿拉瓦拉帕提和亚德莫维茨（Alavalapati &

Adamowicz，2000）建立了旅游产品市场的需求函数，即旅游活动或旅游者 T 是环境损失 E_R 和旅游产品价格 P_C 的函数，T = T（ E_R,P_C ），T = T（ E_{RC},P_C ）（5.39），旅游需求C函数是区域收入 Y，旅游产品价格 P_C 与旅游活动或旅游者 T 的函数，即 C = C（ Y, P_C,T ）（4.34）[①]。

从上述函数可知，旅游CGE模型是将该模型中引入旅游产品的生产方程。笔者认为分析金融危机对中国旅游的影响，主要是分析中国旅游业在受到外在巨大压力下对旅游需求的影响，即包括金融危机对国内旅游和入境旅游需求的影响。

经分析，影响旅游供给的因素包括生产要素投入、中间产品的投入即整体旅游产品的构成；而影响旅游消费的因素不仅包括收入，还包括旅游产品与服务的数量、质量及市场价格。因此，本书在构建旅游CGE模型时，引入旅游产品的生产方程，需要对旅游产品进行一系列假设。

居民国内旅游需求方程为： $\mathrm{P}_t \cdot C_t^{(h)} = \lambda_t^{(h)} \times A^{(h)} \times DI^{(h)a(h)}$， $0 < \lambda_t^{(h)} < 1, \sum \lambda_t^{(h)} = 1$（5.40），式中 $C_t^{(h)}$ 是旅游消费的第 i 种产品或服务的量，$A^{(h)}$ 是影响旅游需求的因子，a（h） 是旅游需求的可支配收入的弹性系数，$\lambda_t^{(h)}$ 是第 i 种产品或服务占所有旅游产品或服务的比例。另外，国内旅游是第 i 种产品或服务在旅游品种所占比例。 $C_i^{(h)} = Ct_i^{(h)} + C_0^{(h)}$ （5.41）表示为国内旅游消费按CET函数形式的表达，包括城镇居民的消费和农村居民的消费。

在旅游的CGE模型中，入境旅游消费的方程可以表示为：

$$\mathrm{P}_i \cdot E_{t_i} = \lambda_i^{(e)} \times S_{tour} \quad 0 < \lambda_i^{(e)} < 1, \sum \lambda_i^{(e)} = 1 \quad (5.42)$$

式中，S_{tour} 表示入境旅游消费作为出口的一部分，E_{ti} 表示入境旅游消费第i种产品或服务的量，$\lambda_t^{(e)}$ 表示第 i 种旅游产品或服务占所有旅游产品或服务的比例。

我们从国内居民旅游产品消费方程和入境旅游产品消费方程可以看出，当一种产品既能作为旅游产品又可以作为日常消费品时，其产品的内在替代性是无穷大的。在构建的旅游CGE模型的旅游消费方程中引入了一系列变量，同时，假定国内旅游需求可支配收入是由各部门产品的价格决定的。参数 E_{ti} 、$A^{(h)}$ 、$a^{(h)}$ 可以通

---

① AlavalaPati J.R.R.，Adamowiez W.L.，Tourism ImPact Modeling for Resouree Extraetion Regions［J］. Annals of Tourism Researeh，2000，27（1）：188-202.

过旅游需求计量模型计算得出；$\lambda_t^{(h)}$、$\lambda_t^{(e)}$ 可拟合由旅游消费抽样调查得出。因此，我们可以通过分析金融危机对经济产生的影响进而分析导致旅游需求数量的变化和旅游需求结构的变化。

第五节　本章小结

本章通过对一般均衡理论的回顾和梳理，介绍了CGE模型构建机理，为构建旅游CGE模型提供了基本理论准备。然后，本章阐述了CGE模型的一般结构、闭合系统及求解方法，并进一步分析了CGE模型技术的数据基础是建立在投入产出表和社会核算矩阵基础上的。最后，本章将旅游特定方程进入CGE模型中，构建了金融危机下的旅游CGE模型。该模型的建立是在国民生产活动中强调旅游产品供给对投入产出的影响，在居民消费和出口产品中将旅游消费和非旅游消费区分开，分别进入模型中，以此在旅游CGE模型中引入国内居民旅游需求方程和入境旅游消费需求方程。

第六章

基于旅游CGE模型对金融危机影响效应的实证分析

第一节　旅游CGE模型构建的数据基础

一、旅游投入产出表（IO表）编制

（一）旅游IO表的行列分解

投入产出表（IO表）又称部门联系平衡表，是反映一定时期各部门间相互联系和平衡比例关系的一种平衡表[①]。其部门分类是以产品为对象，将具有某种相同属性的若干种产品组合在一起形成一个产品部门。

投入产出表作为反映整个经济系统一定时期相互联系和平衡比例关系的平衡表，其编制应当遵循一般均衡理论的假设，此外，还应具备以下三个基本假设：

第一，产品和部门一一对应关系的假设，即"纯"部门假设。在该假设下，归入某个部门的所有产品间具有完全的替代性，而不归属于同一部门的产品间没有可替代性。按照这一假设，可以保证投入产出分析能够应用线性方法将所有部门通过生产技术联系起来，即产品部门的直接消耗系数是一个唯一确定的值。

① 里昂惕夫．投入产出经济学［M］．北京：商务印书馆，1980.

第二，直接消耗系数稳步性假设。该假设是将整个投入产出问题简单化为一种静态的联系，而不去考虑时间、技术、价格、部门或产品结构等因素的变化对部门间联系的影响。

第三，比例性假设，即各部门间的投入和产出间是一种正比例关系。该假设实质上忽略了生产过程中的固定消耗因素，将生产过程的产出增加视为产品消耗的增加所带来的，某部门在生产过程中对其他部门产品消耗得越多，其产量也就越大。

在此基础上编制旅游IO表，就需要认识旅游业的内涵，根据《国民经济行业分类》（GB/T 4754—2002）标准，旅游业包括向顾客提供咨询、旅游计划和建议、日程安排、导游、食宿和交通等服务，是为社会各界提供商务、组团和散客旅游的服务①。显然，上述概念是建立在狭义旅游业基础上的，即居民对旅游产品或服务的消费主要来自交通通信、住宿与餐饮、旅行社、景区管理以及一些公共服务部门，诸如治安、医疗等部门。在编制旅游IO表时，就需要将上述部门因旅游业而获得的收入从国内居民收入、出口外汇收入中分离出来。

首先，基于产品与部门一一对应的假设，将旅游收入从IO表中对应的最终消费和出口部分“列分解”。具体做法是：从旅游统计年鉴中找出国际旅游收入和国内旅游收入，将其归为八个部门，即交通运输及仓储业、住宿和餐饮业、批发和零售贸易业、金融保险业、邮政业、信息传输、计算机服务和软件业、其他社会服务业（文化体育和娱乐业）。通过“列分解”可以将居民旅游消费和入境旅游消费从IO表的最终消费象限中居民消费和出口中分离出来，以此使编制的旅游IO表反映经济系统对旅游的需求。

其次，按照直接消耗系数稳定性假设和比例性假设，将IO表的中间象限部分进行“列分解”。由于旅游消费各部门的产品数量占总产出的比例稳定，因此，可以根据各部门对旅游消费产品的投入产出关系将相应的中间投入进行“列拆分”。

再次，按照各部门在旅游IO表中的行方向，即旅游消费行和非旅游消费行。

最后，对分解出的各部门的行、列旅游消费部分按照投入产出表的形式进行行、列合并，即使得编制的旅游IO表能够反映旅游消费品的供给。

以下部分本章将介绍旅游IO表行分析的模型和广义旅游与狭义旅游的区别，为

① 张华初，李永杰．中国旅游业产业关联的定量分析［J］．旅游学刊，2007，22（4）：15-19.

包括广义旅游部门的旅游IO表的编制奠定理论基础。

1. 投入产出的行分析模型

投入产出表反映了一种一般均衡的思想，即IO表遵循行结构的总量平衡关系。则表现为一种按行构建的投入—产出模型。不同部门产品从生产到最终消费的价值流动过程可以通过各行表示、IO表整体反映整个经济系统的结构与效益。因此，旅游产业中旅游消费品从生产到消费的整个价值增值过程中各部门间的相互关系可以选用直接消耗系数 a_{ij} 、完全消耗系数 E_i 、感应度系数 E_i 及影响力系数 F_j 来分析。

直接消耗系数 a_{ij} 是表示在生产经营过程中 j 部门单位总产出直接消耗的 i 部门产品或服务的数量。其计算公式为： $a_{ij}=\frac{X_{ij}}{X_j}$ （i，j =1，2，…，n）（6.1），其中，X_j 表示 j 部门的总投入；X_{ij} 表示第 i 部门产品或服务的数量。

完全消耗系数 b_{ij} 是全部直接消耗系数和全部间接消耗系数之和，揭示了部门间直接和间接的联系，它能够更全面地反映各部门间相互依存的数量关系，通常用 B 表示各产品部门的完全消耗系数矩阵，用A表示直接消耗系数矩阵，则二者的关系式为：$B=(I-A)^{-1}-I$ （6.2）。上式中，$(I-A)^{-1}$ 为里昂惕夫逆矩阵，I 为单位矩阵，完全消耗系数 $b_{ij}E_i=\frac{\sum_{j=1}^{n}b_{ij}}{\frac{1}{n}\sum_{i=1}^{n}\sum_{j=1}^{n}b_{ij}}F_j=\frac{\sum_{i=1}^{n}b_{ij}}{\frac{1}{n}\sum_{i=1}^{n}\sum_{j=1}^{n}b_{ij}}$ 为里昂惕夫逆系数，表示当 j 部门产品增加1单位时，对 i 部门产品的直接和间接投入需要量。

感应度系数 E_i 是第 i 部门对国民经济中其他部门产量增加的敏感程度，由此受到的需求感应程度，即表示当国民经济中各部门产量每增加1单位，则第 i 部门需要向其他部门提供的产出量，在投入产出表中，感应度系数反映了一种前向关联效应。用公式表示为： $E_i=\frac{\sum_{j=1}^{n}b_{ij}}{\frac{1}{n}\sum_{i=1}^{n}\sum_{j=1}^{n}b_{ij}}$ （i，j=1，2，…，n）（6.3）

影响力系数 F_j 是指国民经济中 j 部门对国民经济各部门的需求波及程度。该部门对其他部门的拉动作用随着影响力系数的增大而增大。用公式表示为：

$$F_j=\frac{\sum_{i=1}^{n}b_{ij}}{\frac{1}{n}\sum_{i=1}^{n}\sum_{j=1}^{n}b_{ij}}\quad(i,\ j=1,\ 2,\ \cdots,\ n)\quad(6.4)$$

2. 旅游业范畴的界定

旅游业可分为广义旅游业和狭义旅游业。广义旅游业是指为满足游客在旅游中对交通、通信、游览、娱乐、饮食、住宿、购物、生活服务等需求而提供服务或货物的行业，包括交通运输业、通信业、生活服务业（旅馆、旅行社、文体康乐业等）、餐饮业、商业等行业中与旅游者的消费直接有关的部分。狭义的旅游业指为旅游活动提供游览、娱乐、住宿等服务的行业。在对旅游业关联和波及效应分析时，由于广义旅游业与其他部门交叉，因此，在编制投入产出表时，常指狭义的旅游业①。

本书编制旅游IO表所用的数据是基于《中国投入产出表2002》（2008年版）中旅游业的数据，其中该表所采用的部门分类是参照《国民经济行业分类》（GB/T 4754—2002）为基础编制的，这里的旅游业指狭义的旅游业，即“为社会各界提供商务、组团和散客旅游的服务，包括向顾客提供咨询、旅游计划和建议、日程安排、导游、食宿和交通等服务的部门”②。另外，基于《中国旅游统计年鉴2003》和《中国国内旅游抽样调查资料2003》得出2002年国际旅游收入、国内旅游收入、国际旅游收入构成及城镇居民散客出游人均花费构成和农村居民散客出游人均花费构成。

编制旅游IO表需要对上述数据进行行列分解，并且旅游IO表中的旅游业指广义旅游业，包括所有旅游者提供产品与服务的旅游部门。具体旅游行列分解如表6-1所示。

① 张辉．旅游经济论［M］．北京：旅游教育出版社，2002：203-204.

② 张华初，李永杰．中国旅游业产业关联的定量分析［J］．旅游学刊，2007，22（4）：15-19.

表6-1　旅游行列分解表

部门	行分解			列分解
	国际旅游收入构成	城镇居民旅游消费构成	农村居民旅游消费构成	旅游分解总量占部门总产出的比例
交通运输及仓储业	0.301	0.285	0.305	0.104
邮政业	0.004	0.001	0.001	0.016
信息、计算机和软件业	0.032	0.005	0.010	0.013
批发和零售业	0.207	0.169	0.265	0.058
住宿和餐饮业	0.207	0.300	0.195	0.174
金融保险业	0.021	0.027	0.034	0.018
其他社会服务业	0.112	0.132	0.113	0.114
文化、体育、娱乐业	0.117	0.081	0.078	0.260

注：设定旅游收入构成中邮政通信部分10%归为邮政业、90%归为信息传输、计算机服务和软件业；其他部分的20%归为金融保险业，40%归为其他社会服务业，40%归为文化、体育和娱乐业。

根据公式（6.1）和公式（6.2）计算出狭义旅游业和广义旅游业的直接消耗系数和完全消耗系数，结果发现，对于狭义旅游业而言交通运输及仓储业（0.1614）（0.2197）、住宿和餐饮业（0.1111）（0.1299）和狭义旅游业（0.0770）（0.0836）关联性较强，排在前三的位置。对于广义旅游业而言除了交通运输及仓储业仍排在第一位，住宿业和狭义旅游业退出前三的位置。

根据公式（6.3）和公式（6.4）计算得出狭义旅游业和广义旅游业的感应系数和影响力系数，发现广义旅游业的感应度系数（0.4074）小于狭义旅游业（0.4378）、广义旅游业的影响力系数（0.9045）大于狭义旅游业的影响力系数（0.8187）。

从上述分析我们得出，狭义旅游业与广义旅游业对经济的影响存在区别。这说明要发展旅游业不仅要不断增强狭义旅游业所含部门的供给能力，还需要从广义旅游业的视角出发构建旅游综合供给能力，增强那些非传统旅游部门的旅游服务意识。另外，我国旅游业的感应系数与其他产业相比较低，普遍小于1，则要发展旅游业就需要加大旅游需求和旅游消费力度。

（二）中国旅游IO表编制

由于本书主要分析金融危机对旅游业的影响，而这次金融危机主要发生于2008年，因此，为了构建旅游CGE模型提供基础数据，就需要编制2007年中国旅游IO表。

编制旅游IO表中旅游业属于广义旅游业，但是在投入产出表中旅游业指狭义旅游业，在中国投入产出表中，旅游业并不是按照一个单独的生产部门列出，而是与租赁、商务等服务业统一列为服务业，若运用行列分解法将旅游业单独作为一个部门，不仅在方法上不准确，在数据上也是不足的。因此，为了编制旅游IO表，仅需在投入产出表中最终消费和出口中分解出旅游消费即可。具体方法如下：（1）根据国家统计局中统计年鉴数据得出2007年旅行社入境旅游业和国内旅游业的营业收入。（2）基于《中国统计年鉴2008》和《中国国内旅游抽样调查资料2008》得出入境旅游收入构成和国内旅游收入构成（包括城镇居民出游人均花费构成比例及农村居民出游人均花费构成比例）。（3）按照列分解法对《中国投入产出表2007》中的最终消费和出口部分分解出旅游消费。见表6-2。

表6-2 中国旅游投入产出表IO表（2007） 单位：亿元

部门	城镇居民消费		农村居民消费		出口	
	非旅游	旅游	非旅游	旅游	非旅游	旅游
农林牧渔业	5996.7035	0.0000	5159.3464	0.0000	665.9785	0.0000
煤炭开采和洗选业	60.4442	0.0000	87.3463	0.0000	233.7578	0.0000
石油和天然气开采业	0.0000	0.0000	0.0000	0.0000	173.5648	0.0000
非金属矿及其他矿采选业	0.0000	0.0000	0.0000	0.0000	82.2875	0.0000
食品制造及烟草工业	12286.2402	0.0000	4401.6662	0.0000	1912.1135	0.0000
纺织业	256.6677	0.0000	185.8680	0.0000	8215.8911	0.0000
纺织服装鞋帽皮革及其制品	4655.5623	0.0000	1015.6574	0.0000	5672.6409	0.0000
木材加工及家具制造业	414.5089	0.0000	102.7017	0.0000	2424.4658	0.0000
造纸印刷及文教体育用品制造业	352.7726	0.0000	68.4729	0.0000	2264.4209	0.0000
石油加工、炼焦及核燃料加工业	655.6488	0.0000	90.3473	0.0000	767.8378	0.0000
化学工业	1737.5076	0.0000	613.5330	0.0000	767.8378	0.0000

续表

部门	城镇居民消费		农村居民消费		出口	
	非旅游	旅游	非旅游	旅游	非旅游	旅游
非金属矿物制品业	299.4313	0.0000	50.2316	0.0000	1483.6921	0.0000
金属冶炼及压延加工业	0.0000	0.0000	0.0000	0.0000	5155.4905	0.0000
金属制品业	340.4223	0.0000	70.4376	0.0000	3558.5167	0.0000
通用、专用设备制造业	59.9383	0.0000	4.9121	0.0000	5736.8521	0.0000
交通运输设备制造业	1948.7576	0.0000	507.7324	0.0000	3282.1566	0.0000
电气机械及器材制造业	1497.8044	0.0000	425.2739	0.0000	6825.6592	0.0000
通信设备、计算机及其他电子	1501.2593	0.0000	436.6368	0.0000	21377.5082	0.0000
仪表仪器及文化办公用品制造	118.5267	0.0000	61.1834	0.0000	3237.3998	0.0000
工艺品及其他制造业	1195.6419	0.0000	187.1154	0.0000	1309.7173	0.0000
废品废料	0.0000	0.0000	0.0000	0.0000	31.793	0.0000
电力、热力的生产和供应	1854.4891	0.0000	507.4715	0.0000	65.1130	0.0000
水生产和供应业	275.2837	0.0000	46.7088	0.0000	0.0000	0.0000
建筑业	931.8748	0.0000	0.0000	0.0000	408.8747	0.0000
交通运输及仓储业	481.0604	1310.4494	38.8963	520.4149	3129.3578	853.6181
邮政业	48.1872	3.3302	4.0879	3.9964	43.4691	5.1000
信息、计算机和软件业	2356.3075	30.5272	557.3465	36.4113	399.3490	47.1753
批发和 零售业	4892.6108	794.8173	1399.5489	660.7315	3284.3159	723.2485
住宿和餐饮业	3183.5490	1267.1563	710.2630	587.0209	69.0566	667.4668
金融保险业	3249.4624	186.4934	629.8229	77.2630	21.5371	64.7067
房地产业	5297.6493	0.0000	2266.8914	0.0000	0.0000	0.0000
租赁和商务服务业	5297.6493	186.4934	629.8229	77.2630	21.5371	64.7067
研究和试验发展业	0.0000	0.0000	0.0000	0.0000	26.0536	0.0000
综合技术服务业	0.0000	0.0000	0.0000	0.0000	0.0000	0.0000
水利、环境和公共设施管理业	72.6050	194.8190	4.6924	21.7580	0.0000	0.0000
居民服务和其他服务业	2976.9309	373.5419	500.5655	154.3039	155.7817	129.0946
教育	2814.5427	0.0000	1474.7571	0.0000	25.8456	0.0000

续表

部门	城镇居民消费		农村居民消费		出口	
	非旅游	旅游	非旅游	旅游	非旅游	旅游
卫生、社会保障和社会福利业	4310.3362	0.0000	368.2751	0.0000	42.1456	0.0000
文化、体育和娱乐业	140.3497	489.5453	45.8195	87.0318	53.7263	274.4455
公共管理	0.0000	0.0000	0.0000	0.0000	41.9999	0.0000

二、金融危机下我国宏观SAM编制

为了反映金融危机的影响效应，本书通过构建宏观SAM模型作为基础数据。首先基于中国经济二元结构，将居民账户分为城镇居民账户和农村居民账户两类。另外，通过在资本账户中反映存货的变化全面表示金融危机对生产部门市场需求的影响。

根据SAM矩阵编制原理，将中国宏观的SAM矩阵划分为13个账户（见表6-3）。

在表6-2的基础上本书给出了2007年中国宏观的SAM的描述性账户结构（见表6-3及本书附录中附表1）。

表6-3 中国宏观SAM账户

序号	账户
1	商品
2	活动
3	劳动力
4	资本
5	居民
6	企业
7	政府补贴
8	预算外账户/公共部门自筹
9	政府
10	世界其他地区
11	资本账户
12	存货账户
13	汇总

编制中国宏观的SAM的数据主要来自中国投入产出表，其余数据来自《中国统计年鉴》《中国财政年鉴》《中国旅游统计年鉴》。将社会核算矩阵中设定均衡项，以保证SAM矩阵中各账户的行列均衡，及整个SAM矩阵的均衡。为了验证金融危机对旅游产业带来的影响，因此编写的2007年中国宏观SAM矩阵见本书附录附表2。

第二节　旅游CGE模型的居民旅游需求函数模型构建

本研究的目的是通过构建旅游CGE模型检验金融危机对旅游业的影响效应，为了简化研究仅通过构建居民的旅游需求函数模型反映金融危机对旅游需求带来的影响。现有研究大多是单独使用一种方法研究旅游需求，包括时间序列法（高书军，2004）和横截面数据法（翁刚民，2007）等，而时间序列分析方法对旅游需求的研究不能反映各城市间的差异，横截面数据不能反映旅游需求的变化趋势，因此，需要将时间序列和横截面数据结合起来反映旅游需求的变化（宋咏梅，2006），通过面板数据研究旅游需求的变化情况。就是建立在面板数据分析的基础上构建宏观SAM表，通过旅游CGE模型反映金融危机对旅游需求的影响。

一、城市居民国内旅游需求面板模型

（一）城市居民国内旅游需求面板数据

本研究基于分析金融危机对旅游业的影响，因此，城市居民旅游数据的横截面为中国35个大中城市（N=35），时间段为2000—2007年（T=8）。主要涉及变量有出游率（次，%）、人均旅游花费（元/人次）、人均可支配收入（元/人）、居民消费价格指数，数据来源于《中国国内旅游抽样调查资料》（2000—2007）汇总、扣除价格因素的《中国国内旅游抽样调查资料》（2000—2007）汇总、扣除价格因素的《中国经济统计快报》（2000—2007）汇总、《中国价格及城镇居民收支调查》（2000—2004）汇总、《中国城镇生活与价格年鉴》（2005—2007）汇总及2008年1~12月中国国民经济主要经济指标统计汇总①。

① 廉月娟，饶品样．基于CGE模型的金融危机对旅游业影响的实证研究［J］．生产力研究，2012（10）．

（二）城市居民国内旅游需求面板模型的构建

旅游需求模型可以根据规模报酬不变的柯布—道格拉斯生产函数构建，即

$$Y_t = AK_t^{\alpha}L_t^{1-\alpha} \quad (6.5)$$

式中，Y_t 为城市居民出游率（城市居民出游次数）；A 表示全要素生产率即为城市旅游率；K_t 为城市居民可支配收入总和；Y_t 为城市人口数。

在式（6.5）的基础上，可求得城市居民人均出游率（城市居民人均出游次数），即：

$$y_t = Ak_t^{\alpha} \quad (6.6)$$

在公式（6.6）中，y_t 为人均城市居民出游次数，k_t 为人均城市居民可支配收入。通过对公式（6.6）两边求导得：

$$\ln y_t = \ln A + \alpha \ln k_t + \xi_t \quad (6.7)$$

本研究主要选取人均旅游花费（*TR*）、出游率（*Y*）和人均旅游消费（*YTR*）三个指标对旅游需求进行衡量，为了分析金融危机对旅游需求的影响，引入虚拟变量D2007作为启动旅游需求的阀值，则城市居民国内旅游需求面板模型为：

$$\ln Y_t = c + \beta_1 \ln K_t + \beta_2 \ln K_t \cdot D + \beta_3 D2007 + \beta_4 D2007 \cdot DDI + \xi_t \quad (6.8)$$

$$\ln TR_t = c + \beta_1 \ln K_t + \beta_2 \ln K_t \cdot D + \beta_3 D2007 + \beta_4 D2007 \cdot DDI + \xi_t \quad (6.9)$$

$$\ln YTR_t = c + \beta_1 \ln K_t + \beta_2 \ln K_t \cdot D + \beta_3 D2007 + \beta_4 D2007 \cdot DDI + \xi_t \quad (6.10)$$

以上三式中，c 为总体均值截距，Y 为出游率，K 为城市居民可支配收入，D 为虚拟变量，ξ_t 为随机误差。

由于本研究样本较小（N=5，T=8），则模型（6.6）、（6.9）、（6.10）首先需要采用ADF Fisher单位根检验方法分别对Y、k、ln$Y$ 和ln$k$ 做稳定性检验，通过EViews 6.0结果计算如表6-4。

表6-4 ADF Fisher单位根检验得出：变量Y、k、ln$Y$ 具有单位方根，而ln$k$ 不能明确判断是否具有单位方根。其次，为了判断变量是否能够进行有效的回归估计需要进一步对变量进行Johansen Fisher协整分析，则对Y-k、Y-ln$k$ 与ln$Y$-ln$k$ 进行

Johansen Fisher协整检验，结果如表6–5。变量间*Y*–*k*、*Y*–ln*k* 与ln*Y*–ln*k* 进行Johansen Fisher协整检验结果可以发现两两变量间拒绝原假设，存在长期的均衡关系，模型（6.8）、（6.9）、（6.10）可以进行时间序列的回归分析。

最后，为了检验变量间的互动关系，本研究对模型（6.8）、（6.9）、（6.10）又进行了Grange因果检验（见表6–6）。该检验结果得出城市居民旅游需求函数可以进行回归分析，城市居民人均可支配收入对出游率的单向影响。

表6–4　ADF Fisher单位根检验

变量	单位根检验模型选择		
	截距项	截距项与趋势项	无
Y	64.7321	61.7620	20.6716
k	1.78740	51.3354	4.93371
ln*Y*	67.6093	79.6634	17.5977
ln*k*	5.90814	92.0404**	3.35406
D（*Y*）	103.262***	107.198***	198.237***
D（*k*）	59.5789	103.072***	23.1408
D（ln*Y*）	121.930***	124.101***	208.301***
D（ln*k*）	113.851***	114.736***	37.9719***

注：**表示5%的显著水平；***表示1%的显著水平。

表6–5　Johansen Fisher协整检验

变量	迹检验				最大特征值检验			
	None		At most1		None		At most1	
	Stat.	Prob.	Stat.	Prob.	Stat.	Prob.	Stat.	Prob.
Y–*k*	199.0	0.0000	66.99	0.5800	196.2	0.0000	66.99	0.5800
Y–ln*k*	170.6	0.0000	52.95	0.9358	175.3	0.0000	52.95	0.9358
ln*Y*–ln*k*	170.4	0.0000	53.92	0.9225	174.8	0.0000	53.92	0.9225

表6-6 Granger因果检验结果

Granger因果检验原假设	滞后阶数：1		滞后阶数：2		滞后阶数：3	
	F统计	概率	F统计	概率	F统计	概率
k不是Y的格兰杰（Geange）假设原因	10.58866	0.0013	4.94197	0.0080	3.47364	0.0174
Y不是k的格兰杰假设原因	0.10719	0.7436	0.05660	0.9450	0.11583	0.9507
Lnk不是Y的格兰杰假设原因	9.59580	0.0022	6.07371	0.0027	3.00969	0.0318
Y不是Lnk的格兰杰假设原因	0.43098	0.5121	0.40205	0.6695	0.39254	0.7585
Lnk不是Y的格兰杰假设原因	8.80740	0.0033	5.02090	0.0074	2.89293	0.0369
Lnk不是Y的格兰杰假设原因	0.30490	0.5813	1.56710	0.2111	0.97277	0.4070

对模型（6.8）、（6.9）、（6.10）进行F检验和Hausman检验以选择在进行参数估价时是混合模型还是固定效应模型，见表6-7。

表6-7 F检验和Hausman检验结果

	模型（1）	模型（2）	模型（3）
F统计量	21.57***	18.53***	28.91***
卡方统计量	0	0	0

注：*** 表示1%的显著水平。

通过F检验我们可以发现城市居民旅游需求模型具有明显的个体效应，因此，在进行面板数据回归分析时应选择固定效应模型，并且对公式（6.8）、（6.9）、（6.10）进行截面加权，应用广义最小二乘法（EGLS）对参数进行估计和面板矫正标准误法（PCSE）进行回归分析。

（三）城市居民国内旅游需求面板模型的结果分析

应用截面加权法、广义最小二乘法（EGLS）和面板矫正标准误法（PCSE）对模型（6.8）、（6.9）、（6.10）进行回归估计。模型估计结果见表6-8。

表6-8反映城镇居民国内旅游需求面板模型都通过了DW检验和F检验，但模型（6.9）的显著性水平在10%以下，即D2007未通过T检验，因此，去除模型中的D2007一项，使得模型（6.9）变更为：

$$\ln TR_t = c + \beta_1 \ln K_t + \beta_2 \ln K_t \cdot D + \beta_4 D2007 \cdot DDI + \xi_t \quad (6.11)$$

表6-8　城市居民国内旅游需求面板模型估计结果

参数与统计量	模型（6.8）	模型（6.9）	模型（6.10）
c	0.4364	5.4313^{***}	2.5139^{***}
β_1	0.4725^{***}	0.1313^{*}	0.4631^{***}
β_2	-0.00666^{**}	0.00751^{*}	0.01196^{***}
β_3	-0.2825^{***}	−0.00288	-0.2556^{***}
β_4	0.08977^{*}	-0.1232^{*}	-0.1761^{***}
R-squared	0.8988	0.8437	0.8304
Durbin-Watson Stat	1.6185	1.6650	1.8679
F-Statistic	56.3047	34.2366	31.0481

注：*表示10%的显著性水平，**表示5%的显著性水平，***表示1%的显著性水平。

模型（6.11）通过了GW检验和F检验，并且所有变量都通过了T检验。因此，我们可以根据模型（6.8）、（6.11）、（6.10）分析人均可支配收入及收入水平对城镇居民国内旅游需求的影响。在模型中，衡量旅游需求的指标中人均可支配收入k对出游率 Y 的影响最大，即出游率是反映旅游需求的第一指标。

模型的回归结果还表明，模型的阈值为1万元，当人均可支配收入大于等于1万元时，人均旅游花费的收入弹性下降0.00666，出游率的收入弹性上升0.00758，人均旅游消费需求的收入弹性则提高0.01196。即按阈值1万元区分收入水平，人均可支配收入增加相同比例时，高收入居民的出游率弹性小于低收入居民，随着可支配收入的增加，高收入居民出游率增加的幅度小于低收入居民。而高收入居民人均旅游花费和人均旅游消费需求的弹性大于低收入居民，高收入居民人均旅游花费和人均旅游消费需求随着可支配收入的增加增长的幅度大于低收入居民。从经济学的角度来看，当人均可支配收入在1万元以下时，城市居民旅游消费需求的收入效应表现在出游率的增加，而当人均可支配收入在1万元以上时，城市居民旅游消费需求的收入效应表现为人均旅游花费和人均旅游消费需求的增长。

二、农村居民国内旅游需求面板模型

（一）农村居民国内旅游需求面板数据

基于本研究的目标，农村居民旅游数据的横截面为中国30个省、直辖市与自治区（N=30），时间段为2000—2007年（T=8）。主要涉及的变量有调查总人数（人），数据来源于2002—2007年《中国国内旅游抽样调查资料》汇总；农村居民旅游总花费（元），数据来源于扣除价格因素的2002—2007年《中国国内旅游抽样调查资料》汇总；农村居民人均纯收入（元/人），数据来源于《中国统计摘要2009》汇总；农村居民消费价格指数，数据来源于《中国城市（镇）生活与价格年鉴2008》汇总（以2002年全国平均为100进行换算），以消除城市间的价格差异。

（二）农村居民国内旅游需求面板模型的构建

本模型以农村居民人均旅游消费需求作为国内旅游的需求衡量指标，假设人均旅游消费需求为 YTR，人均旅游消费需求等于农村居民旅游总花费除以调查总人数。在模型中引入虚拟变量 N 以此来分析农村居民人均纯收入（nk）达到某个阀值时对旅游需求的影响。为了分析金融危机对农村居民旅游需求的影响，引入虚拟变量 $N2007$，根据以上研究目标，构建农村居民国内旅游需求面板模型如下：

$$\ln YTR_t = c + \beta_1 \ln nk_t + \beta_2 \ln nk_t \cdot N + \beta_3 N2007 + \beta_4 N2007 \cdot N + \xi_t \quad (6.12)$$

上式中，$\ln YTR$ 为农村居民旅游消费需求的对数，$\ln nk$ 为人均纯收入的对数，通过协整检验得出人均旅游消费需求与人均纯收入具有长期的均衡关系，可以进行回归分析。因此，对该模型进行回归分析是可行的。本研究根据统计数据设定虚拟变量N 设定为3000元阈值，当农村居民人均纯收入大于3000元时，N=1；当农村居民人均纯收入小于3000元时，N=0。虚拟变量$N2007$设定为2007年时取1，其余年份取0。

（三）农村居民国内旅游需求面板模型的结果分析

应用截面加权法、广义最小二乘法（EGLS）和面板矫正标准误法（PCSE）对模型（6.12）进行回归估计。模型估计结果见表6–9。

表6–9　农村居民国内旅游需求面板模型估计结果

参数与统计量	模型（6.11）	模型（6.12）
c	-9.2534^{***}	-9.0639^{***}
β_1	1.7650^{***}	1.7411^{***}
β_2	0.0139^{**}	0.01452^{***}
β_3	0.00777^{*}	/
β_4	-0.0263^{*}	/
R–squared	0.8517	0.8595
Durbin–Watson Stat	2.0179	2.0092
F–Statistic	32.1460	36.3168

注：*表示10%的显著性水平，**表示5%的显著性水平，***表示1%的显著性水平。

模型（6.11）截面数据通过了DW检验和F检验，但是β_3、β_4显著性水平在10%以下，因此，在模型中去除*N*2007和*N*项，模型修改后如下：

$$\ln YTR_t = c + \beta_1 \ln nk_t + \beta_2 \ln nk_t \cdot N + \xi_t \quad (6.13)$$

对模型（6.13）进行DW检验、F检验和T检验都比较显著，因此，可以通过模型（6.13）的回归结果估计农村居民国内旅游需求。模型中农村居民国内旅游需求的收入弹性为1.7411，当农村居民的人均纯收入大于等于3000元时，收入弹性提高0.01452，即相对高收入的农村居民对人均纯收入的敏感性较大，随收入的增加增幅较大。我们可以根据2007年全国农村居民的人均纯收入为4140.36元，计算出2007年农村居民国内旅游消费的收入弹性为1.7556。

总之，根据本研究构建的国内旅游需求面板模型的估计结果可以分析金融危机对城市居民和农村居民国内旅游需求的影响。2008年金融危机对城市居民和农村居民国内旅游需求的影响表现为：（1）金融危机使得高收入城市居民出游率下降17.53%，金融危机使低收入城市和农村居民出游率下降24.61%。（2）金融危机对人均旅游花费的影响表现为：金融危机只影响了高收入居民的人均旅游花费，使之下降了11.85%。金融危机使高收入城市居民国内人均旅游消费需求下降35.06%，金融危机使低收入城市居民国内人均旅游消费需求下降22.56%。金融危机影响了城市居民的人均旅游出游率和人均旅游花费与旅游消费需求，其中对高收入居民的影响较大，而对低收入居民的影响不明显。金融危机影响了城市居民的出行决策，但由于农村居民旅游需求花费在总需求花费中所占比重不大，因此，对农村居民的国内旅游需求没有显著影响。

三、居民入境旅游需求模型构建

（一）居民入境旅游需求模型数据

本研究基于金融危机对入境旅游需求的影响选取入境旅游接待人数（NY）、国际旅游外汇收入（NR）作为分析变量，样本区间选取1978—2009年（T=31），数据分别来自Inforbank在线数据库（1978—2000年数据）、国家旅游局网站（2001—2009年数据），采用EViews 6.0对数据进行分析。

（二）居民入境旅游需求模型构建

本研究分析金融危机对入境旅游需求的影响的模型基于1978年以来重大事件对入境旅游需求的影响建立，引入虚拟变量。1978年以来对入境旅游需求产生影响的重大事件有1978年的石油危机、1989年的政治风波、2003年的SARS和2008年的金融危机，因此，模型建立虚拟变量为D1978、D1989、D2003、D2007。

根据重大事件的影响期可能产生滞后性，因此，在设定虚拟变量时同样滞后1期，即在模型中引入虚拟变量的当前 t 和滞后一期 $t-1$。建立时间序列，单位根ADF检验结果可以得出入境旅游接待人数（NY）、国际旅游外汇收入（NR）变量为非平稳时间序列，两个序列适合于通过一阶自回归模型进行分析。因此，分别对入境旅游接待人数（NY）、国际旅游外汇收入（NR）变量取对数，构建入境旅游需求模型，公式如下：

$$LN_t = c + \varphi LN_{t-1} + \sum \delta_0^{year} Dyear_t + \sum \delta_1^{year} Dyear_{t-1} + \zeta_t \quad (6.14)$$

式中，LN_t 为LNR、LNY第 t 年值；LN_{t-1} 为LNR、LNY滞后一期第 $t-1$年值，虚拟变量Dyear指当年发生的重大事件，δ_0^{year}、δ_1^{year} 为重大事件在当年和次年的影响系

数；φ 为 LNY_{t-1} 的参数；δ_t 为随机干扰项；c 为常数项。

（三）居民入境旅游需求模型计算及分析

对模型进行面板数据计算，并进行T检验，依次剔除没有通过显著性的解释变量，结果见表6-10。

表6-10　LNR、LNY的模型估计结果

变量	LNR		LNY	
	相关系数	t-统计量	相关系数	t-统计量
LN（-1）	0.9320	71.6983	0.9580	61.2703
D1978	0.5066	6.3480	/	/
D1989	-0.3992	-5.7255	-0.4479	-2.6867
D2003	-0.1309	-1.8463	-0.3022	-1.7932
D2007	-0.0257	-1.8724	-0.0683	-1.8618
修正可决系数	0.6903	6.4385	0.3596	6.1093
调整后R方		0.9953	0.9927	
DW统计量		1.4370	1.7886	
F-统计量		1603.94	1308.75	

对模型（6.13）依次剔除没有通过显著性的解释变量后，调整后的可决系数达到0.9953和0.9927，这说明模型具有较好的拟合度，模型较为稳定。对模型进行DW检验，求得模型的DW值为1.4370和1.7886，趋近于2，因此，得出模型不存在自相关。分别按入境旅游人数和国际旅游外汇收入构建中国旅游需求模型如下：

$$NY_t=1.9943\times \mathrm{NY}_{t-1}^{0.932}\times e^{0.5066D1979_t-0.3992D1989_t-0.1309D2003_t-0.1403D2007} \quad (6.15)$$

$$NR_t=1.5713\times \mathrm{NR}_{t-1}^{0.9580}\times e^{-0.4479D1989_t-0.3022D2003_t-0.4779D2007_t} \quad (6.16)$$

通过上述模型，2008年由美国次贷危机引发的全球性金融危机对我国入境旅游需求的影响是：2008年的金融危机使得2008年入境旅游人数下降了6.8%，使得2008年国际旅游外汇收入比例下降了2.6%，我们认为金融危机对我国入境旅游需求的影响幅度较小，使我国的入境旅游人数和国际旅游外汇收入未产生明显下降。

第三节 金融危机对旅游业影响的情景模拟分析

为了评价金融危机对旅游业的影响，本研究设计了模拟情景M1表示金融危机导致旅游收入（国内旅游收入与入境旅游收入）降低3%，且假定国家财政政策保持不变汇率完全浮动；以及基准参照情景M0（2007年国内旅游收入和入境旅游收入对宏观经济的影响），采用Johansen-Euler法和线性求解的算法，对模拟情景进行分析，见表6-11。

表6-11 入境旅游发展情景模拟结果

部门	国内产品数量	劳动力	部门投资量
农林牧渔业	-0.0481	0.0668	0.0230
煤炭开采和洗选业	0.0149	0.0000	0.0000
石油和天然气开采业	-0.0142	0.0000	0.0000
金属采矿业	0.0154	0.0000	0.0000
非金属矿及其他矿采选业	0.0305	0.0000	0.0000
食品制造及烟草工业	-0.0339	-0.3509	0.0000
纺织业	0.0041	0.0460	0.0000
纺织服装鞋帽皮革及其制品	0.0117	0.0000	0.0000
木材加工及家具制造业	0.0106	-0.0153	-0.0759
造纸印刷及文教体育用品业	-0.0116	0.0000	0.0000
石油加工、炼焦及核燃料加工业	-0.0307	0.0000	0.0000
化学工业	-0.0134	0.0000	0.0000
非金属矿物制品业	0.0157	0.0000	0.0000
金属冶炼及压延加工业	0.0153	0.0000	0.0000
金属制品业	0.0198	0.0000	0.0000
通用、专用设备制造业	0.0102	0.0000	0.0000
交通运输设备制造业	-0.0345	0.0000	-0.0391

续表

部门	国内产品数量	劳动力	部门投资量
电气机械及器材制造业	0.0122	0.0000	–0.0761
通信设备、计算机及其他电子	0.0150	0.0272	–0.0578
仪表仪器及文化办公用品制造	–0.0143	0.0254	–0.0578
工艺品及其他制造业	–0.0132	0.0000	–0.0665
废品废料	0.0128	0.0000	0.0000
电力、热力的生产和供应	–0.0264	0.0000	0.0000
燃气生产和供应业	0.0133	0.0000	0.0000
水生产和供应业	0.0165	0.0000	0.0000
建筑业	–0.0604	0.0000	–0.0111
交通运输及仓储业	0.0150	0.0000	–0.0764
邮政业	0.0172	0.0578	0.0000
信息、计算机和软件业	–0.0460	0.0688	–0.0453
批发和 零售业	0.1405	0.0150	–0.1369
住宿和餐饮业	0.0498	–0.0320	0.0000
金融保险业	0.0126	–0.0813	0.0000
房地产业	–0.1213	0.1004	–0.0162
租赁和商务服务业	0.0184	–0.0207	0.0000
研究和试验发展业	0.0171	–0.0122	0.0000
综合技术服务业	0.0116	0.0163	–0.0618
水利、环境和公共设施管理业	0.1075	0.1387	0.0000
居民服务和其他服务业	0.0219	–0.0120	0.0000
教育	0.0196	0.0000	0.0000
卫生、社会保障和社会福利业	0.0538	0.0000	0.0000
文化、体育和娱乐业	0.0844	–0.0990	0.0000
公共管理	0.0215	0.0000	0.0000

从表6-11中我们可以发现，随着国际旅游外汇收入的下降会导致农林牧渔业国内产品数量下降0.048%，与此同时，该行业劳动力与部门投资量会增加0.077%与0.022%。由于旅游CGE模型中未涉及生产技术进步状况，我们仍可以认为在这种情景下农林牧渔业生产效率将会下降，经济系统需要通过出口更多的初级产品来达到一般均衡。国际旅游外汇收入的下降阻碍了该行业的产业升级。

国际旅游外汇收入的下降会导致煤炭开采和洗选业、金属矿采选业以及非金属矿及其他采矿业的国内产品数量上升0.0149%、0.0154%、0.0305%。而石油和天然气开采业的国内产品数量则下降0.0142%。由于这些行业没有劳动力和部门投资量的变化，因此，国际旅游外汇收入的下降对劳动力和投资量没有影响。另外，国际旅游外汇收入的下降导致国内产品数量和劳动力都上升的行业是食品制造及烟草工业，分别下降了0.0339%与0.3509%，虽然劳动力下降的幅度是国内产品数量的10倍，但在该情景中，该行业的资本存量和产出都下降了0.35%，而产品净价格上升0.076%、中间需求下降0.498%，这可以说明农业初级产品缺乏进一步加工，国际旅游外汇收入的变化将影响经济结构的优化。

从表6-11中可以发现国际旅游外汇收入的下降使得国内产品数量上升。而投入的劳动力下降的行业有住宿和餐饮业、金融保险业、租赁和商务服务业、居民服务和其他服务业、研究与试验发展业以及文化、体育和娱乐业。在模拟结果中，这些部门的国内商品价格分别下降了0.0115%、0.0126%、0.0138%、0.0171%、0.0219%、0.0844%；相应的产品的净价格下降幅度为0.05%、0.013%、0.0336%、0.0243%、0.0346%、0.100%。

另外，我们还可以发现国际旅游外汇收入的下降使得金属制品业、专用设备制造业、电气机械制造业以及交通运输业国内产品数量上升而部门投资量下降；交通运输设备制造业、工艺品及其他制造业、建筑业国内产品数量与部门投资量同时下降；通信设备、计算机及其他电子设备制造业、批发零售业受到的影响是国内产品数量上升，而劳动力与部门投资量下降；仪器仪表制造业、信息传输业及计算机服务业受到的影响是国内产品数量下降，而劳动力上升。总之，我们可以通过旅游CGE模型模拟的产品数量、价格、消费去向的结果，研究金融危机对入境旅游发展的影响及进一步对经济增长产生的影响。

第四节　本章小结

本章首先以我国2007年投入产出表并结合国民经济核算数据编制了在金融危机下2007年我国宏观的社会核算矩阵作为旅游CGE模型实证研究的数据基础；其次运用计量经济学的方法构建金融危机对国内居民旅游需求和入境旅游需求影响的面板数据模型，并就金融危机对旅游业的影响效应进行回归估计；最后设计情景模拟分析金融危机对旅游业的影响效应，及对宏观经济各个部门的影响程度。

第七章

后金融危机时代旅游市场的复兴和发展对策

第一节　后金融危机时代旅游市场复兴的相关理论

金融危机对我国旅游业在旅游需求、旅游供给等方面都带来了一定的影响，这种影响总会直接或间接地影响旅游产业的发展。在后金融危机时代，很有必要对旅游产业进行行之有效的危机管理，努力将金融危机对旅游业带来的影响降到最低水平。

国际上，对危机管理的研究始于20世纪60年代，而直到20世纪80年代以后，随着自然灾害的频繁发生、政治与社会动荡、经济发展竞争环境的不确定性增加，危机管理开始在企业中受到重视。20世纪90年代以来，对危机管理的研究迅速发展起来，并且由最初的个案研究开始进行到综合理论研究和模式建构的层面上来。

危机管理的核心内容是危机缩减管理，关于危机管理的模式研究，具有代表性的主要有以下几种：

一、危机管理 4R 模型

美国危机管理专家罗伯特·希斯（Robert Heath）提出的危机管理4R模式，即缩减（Reduction）、预备（Readiness）、反应（Response）、恢复（Recovery）。罗伯特认为危机管理就是降低风险，减少在时间、资源等方面的浪费，可以在预备、反应、回复三个阶段缩减危机的发生和冲击力（见图7-1）。危机管理有利于减少危机的攻击力和影响力，能够促使企业做好危机处理的准备工作，当危机发生后可以应对，并能快速从危机中恢复。他还认为企业可以通过4R模式最终实现第五个R力，即恢复力（Resilience），对已经发生的影响可以有效恢复，并消除可能存在的危机影响[①]。

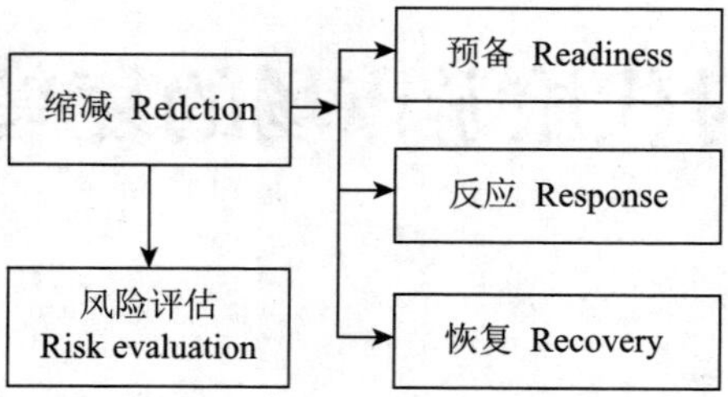

图7-1 危机管理4R理论图

企业管理者需要按4R模型，主动将危机工作任务划分为三个阶段，以减少危机情境的攻击力和影响力，使企业做好处理危机情况的准备，尽力应对已发生的危机。

对于任何有效的危机管理而言，危机缩减管理是其核心内容。一个有效的危机管理者首先能够认清危机情境的来源，降低风险，避免浪费时间、减少危机的成本和损失，可以大大缩减危机的发生及冲击力，这就需要危机管理者基于企业的环境和内部机制进行风险评估，根据风险评估的大小来确定危机管理的重要程度，力求做到防患于未然。

危机发生后，危机管理者需要进行危机情境和冲击的分析，然后执行危机和风险的缩减程序，实施有效的危机管理模式（见图7-2）。首先，对危机的数量和本质有明确的认识；其次，需要帮助员工做好应对危机的准备工作，使危机反应和恢复计划深入人心；最后，使用监视和预警系统，在危机发生后迅速控制损失，减小危机冲击[②]。

① 罗伯特·希斯．危机管理［M］．王成，宋炳辉，金瑛译．北京：中信出版社，2004. 21.

② 同上

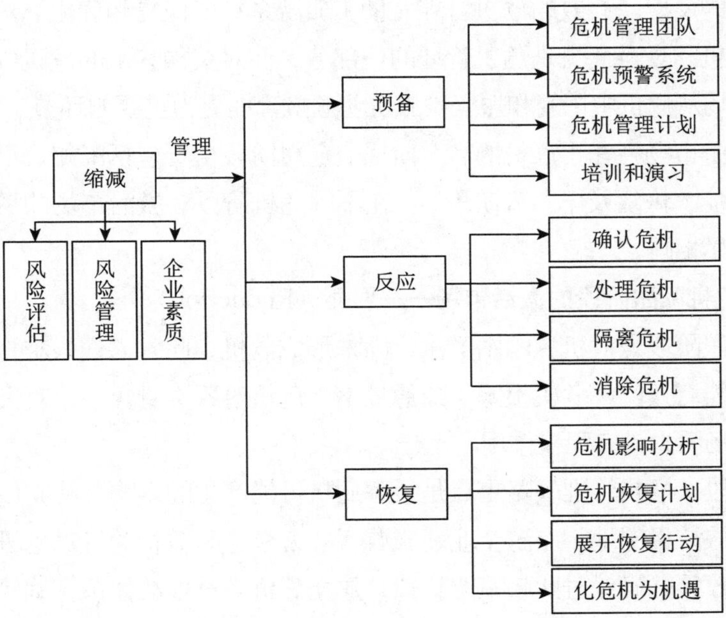

图7-2 有效的危机管理模式

有效的危机管理是对4R模式所有方面的整合，其中，缩减管理贯穿于整个危机管理的过程。在预备模块中，运用缩减管理的风险评估法可以确定哪些预警系统可能会失效，就可以及时地予以修正。在反应模块中，缩减管理可以帮助管理者识别危机的根源，找到有利于应对危机的方法。在恢复模块中，缩减管理可以对恢复计划在执行时可能产生的风险进行评估，从而使恢复工作产生更大的反弹效果①。

在危机管理过程中，需要管理者具备一些基本的素质和技能，包括沟通技能、媒体管理技能以及形象管理技能等。这些管理技能有待于结合旅游业的具体特征进行更深入的探讨。

二、激活旅游市场的框架机制——5R 理论

危机对旅游业的冲击和影响不仅取决于危机本身的因素，也依赖于旅游系统

① 李玮 . 基于 4R 的突发公共卫生事件危机管理研究［D］. 南京：南京中医药大学，2011.

面临危机时的反应。有效的危机管理有助于旅游系统的恢复和优化。对于旅游业来说，防止危机和规避危机是危机管理的一部分，而对突如其来的危机做出及时反应并使旅游市场从危机中恢复和振兴是旅游业危机管理更为重要的环节。

激活旅游市场存在于危机的各个阶段。危机阶段主要包括酝酿、潜伏、爆发、消退及后遗症、恢复及学习五阶段①。在不同危机阶段，激活市场的目标、战略及实施行动不尽相同。

（一）危机酝酿阶段的激活市场——弱化（Reduction）

危机酝酿阶段是危机源刚刚产生，尚未形成危机，此时人们很难将其与危机联系起来，若能有效化解危机根源，或通过增强危机对象本身实力，对于减少危机损失、保持市场活力具有积极作用。

这一阶段，危机管理战略重点是缓解危机可能产生的影响并建立旅游者信心。包括：加强旅游目的地、旅游企业、旅游者、公众等利益相关者对危机的认知；建立相应危机政策并确保对此政策的认知；建立危机应对标准体系，确保应对危机的质量和效果；建立旅游目的地安全及效率声誉，维护旅游者及公众的消费信心。

为确保危机战略的实现，目的地应首先注意识别危机，确定危机风险，明确损失的可能性，搜集信息。定期检测目的地的社会、经济、自然和政治环境，确定对于可能发生的危机的抵御能力。寻找预警迹象，确定危机类型，衡量可能造成的损失。开发并利用早期灾害预报技术，用不同类型危机发生可能性和潜在破坏程度确定目的地危机，并对其进行分类管理。其次，做好应对危机的准备，包括将危机政策具体化，提升政策参与度，对员工进行认知和技能培训，检查程序，对公众和社区进行宣传等。

（二）危机潜伏阶段的激活市场——准备（Readiness）

危机潜伏阶段是危机经过酝酿，逐渐形成具有破坏力的前兆，但尚未爆发。有学者将此阶段与前一阶段并称为危机前阶段。此时危机已经形成，一般难以避免。这一阶段激活旅游市场的主要目标是做好充分准备，应对危机，实现危机冲击的最小化。

此阶段激活市场的战略在于制订危机应急预案，包括目的地政府应急预案和旅

---

① 谷慧敏．旅游危机管理研究［M］．天津：南开大学出版社，2007.

游企业应急预案。

（三）危机爆发阶段的激活市场——应急（Response）

危机爆发阶段表现为势态的急速发展和升级、负面影响形成、社会开始承受危机所带来的损失。这一阶段虽然持续时间短，但对社会冲击最大，引起的关注和恐慌最大。此阶段激活市场的目标在于开展应急及救援，将物质和精神损失降到最低。

战略和行动包括：开展危机的应急行动，启动应急预案；进行危机的实时监测，追踪危机的发展，评估危机损害，预测危机发展方向；开展危机救援；进行有效的危机沟通，与媒体沟通，与游客和当地居民沟通，定期与危机地区以外的旅游企业沟通等。

（四）危机消退与后遗症阶段的激活市场——恢复（Recovery）

危机消退阶段是危机造成损失达到最高点后，不再继续造成明显损失，并呈下降趋势，此时还存在危机的后遗症。此阶段时间长短不一，表现为有形损失恢复相对容易，无形损失恢复往往需要较长时间。激活市场包括：开展产业振兴，重建旅游发展能力；开展旅游市场营销活动，重建旅游目的地声誉及消费者信心。

（五）危机解决阶段的激活市场——解决和振兴（Resolution & Rejuvenate）

这一阶段，危机得到完全控制，危机的消极影响完全消除。如Fink所描述的“锅被煮漏或锅被从火上拿开”[①]。激活市场的重点是应关注危机后的振兴和从危机中学习。包括：化危机为机会，提升旅游产业素质和水平；检查市场恢复情况，总结危机处理的经验教训。

三、激活旅游市场的要素机制——5C 理论

一个完善的激活市场机制包括各系统之间良好的合作和协调，有效的沟通和相应的组织、制度、流程保障及高度的社区动员能力及参与。Faulkner提出，有效危机管理的前提在于坚持3C原则[②]：（1）协调和团队方法（Coordinated，team approach）。由于旅游服务涉及众多直接和间接、公共和私人组织，因此，旅游

---

① Fink S.Crisis Management–Planning for the inevitable.AMACOM，American Management Association，1986.

② Faulkner B. Towards a framework for tourism disaster management [J].Tourism Management，2001（22）：146.

危机管理战略的建立和实施需要合作模式，并建立组织机构来确保其实现。该团队必须与各相关组织有机合作，使旅游业活动预案纳入整个体系中；（2）协商（Consultation）。为保证实现最大协同效应，旅游业内部、产业链之间及广泛的社区计划必须建立在与其他战略如旅游营销战略、城市规划和区域经济发展规划等协商一致的基础上；（3）承担责任（Commitment）。如果没有各方承担责任并付诸实施，无论多么完善的预案和协商机制都毫无意义。因此，所有预案必须标明应采取的行动、沟通和教育项目，从而保证所有参与者了解其职责。

在Faulkner理论基础上，目前激活旅游市场的要素包括五个方面内容，即5C 理论：合作、协调、承担责任、沟通和公众参与[①]。

合作（Corporation）。危机促成合作，近年来旅游危机及应对实践显示出合作的重要性：一是全球合作。在危机的救援和激活市场活动中，通过全球合作，一方面可以获得更多的理解、同情和支持，提升受灾区的复原力；另一方面可以提高危机救援效率，降低救援成本。如2008年全球金融危机后和2010年欧洲信用危机后，国家合作机制起到了重要的作用。国家合作框架包括：联合国及其全球性国际组织（国际红十字会等）、国际旅游组织（世界旅游组织）、区域性旅游组织（亚太旅游协会等）。危机管理的理想状态是将危机消灭在潜伏期或萌芽期，这有赖于相关部门对危机发生的可能性、危机强度、发展趋势、可能冲击结果进行预测和预报的能力。在世界一体化的今天，这些活动的开展单靠一个或几个国家已不太可能，因此，有必要构建全球性的政府和非政府危机应对体系，降低危机发生的风险和预警成本；二是与旅游关联部门的合作。由于旅游业的综合性，危机不仅仅对旅游业本身产生冲击，也可能将目的地的全部经济和管理部门置于危险中。在危机困难时期，包括政府、交通、安全部门、行业协会和工会组织间的相互支持和合作尤为重要。必须将旅游危机应急预案纳入整个社会体系中；三是公共部门与私人部门的合作。公共部门和私人部门的合作关系对于形成和实施相应的恢复措施至关重要。许多旅游目的地危机研究报告呼吁私人和公共部门联合应对危机[②]。Pizam 对旅游目的

---

① 谷慧敏 . 旅游危机管理研究［M］. 天津：南开大学出版社，2007.

② Pratt G. Terrorism and tourism：Bahamas and Jamaica fight back［J］.International Journal of Contemporary Hospitality Management，2003，15（3）：192–194. Hatty H，Hollmerier S. Airline strategy in the 2001/2002 crisis—the Lufthansa example［J］.Journal of Air Transport Management.2003，9（1）：51–55.

地300多个有关犯罪和暴力的案例研究发现，激活旅游市场必须包含私人和公共部门的合作关系，还应包括其他的社区组织[①]。为了应对近年来发生的危机，“旅游联合体”已成为国际上颇受欢迎的形式；四是竞争者之间的合作。由于旅游产品的可替代性强，因此，竞争者往往从其他旅游目的地危急中获利。一些国家和企业，可能企图从其他旅游目的地的危急中牟取暴利，进行具有破坏性的价格或实行保护主义，导致因竞争不足出现旅游市场的整体质量下降，进而影响所有旅游目的地和旅游业的发展。因此，应该提倡竞合精神，促使旅游业可以尽早从危机中解脱出来，并提高其适应能力。

协调（Coordinated）。危机各阶段的管理和激活市场需要旅游目的地政府、企业、社区居民、旅游者等所有利益相关者的多方配合。为了实现最大的协同效应，旅游业与外部环境系统、旅游系统内部各子系统之间必须进行有效合作。

承担责任（Commitment）。危机应对是否有效，除了制订危机应急预案外，重要的还在于明确职责与权利，建立相应的法律、技术等体系。一是建立相应的组织体系并设专人进行危机分析、预测和应急管理。在国家层面，政府通常指定具体的公共部门执行危机预防和加速振兴的职能，如“危机委员会”[②]。由于各国旅游管理体制不同，政府和私人部门在旅游危机中发挥的作用也不尽相同[③]。中国、日本、韩国、泰国等国家倾向于政府主导型。加拿大、澳大利亚和墨西哥等国家，通过法律成立了国家级旅游组织，集中代表旅游部门的利益，因此得到产业界的足够支持，从而有利于这些国家的旅游业适应形势并很快进入市场中；与此同时，建立一个确保资源更有效利用和让更多成员了解更有针对性的信息协调机构也十分必要。世界旅游组织下属的“市场信息中心”和“旅游恢复委员会”已在此方面扮演着重要角色，它们在这一重要任务中，积极争取所有成员的支持并广泛邀请其他非成员加入，在沟通信息、建立和恢复旅游者信心和帮助旅游企业恢复生产方面开展了大量工作。二是建立相应的技术与基础设施体系。建立危机管理的技术与基础设施体系，是旅游市场得以激活的前提。包括法律框架、公共沟通、物质保障、财政

① Pizam A，Mansfeld Y.（eds）Tourism，Crime and International Security Issues［M］.New York：John Wiley & Sons，1996.

② ［德］德克·格莱泽.旅游业危机管理［M］.安辉译.北京：中国旅游出版社，2003.140.

③ 匡林.旅游业政府主导型发展战略研究［M］.北京：中国旅游出版社，2001.

及社会救援等体系，构成一个整体的危机管理体系。通过法律框架保证在突发性危机发生时政府和社会的总体动员能力和利益冲突时，为维护总体利益而采取的强制性措施的实施，如迁移居民、限制旅行等，通过公共沟通体系，保障信息沟通的准确、公正、透明和及时，维护危机冲突各方的利益；通过建立物质保障、财政及社会救援体系，保证危机产生时的社会应对能力，这是一个社会综合实力的体现。我国颁布的《国家突发环境事件应急预案》，使得我国对突发性危机事件的应对有了总体的法律框架。

沟通（Communication）。通常，经历危机的旅游目的地不仅要遭受实际的物质和经济损失，同时还要遭受由于媒体对危机的夸大报道而在潜在旅游者心目中造成的感知损失。这类夸大的报道会严重损害旅游目的地的形象。危机的严重后果很大程度上是由全球媒体的炒作和许多国家的过度反应所致[①]。沟通的根本任务在于通过传递相关信息，借以影响与引导公众和旅游者行为、观点和预期。有风险沟通和危机沟通两种方式。风险沟通是一种长期的沟通方法，目的是在风险背景下，建立与旅游者、公众和产业等利益相关者的信任和理解。风险沟通往往可以通过利用有效的沟通策略使危机产生的后果最小化，在产品重新上市时，维护其原有的可信度；风险沟通具有预防性，提醒人们那些可能被忽视的风险，介绍如何采取防范性措施，增强旅游者对风险的承受能力，旨在规避危机的发生或减轻危机产生的消极影响。危机沟通是危机发生时突然开始的应急性沟通，具有防御性和进攻性的双重特点。目的是应对危机状态下各利益相关者对信息的需要。危机沟通的目的在于保持信息的畅通，减少危机引发的震惊和消极反应。采取何种战略和何时启动危机沟通，取决于组织对危机的判断和决策。

由于信息对旅游目的地形象的作用，旅游目的地和企业通过有效沟通来维护旅游者信心至关重要。面对危机，首先要建立统一的信息中心进行积极、主动的正面宣传。危机发生后，必须立即启动信息中心和新闻发布系统。其次要积极

---

① Coxe D.The new “infodemic” age：Epidemic fears fuelled byb modern media cause disproportionate devastation.Maclean’s，2003，June 9，36；Chan，N.W. Flood disaster management in Malaysia：An evaluation of the effectiveness of government resettlement scheme［J］. Disaster Prevention and Management，1995，4（4）：22–29.

借助新闻媒体，组织正面宣传。最后要通过法律手段保证沟通的及时、透明和准确。必要时需要运用法律手段保证信息发布方和接受者的权利，使信息得到有效传播。

公众参与（Community involvement）。公众参与是应对危机的基础。社会力量的参与，一方面可以缓解危机在公众中产生的负面影响，使公众了解真相、消除恐惧，起到稳定社会、恢复秩序的作用；另一方面降低政府救援危机的成本，由于社会力量参与，信息通道畅通，政府决策的可信度提高，政府政策的制定和执行成本降低。为此，首先要培养和强化公众的危机意识；其次要动员社会的参与。托夫勒认为，政府往往采用两种方法：一种是政府机关不断增加政治家、官僚、专家和计算机，设法进一步加强政府这个中心；另一种是让“下面”或外面做出更多的决定以减轻政府的负担，随着公民对公共政策需求反应性的提高，对中心治理多元化的需要，政府建立分权性质的危机管理体系成为可能。最后要强化公众和旅游者在危机中的义务。建立强大的社会应对能力的核心在于公民自身的社会群体责任。危机期间的一致性与决定性具有重要的意义。

第二节　国外旅游市场复兴经验启示

一、世界旅游组织（WTO）应对旅游业危机的措施

2001年，美国“9·11”事件使世界旅游业受到了严重的冲击，各国都在积极采取各种措施以减轻旅游业所遭受的损失。世界旅游组织（WTO）第14届全体成员大会提出有必要在全球范围内开展沟通和协调工作，并由此成立了一个危机委员会（后更名为“旅游恢复委员会”）以帮助各国恢复旅游业。这是第一个介于政府之间和在全世界范围内处理旅游业危机管理问题的委员会。该委员会制定了相关旅游恢复、应对危机的措施：（1）召开全体成员大会，研讨全球重大危机及其对世界旅游业的巨大影响的问题，并为成员国提供各种危机救援和恢复重建帮助。（2）出台一系列针对旅游危机的分析报告，为成员国及其他组织提供旅游危机信息服务。包括：《旅游安全的建议措施》《安全旅游目的地简化模型》《对值得信赖的旅游咨询的建议》《旅游安全手册》和《旅游危机管理指南》等。（3）与其

他组织合作，协调危机应对和救援活动。寻求国际间的密切合作历来是世界旅游组织认为解决危机所必不可少的条件之一。如SARS 危机时，旅游恢复委员会与世界卫生组织密切合作；应对印度洋海啸危机时，与亚太旅游协会及其他相关的旅游组织密切合作。（4）提供相应的统计及分析工具。必要的分析工具和预警系统是应对危机必不可少的。世界旅游组织与世界旅游理事会使用旅游卫星账户统计系统，对各种危机造成的影响进行分析①。

因此，世界旅游组织所采取的应对危机模式具有一定的及时性和前瞻性，对危机能迅速反应，发布各种分析报告和预测，为受灾国提供信息和建议。

二、新加坡旅游业应对东南亚金融危机的措施

1997年年底金融危机和环境灾难对东南亚地区产生了影响，使亚太地区国际旅游的增长步伐放缓②。东南亚金融危机使得印度尼西亚、马来西亚、菲律宾和泰国的货币和金融市场都受到货币大幅度贬值的影响，各国进入严重的经济萧条期。韩国、新加坡、中国台湾地区和香港地区的经济发展也受到影响。

新加坡政府和私人部门为了尽快从危机中走出，减少危机的影响，对1997—1998年危机的应对及采取的激活市场措施有：

（1）信号探测/准备和预防。新加坡和该地区其他国家的旅游业没有预料到1997年的金融和环境危机。危机发生前出现的金融和环境问题征兆没有引起关注。相关的组织包括国家旅游组织不能预期经济的发展，促使危机的发生。国家应对外部危机的能力有限，行业对汇率波动及其大气污染无能为力。因为以上两者都无法控制，因此，预防并非首选。相关组织制订一些计划应对特定灾难（空难），但没有制订相应计划应对金融和环境危机。

（2）控制危害。国家旅游组织代表整个旅游业负责目的地市场营销、研究和发展，在旅游危机管理中起着重要作用。新加坡旅游委员会表现明显。旅游委员会起初传达了乐观的信息，发布危机对旅游影响不大的积极声明，并希望“庆祝新加坡”的活动能弥补旅游收入的损失。旅游委员会声称一直与境外机构保持联系，及

① ［德］德克·格莱泽．旅游业危机管理［M］．安辉译．北京：中国旅游出版社，2004. 4；谷慧敏．旅游业危机管理研究［M］．天津：南开大学出版社，2007.

② WTO.WTO News release，March ~ Aril 1998，Spain：World Tourism Organization，1998.

时通告污染水平，要求人们特别是老年人及呼吸困难者推迟旅行计划。委员会与旅行社协会、新加坡航空公司等共同探讨所要采取的对策。地区性合作这一时期显示出重要作用，东南亚各国的国家旅游组织通过海外机构网络开始发布联合声明，试图阻止破坏性的报道。每周向世界范围内的旅行社、航空公司、大使馆和商业团体公布东南亚各国城市的情况，涉及天气、火灾及烟雾引起的大气污染情况。为应对烟雾污染，新加坡景区协会在30个成员间充当协调者，并与政府和旅游委员会建立联系。

（3）恢复阶段。旅游委员会的海外机构与旅游经营商在危机发生后，开展大市场促销活动，包括奖励计划和市场营销计划。如开展新的促销和推销低价的包价产品，同时邀请记者、国外旅游经营商和旅行社代理商到新加坡实地考察。委员会内部建立任务小组分析现有市场和新市场的发展潜力。委员会用设计的模型来衡量市场的现有和未来价值，为决策提供依据。由政府和私人部门代表组成其他任务小组负责品牌、降价策略、市场细分、战略活动、政府支持、经济联合及采用新方式推销新加坡。这些努力有助于减轻危机产生的不利后果。

总之，自1997年下半年以来，新加坡旅游业遭遇了一系列不可预测的挑战，东南亚金融危机和环境危机，暴露了旅游业发展中的问题。旅游业在面对外部危机时，必须实施合作和协调政策，需要政府和私人部门之间和各国之间相互合作、联合行动，重点是对危机做出快速反应，维护旅游目的地的安全形象和消费者信心；同时，加强海外市场促销，关注传统市场的同时必须积极开发新兴市场和细分市场。这一切努力都是对危机管理的学习，有助于减轻危机产生的不利后果。

三、世界金融危机以来一些国家复兴旅游业的措施

2008年世界金融危机对全球旅游业冲击较大，为此，世界旅游组织建立了由30多个组织和协会组成的“旅游突发应急网络”（TERN），同时定期交流与公布相关信息，使世界各国的游客掌握最及时、最准确的形势变化。与此同时，世界各国政府也积极采取应对措施，刺激旅游消费市场，振兴本国旅游业的发展。

1. 埃及

世界金融危机后，埃及接待游客大量减少。为刺激旅游增长，埃及旅游部制定

了一套应对国际金融危机的策略，其中重大的措施包括：

第一，成立专门的旅游发展机构。埃及旅游部在其下专门成立一个应对金融危机的专门工作小组，该工作小组每3个月进行一次形势分析，根据新情况制定相应的政策。

第二，及时调整旅游发展方向。为刺激本国国内旅游消费，埃及将旅游发展重新定位为中低端休闲旅游度假目的地，不走高端市场路线。

第三，免除或降低相关费用。为扶植旅游发展，埃及民用航空部同意降低旅游包机的机场起降费，并全部免除在3个月之内前往指定目的地达11个班次以上包机的机场起降费。与此同时，埃及旅游部决定自2009年起免除各大旅馆往年向国家旅游促销局缴纳的促销费。

第四，加大促销力度。埃及加强了对传统市场——欧洲市场的广告宣传力度，同时继续积极参与各种国际展览，包括10个大型旅游展和200多个地区性旅游展，借此吸引了大量来自欧洲的游客。

2. 越南

第一，启动“印象越南”全包式优惠旅游计划。越南旅游总局启动“印象越南”全包式优惠旅游计划。在2009年1—9月间一期计划将把99个具有典型代表性的旅游产品，以优惠30%~50%的价格推向市场，这项计划涉及航空、酒店、服务等多个领域。参加这一计划的旅游公司同酒店、客运、航空等行业共同开发优惠旅游项目，以较合同中约定的价格优惠30%~50%的价格提供服务[①]。

第二，加大对旅游业的财政支持。越南政府从财政上对旅游振兴计划的实施给予了支持。主要是减征增值税方面的支持，具体从2009年2月份起至年底，政府对部分旅游服务产品减征50%的增值税，同时可延期9个月缴纳。还有政府财政支持，对拥有丰富旅游资源的广南省支出40亿越南盾（约合22.8万美元）用于旅游新产品的开发和宣传。

第三，组织各项旅游节庆活动，因地制宜开发特色旅游。越南旅行社还加大了邮轮旅游的组织力度，吸引外国游客乘坐“漂浮的五星级酒店”到越南旅游等。各地方还纷纷行动起来用具有当地特色的旅游项目吸引国外游客，如西部高原地区

① 赵青．越南多项措施搞活旅游市场［N］．经济日报，2009.

的大叻鲜花节、多乐咖啡节、岘港烟花节、芽庄海洋节、芹苴湄公—日本文化旅游节、广南省的越日、越韩、越老文化交流活动等。

第四，加大旅游宣传推介力度。一方面，在互联网上开设了越南旅游宣传网页，并和各家旅游公司、酒店网页建立了链接，同时通过国外一些重点市场的传媒，广泛宣传越南的优惠旅游计划。另一方面，邀请国外旅行社、媒体到越南考察，进行宣传报道。越南已邀请法国、希腊、德国、奥地利等国的12家旅行社代表到越南考察旅游线路。

第五，加强中越旅游区域合作。越南积极与中国开展合作为旅游进行促销。中越联合召开两国四地旅游市场营销国际合作会议，并签署了合作备忘录计划联合打造“香港—南宁—下龙—河内”旅游，采用“一程多站”的旅游方式，在旅游产品建设、旅游市场营销方面加强合作，并形成区域旅游营销联盟关系。

3. 新加坡

2008年世界金融危机发生后，新加坡政府为了恢复振兴旅游业实施了以下举措：

第一，推出“旅游业抓紧机遇加强发展计划”（BOOST计划）。新加坡旅游局推出总值9000万新元（1新元约合0.66美元）的“旅游业抓紧机遇加强发展计划”（BOOST计划），通过宣传攻势、价格促销及资金援助等多种方式协助旅游业者渡过难关。

第二，加大旅游宣传力度。2009年2月，新加坡旅游局将以“och2009个享受新加坡的理由”为主题在全球范围内展开为期一年的宣传攻势，大力吸引外国游客。另外新加坡旅游局首次利用网络媒体展开促销，在社交网站Facebook推出为期3个月的“免费遨游新加坡”的网上优惠，送出总值50万新元赴新加坡旅游的机票。

第三，鼓励本地居民旅游。旅游局积极发展本地居民旅游，吸引新加坡本地客源，从2009年2月开始，连续3个周末送出2009张门票，让本地游客免费游览飞禽公园、圣淘沙、摩天观景轮、国家博物馆和乘船游河，并鼓励国外的亲戚朋友来新加坡旅游。

第四，加大对会展业的支持。为促进旅游发展，设立专门的援助资金，支持主办展览与会议（MICE）业者，帮助其在经济艰难时期仍有实力招揽项目，保持区域市场竞争力，扩大顾客网络。

第五，加强旅游从业人员资助。新加坡旅游局从2009年起，豁免导游和本地旅行社执照费2年，受益旅行社及导游分别超过800家及1800人。此外，还出台了“新旅游业专才培训计划”，使旅游从业者享有90%的国外培训津贴，鼓励业内人士赴国外进行业务培训，提升业务素质。

第六，加强与印度旅游合作。2009年8月，新加坡与印度签署了关于旅游促进的联合行动计划，双方将开展联合营销行动，双方拟在邮轮旅游、健康旅游、乡村旅游等方面深入合作。

4. 美国

为了应对金融危机，2008年9月26日，美国众议院通过了旨在通过发展旅游增强美国经济的旅游促进方案。具体措施有：（1）出台“旅游促进法”，旅游促进法将产生数以百万计的新游客，每年至少80亿美元的新游客的消费。（2）国际旅游促进计划，预计产生以百万计的新游客、80亿美元的额外支出和8.5亿美元新的联邦税收。（3）吸引新的游客到农村地区，主要是新的旅游目的地，如北部的密歇根州。（4）成立一个独立的、非营利性旅游促销机构，由美国商务部长任命由15名成员组成的董事会。（5）成立旅游促进基金，经费由财政部拨款和私营工业捐款而得。

四、国外经验的借鉴意义

1. 发挥政府的主导作用

德罗尔认为，政策若要取得效果，必须达到一个适当的临界质量，足以对其对象产生预期的作用。它实际说明危机管理中政策制定的目标与危机可能解决目标之间存在选择问题①。从政府角度看，各级政府组织必须运用所有政府资源开展危机救援，尽力恢复目的地社会的稳定，为恢复旅游者的信心建立基础；同时扶持受冲击最大的业务部门，保护旅游业的经营能力，促进旅游产业振兴。

因此，在应对危机时，政府要从长远和整体角度出发，把握危机的规律，建立完善的危机管理机制。具体表现为：危机发生前，政府应建立完善的应急体系，制订相应的计划；危机发生时政府和旅游组织应开展积极有效的沟通行动和应对措施，帮助旅游者重建信心；危机发生后，要给予旅游企业以财政和金融支持有助于

① 丁煌 . 西方行政学说史［M］. 武汉：武汉大学出版社：1999.287–289.

恢复企业的活力。

2. *形成面向全社会的旅游公共风险沟通机制*

世界旅游组织发布的《旅游业危机管理指南》提出，基于诚实和透明之上的良好的沟通是成功的危机管理的关键①。现代政治经济学表明：社会的自主能力和信息的公开程度是成正比的，一个社会的信息越公开，社会的自主能力就越强，社会就越稳定。公共风险沟通机制包含两个方面：一是政府内部的沟通机制；二是政府外部与大众之间的公众沟通机制，目的是让公众意识到有关风险，提高他们的风险认知和警惕性，还要帮助他们建立应对未来风险的信心。新加坡之所以能处理好危机事件，除了重视政府对旅游危机的控制和管理外，新加坡还注重调动媒体、旅游警察、老百姓等。旅游业在面对外部危机时，必须实施合作和协调政策，需要政府和私人部门之间和各国之间相互合作、联合行动，重点是对危机做出快速反应，维护旅游目的地的安全形象和消费者信心；同时，加强海外市场促销，关注传统市场的同时必须积极开发新兴市场和细分市场。这一切努力都是对危机管理的学习，有助于减轻危机产生的不利后果。

3. *旅游企业对激活旅游市场的作用*

旅游企业是旅游产业组织的主体，是保证旅游业发展的物质基础，也是危机冲击成本的直接承担者。在缺乏危机应对措施的旅游目的地，总是伴随着周期性的旅游企业破产、倒闭，使得旅游企业经营呈现出危机冲击、产业萧条、供给激活、正常经营、繁荣、新的危机的周期性发展。旅游企业在危机中为了求生存和发展，必须做到：（1）树立危机意识；（2）开展危机应急；（3）保持危机后的业务连续性；（4）利用“创造性破坏”，促进产业结构升级。

第三节 后危机时代旅游业恢复体系三阶段流程的建立

我国学者霍士富在罗伯特4R模型基础上提出危机管理三阶段理论，包括：危机前、危机发生时和危机结束。第一阶段，企业应做好防范工作，建立早期警报信息

① 陈志军，杨洪．从国际视角看新世纪中国政府旅游危机管理［J］．湖南工程学院学报（社会科学版），2011（6）．

系统，尽早掌握公司能够预测到的危机信息；第二阶段，企业应把损失控制到最低点，制定危机对策；第三阶段，企业应制定恢复的措施和实施方案[①]。本书在此基础上对各阶段进行分解和细化（见图7–3）。

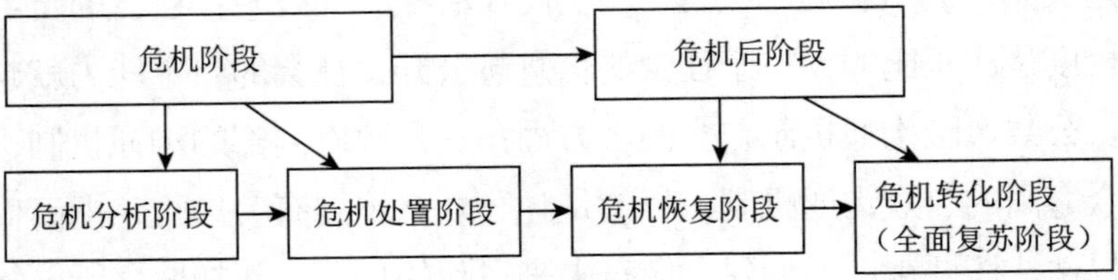

图7–3　旅游危机应对、恢复体系分解流程图

本书对危机恢复的“三阶段模型”分解是建立在时间序列基础上的，分解后的四个阶段按照危机进行的时态先后分为：危机分析阶段—危机处置阶段—危机恢复阶段—危机转化阶段四个阶段，具体介绍如下：

（一）危机分析阶段

旅游危机发生后，首先需要对危机进行分析，包括危机的性质、范围、规模、影响及可能造成的危害程度。其次，在此基础上制订相应的处置方案。再次，对危机进行实时监测、跟踪、预测危机发生的方向和趋势，并对危机可能产生的后果进行评估。最后，提出处置危机的方案。

该阶段的主要内容包括：深度分析、加强沟通、随机应变。其中，深度分析是相对第一阶段里的危机预警分析而言的，主要是对危机已造成的影响进行评价和分析，为处置危机奠定基础。

（二）危机处置阶段

在上一个阶段的基础上开展危机处置，包括有效的沟通体系的建立，信息透明化、公正化；宣传城市旅游形象的重塑；帮助和指导旅游企业有效控制和遏制危机。该阶段的主要内容是：实施应急预案、管理危机、加强沟通、随机应变。其中，实施应急预案可以稳定民众心理，保证行业为危机时的各项工作顺利进行。管理危机

① 霍士富．危机管理与公关运作：理论、实务与事例［M］．台北：超越企管顾问股份有限公司，1996.12.

是危机处置阶段的重点，管理危机有利于改变民众生活方式（部分的）、恢复民众信心、控制损失、反应、隔离危机、危机后处理。

（三）危机恢复阶段

危机恢复指旅游危机造成的损失和影响已经达到顶峰，不再造成更大的损失，并呈现下降趋势。但由于危机造成的影响会持续一段时间才能恢复，这个阶段应加大形象重塑和宣传力度，致力于消除公众和旅行商的疑虑，着力于市场的恢复，努力把危机带来的负面影响延续时间缩短。

（四）危机转化阶段（全面复苏阶段）

在危机过后通过采取积极综合性的措施，化解危机带来的不良影响。另外，在这一阶段要总结经验教训，努力消除危机发生的根源，以免再次发生。危机转化阶段的目的是促使旅游业由危机状态向平稳状态过渡；是对于被危机迫害的旅游资源的二次开发，趋利避害、转危为机。同时，该阶段能够回顾整个危机的全过程，有利于总结经验教训。

该阶段的主要内容包括：转化、总结与学习、加强沟通。其中，转化是指采取积极综合性的措施，降低危机的负面影响，淡化人们对危机的负面印象。总结与学习主要指旅游行业管理层、旅游企业对危机进行系统、深入的总结，归纳出应对危机的经验和教训。加强沟通指在危机后，区域内旅游企业间进行互通信息，经验共享，对在危急中不同应对措施、方法进行相互间的学习和交流。

第四节　世界金融危机以来我国政府所采取的应对政策

金融危机以来，全球旅游消费需求出现了下降趋势，旅游企业也感受到了资金的紧张。世界旅游组织分析认为旅游市场将有进一步下降的可能，经济衰退带来的影响将会显现，消费者有可能削减旅行支出。为应对目前金融危机可能给旅游业带来的影响，联合国世界旅游组织专门成立了复苏委员会，为各成员国提供准确的经济形势分析报告并在建立响应机制上给予帮助。

在后金融危机背景下，我国政府应积极采取措施，加强宏观调控，针对我国旅游业的现状，制订复苏计划，成立专门的机构为我国旅游企业提供客源市场最新信息，帮助他们采取必要的应对措施，以保证我国旅游业健康稳定地发展。

一、实施积极的财政政策和稳健的货币政策，推动我国经济的复苏和增长

在国际金融危机趋向长期化和中国经济震荡中前行的背景下，我国政府积极主动应对，从2008年起，围绕这一轮国际金融危机的爆发、蔓延和变化，我国的宏观经济政策格局大致经历了“积极适度宽松配”和“积极稳健配”。前者系2008—2010年所实施的积极的财政政策和适度宽松的货币政策相搭配；后者系自2011年起实施的积极的财政政策和稳健的货币政策相搭配①。财政政策致力于综合运用多种手段，较大幅度地扩大政府投资，增加政府公共支出；增大财政支出中用于基本建设投资的规模，适当扩大财政赤字，适当增大国债发行规模。优化财政支出结构，保障改善民生，促进经济社会和谐发展；实行结构性减税，适当减轻居民的税负，减轻企业负担，加强企业活力；适度宽松（稳健）的货币政策，则是鼓励商业银行根据区别对待、有保有压的原则，积极向企业和建设项目提供必要的信贷，促进货币供应总量的合理增长，促进资本市场和房地产市场的健康发展，改善和引导市场预期②。

2008年金融危机以来，实行的适度宽松的货币政策特点是货币发行过多，流动性泛滥，尽管这种政策在危机时期对保持经济增长起到不小的作用。2009年以来，流动性泛滥不仅推高了国内资产的价格，也推高了整个经济的物价水平，国内CPI上涨也就成了一种必然的趋势。稳健的货币政策就是要保证银行体系向市场流动性释放适度（如M2增长维持在15%水平），而且要保证流通中的货币量与商品及服务交易量之比在一个合适的水平。稳健的货币政策也包括了有效利用各种货币政策工具，特别是要加快中国金融体系的改革（包括汇率制度）及利率市场化的步伐，通过有效的价格机制及政策工具引导货币信贷回归常态。

围绕扩大国内消费、促进相关投资为基本主力点，我国政府又相继采取了一系列措施：2008年11月5日国务院常务会议确定进一步扩大内需促进经济平稳较快增长的十项措施；2009年制定了“4万亿”的经济刺激计划，其中用于铁路、公路、机场等基础设施建设1.5万亿元（占38%）、地震重灾区的恢复重建投资1万亿元（占

---

① 高培勇．复杂多变经济形势背景下的宏观政策抉择［J］．财贸经济，2013（2）：5-12.

② 北京市旅游局课题．世界金融危机以来北京市旅游局采取的应对政策措施所产生的经济与社会效应分析研究，2009 年 10 月，成员：宋瑞，戴学峰，廉月娟等。

25%）、民生工程 4000亿元（占10%），分列前三位；2009年1月中旬到2月底，国务院常务会议陆续通过了汽车、钢铁、纺织、装备制造、船舶工业、电子信息、石油化工、轻工业、有色金属和物流十大产业振兴规划。

二、完善相关消费政策，不断优化消费环境

在促进经济增长的各项政策措施中，扩大国内需求被作为主要着力点，尤其是居民消费需求受到高度重视，为此中央强调要大力培育消费热点，改善居民消费预期，增强居民消费意愿，完善相关消费政策，不断优化消费环境。其中农村消费受到了格外的关注。从2009年2月1日起，将家电下乡从10多个省区市推广到全国，同时把摩托车、电脑、热水器（含太阳能、燃气、电力类）和空调等产品列入家电下乡政策补贴范围。

三、调整旅游业产业结构、优化产品体系

金融危机给我国入境旅游带来了前所未有的困难，同样给我国旅游业调整产业结构、优化产品体系带来了机遇。

加大对旅游基础设施、公共服务设施的投入力度。为了应对全球金融危机的袭击，我国采取10项措施，到2010年投资4万亿元人民币，这对我国旅游业来说，是一个十分难得的机遇，是完善我国旅游基础设施和旅游公共服务设施建设、提高旅游综合配套水平的最佳契机。

培育新的旅游增长点。对旅游产业结构的调整和线路产品的创新，以市场机制为主要手段，组建现代旅游企业集团和建立经营合作网络的契机。进一步规范旅游市场秩序，保持从业人员队伍稳定，并加强旅游业自身能力建设，增强旅游业抵御风险和应对突发事件的能力。同时加快国际旅游人才和外语导游人才的培养。

全面贯彻依法治旅，优化旅游业法制环境。市场经济本质上是法制经济，法的生命在于实施。各级旅游部门要面向社会、面向政府、面向行业，提前做好《旅游法》的整体宣贯计划。加强旅游执法队伍建设，提高旅游执法水平。

第五节　金融危机以来我国国家旅游局所采取的应对政策和措施

旅游作为人类的社会经济活动，首当其冲会受到金融危机的冲击。根据世界旅游组织的预测，金融危机有可能使全球旅游业进入继20世纪70年代初石油危机、80年代初世界经济危机之后的第三次大低谷。对我国而言，金融危机对旅游业的影响，早在2008年3月份就开始显现。作为我国最大的两个入境客源国（韩国、日本两大客源市场约占外国客源市场的1/3），韩国、日本从3月份开始一路下滑，直接导致外国客源市场出现低迷。随后，其他主要客源市场也相继出现下滑。与此同时，受国内经济下行压力加大的影响，居民旅游消费预期减弱，国内旅游也面临挑战。金融危机同时导致旅游投资明显放缓，旅游企业收入下滑，部分旅行社减薪或裁员，一些从业者面临失业的威胁。面对如此形势，国家旅游局根据中央政府的总体部署，积极采取各项应对措施。

面对金融危机，国家旅游局明确了长期性、战略性、全面性、宏观性工作思路，以提振市场信心为主攻方向，提出：要充分用好国家扩大内需新政策，放大政策效应；提升产业实力，完善供给体系，提高应对危机的硬本领；及时将三大市场发展政策调整为“全面发展国内旅游、积极发展入境旅游、有序推进出境旅游”，更加突出“满足内部外部两种需求、利用国内国际两个市场”的战略统筹，使国内旅游回归其优先地位；以整体旅游形象宣传为核心，重点开展针对主要入境市场的宣传等。

一、促进国内旅游发展

面对新的形势，国家旅游局积极研究制定“国民休闲计划”和“国民休闲发展纲要”，同时大力支持广东、山东等地方先行先试，实施“国民旅游计划”，不断扩大旅游消费，促进国内旅游发展；积极推动实施了多项国内旅游发展计划，鼓励乡村旅游、农民旅游、工业旅游、休闲旅游等活动快速发展；降低景区门票的价格，减除高门票价格对开展国内游的阻碍，推动和鼓励各地方发放各式各样的旅游消费券等。

二、加大旅游发展投资

为刺激旅游经济增长，国家旅游局认真落实中央加大投资促进经济增长的措施，加大了对旅游基础设施、公共服务设施、乡村旅游的投入力度，加大对西藏、青海等藏族聚居区旅游基础设施建设的支持力度，加快地震灾区旅游业恢复重建。同时，加强旅游投资项目库建设，吸引国外大型旅游企业和旅游投资商，引导社会资金加大对旅游业投入，一批重大旅游基础设施和项目陆续建设。

三、加强国家旅游宣传

国家旅游局宣传中有两项重大的举措。其一是推出国家旅游线路。2009年国家旅游局确定了“丝绸之路”“香格里拉”“长江三峡”“青藏铁路”“万里长城”“京杭大运河”“红军长征”“松花江—鸭绿江”“黄河文明”“长江中下游”“京西沪桂广”“滨海度假”12条线路作为首批中国国家旅游线路备选名单，借此进一步加强国际国内宣传促销和市场推广，引导海内外游客旅游流向，打造一批旅游热点线路、热点地区和热点产品。其二是开展“全国百城旅游宣传周”大型宣传推广活动，以此带动国民旅游消费热情。据统计，全国共有31个省区市和新疆生产建设兵团的186个城市参加了“宣传周”活动，各地旅游局组织主要旅游城市进行跨区域互动宣传促销活动。各地旅游局组织旅游企业进社区、下乡镇进行旅游宣传和促销活动，以此为契机，进一步凸显旅游业在扩大内需、拉动消费、保障民生中的重要作用。

四、开拓国际旅游市场，加强国际旅游合作

面对国际旅游需求显著减少的形势，国家旅游局一方面积极实施《入境旅游发展计划》，继续大力开发国际市场；另一方面，继续加强国际的旅游合作，大胆探索新的国际旅游合作机制，与世界各国和地区广泛开展交流合作，促进客源互送，实现合作共赢。

五、扶持旅游企业发展

旅游业中小企业较多，在世界金融危机的冲击下面临的困难较大。为促进旅游业

发展，国家旅游局立足于减轻旅游企业负担，帮助企业用好国家鼓励节能减排、技术改进和扶持中小企业发展的各项优惠政策，出台饭店、旅行社和景区等旅游企业享受相关优惠政策，帮助企业渡过难关。此外，国家旅游局还加强旅游公共服务体系的建设，加强旅游经济运行监测，从2009年开始定期发布旅游经济运行季度预警信息，有利于提振旅游企业的信心，引导旅游企业经营，增强旅游行业抵御风险的能力。

第六节　后金融危机时代我国旅游业恢复的政策建议

一、重视旅游业发展，充分发挥政府职能，政府积极作为

2009年12月国务院发布《关于加快发展旅游业的意见》，提出把旅游业培育成国民经济的战略性支柱产业和人民群众更加满意的现代服务业，标志着我国已经把旅游业的发展提到日程上。随后，国务院发布了《关于推进海南国际旅游岛建设发展的若干意见》，给予了海南更加开放和便利的签证政策，有效地拉动了海南入境旅游发展。2012年2月，中国人民银行、发展改革委、旅游局、银监会、证监会、保监会、外汇局七部委联合发布《关于金融支持旅游业加快发展的若干意见》，进一步加大金融支持实体经济力度，支持和促进旅游业加快发展[①]。

《中共中央关于制定国民经济和社会发展第十二个五年规划的建议》明确提出“把扩大消费需求作为扩大内需的战略重点”和“把推动服务业大发展作为产业结构优化升级的战略重点”，将“积极发展旅游业”作为建设现代产业体系的重要内容。国家层面的旅游营销继续发挥主导作用，旅游形象口号和标识设计与推广提振了国家整体宣传力度，“中国旅游日”的确立对加强境外认知具有标志性的意义，地方旅游营销的主动性和积极性正日益提升。

二、完善旅游危机预警和应急等相关法律，确立执法依据

运用法律手段实施有效的旅游危机管理是世界各国的普遍经验。实践证明，将

① Gamze Goren, Cities Climbing to the Summit, The Turkish Perspective, July- August 2011, Issue5, 14. 2《国务院关于加快发展旅游业的意见》中国网：http://www.china.com.cn/policy/txt/2009-12/04/content_19005236.htm，2009-12-20。

旅游危机管理纳入法制化轨道，建立一整套相互匹配、协调运作的法律法规体系有利于保证旅游危机事件应对处理措施的正当性和合法性。具体包括，制定旅游危机前、旅游危急中和旅游危机后的相关对策。

1. 制定国家突发性旅游危机应急预案

制定国家旅游危机管理的整体战略和政策用于指导各级政府和整个社会旅游危机管理体系的重要组成部分。目前，我国旅游危机管理已纳入国家战略和政策体系中，国务院于2006年1月8日颁布了《国家突发公共事件总体应急预案》。2007年11月1日我国第一部应急管理的综合性法律《中华人民共和国突发事件应对法》正式施行。

2. 建立旅游产业风险评估和风险预警体系

主要通过建立旅游卫星账户，准确测量危机事件对旅游产业及国民经济的影响，还要对主要旅游目的地、旅游产业运营指标进行监控，定期发布我国旅游产业景气指数，引导旅游行为。

建立针对旅游目的地的灾害（地质灾害、气候灾害）预警体系，以减少灾害给旅游业带来的风险。借鉴美国针对恐怖袭击所建立的国家恐怖主义危机警报系统的做法，针对突发性危机事件建立警报制度，以建立政府与社会公众的沟通，提高政府应对危机能力。

建立针对国际旅行的旅游危机警告发布机制，参考美国、英国、德国、澳大利亚等国家的旅行警告体系，为保障我国公民的旅行权利，在外交框架基础上，建立公民出国旅行警告发布制度，作为出境旅游的基本政策。

3. 建立和完善政府旅游危机应急组织体系

旅游危机管理是各级政府、政府部门的职责，要把外交管理的职能整合到各级政府和各级政府部门的职能体系和日常工作中。

树立正确的旅游危机意识，建立常设性的危机管理协调机构，是构建危机管理机制的前提。从国际危机管理的经验出发，考虑到我国具体情况，国家有必要在中央政府建立高层次的危机管理的领导、指挥和协调机构。

各级政府和旅游行业管理部门要建立平常和特殊时期两套抗风险长效运行机制，尤其要建立规范的突发公共安全事件的应急处理机制和各种突发情况下的应急预案，建立健全重大自然灾害发生后的社会动员机制，提高处置突发公共事件的能力。

三、建立扶持和救助旅游业的保障体系，完善相关政策和制度

增加旅游发展基金，设立“旅游紧急救援基金”，以应付危机情况的应急处理和扶持困难的企业，政府有必要对旅游企业遭受的经济损失给予一定的政策优惠扶持，为旅游企业添置防护设备、设施；设立紧急医疗救护点，配备必要的药品提供经费支撑。

采取风险控制策略，建立和完善旅游赔偿制度与保险制度，以求改变风险或降低损失。建议保险部门尽快设立针对旅游遭遇特殊灾害性损失后可以进行保险理赔的新险种，完善社会保险机制，对旅游企业遭遇不可预见的危机性损失给予社会保险理赔。

四、促进旅游危机管理的多边合作和国际合作

在全球化时代，一个国家或地区的旅游危机将不可避免地产生国际化影响，预防与管理各种旅游危机和灾难一直是国家社会、国际组织和地区组织长期以来的事业。在共同抗击SARS、印度洋海啸、全球金融危机中，世界各国政府、WTO、WHO、World Bank、IMF在国际事务协调中发挥了重要作用，全球金融危机和欧债危机进一步体现出全球合作机制的重要性。因此，加强与旅游业有关国际组织（世界旅游组织、亚太旅游协会等）的合作，进一步参与全球事务、交流旅游与危机信息，接受国家组织的指导与建议，同时，加强政府间、企业间和非营利性组织间的国际多边合作，提升我国旅游业的国际化程度，应成为我国旅游业未来应对旅游危机的一个方向。

五、推进旅游目的地营销系统的全面建设

推进旅游目的地营销系统的全面建设，扩大中国目的地营销系统（DMS）的覆盖面和加大宣传力度，整合分散的网络营销、网络预订，建设市场面广、信息充分的营销预订系统，利用信息网络平台建设旅游商业协作网络，引导企业采用成熟的信息管理系统，用信息化提升经营水平。

进一步增加我国旅游目的地国家的数量，完善我国旅游驻外机构的网络，提升我国旅游窗口功能。同时增强旅游外交功能，提升中国作为一个欣欣向荣、快速发

展的世界旅游大国的形象。

六、充分发挥市场主体作用，加速旅游产业发展，走多元化发展道路

国家竞争力、产业竞争力最终体现在企业的竞争力上。我国旅游业已进入世界旅游发展前列，但真正有国际竞争力的旅游企业依然是凤毛麟角，必须更加重视旅游企业的主体地位和积极作用。《国务院关于加快发展旅游业的意见》提出，降低旅游市场准入，打破行业、地区壁垒，简化审批手续，鼓励社会资本公平参与旅游业发展，鼓励各种所有制企业依法投资旅游产业。

政府相关部门要鼓励旅游业发展的一些新旅游业态，如分时度假、汽车租赁、自驾游、自由行、博彩业、邮轮游艇、会展旅游、银发旅游等。注重培育大型旅游集团，使其在旅游业发展中起到示范作用，引领行业的发展。中小旅游企业在发展过程中，必须不断提高质量意识和管理水平，创建自有品牌，努力向集团化、特色化和专业化发展，进一步提升自身的竞争力。初步形成一个“以大型集团为主导、中小企业活力充沛、新型业态持续涌现”的旅游企业发展格局，全面提升我国旅游企业的国际竞争力，以壮大企业规模和增强企业的抗风险能力。

中国的旅游企业“走出去”的步伐很慢，根本问题是我国的旅游企业自身经营能力不够强大，旅游企业在国际上的品牌影响力远远不足，缺乏核心竞争能力。因此，要推进旅游企业“走出去”战略。通过产权改革、战略联盟等手段提高企业“走出去”后的经营能力，政府要鼓励我国旅游企业在国际上的竞争力。打造一批像日本交通公社（JTB）、美国运通公司（American Express）等名牌企业。因此，旅游企业必须加快在品牌、产品更新、管理、技术等方面的发展，形成持久的核心能力，才能在“走出去”的道路上走得更远。利用现代化的技术手段、国际知名度高的赛事、节事活动宣传品牌，扩大知名度，靠扎实的产品基础形成美誉度。树立具有较强影响力的旅游品牌形象，体现出品牌差异化和国际化，才能在海外的激烈竞争中生存下来。

七、全面推广国民休闲旅游计划，培育旅游休闲意识

全面推广国民休闲旅游计划，培育旅游休闲意识，不仅有利于提高人们的生活

品质，也有利于拉动和引导旅游消费[①]。国民休闲旅游计划的履行，将带来休假制度的进一步调整和旅游业的新发展。

2013年2月2日国务院发布《国民旅游休闲纲要（2013—2020年）》，纲要的发布，有利于引导全社会树立健康、文明、环保的休闲理念，更好地满足广大人民群众旅游休闲消费需求，提高国民生活质量。纲要提出：保障国民旅游休闲时间，改善国民旅游休闲环境，推进国民旅游休闲基础设施建设，加强国民旅游休闲产品开发与活动组织，完善国民旅游休闲公共服务，提升国民旅游休闲服务质量。[②]

“国民休闲计划”不仅能够有效地拉动国内旅游市场，帮助旅游业度过危机，而且能够充分发挥旅游业的特性，在扩大内需方面发挥重要作用。从旅游业自身的角度看，“国民休闲计划”是提振旅游业的重大举措。“国民休闲计划”通过加大对旅游、休闲等产业的公共投入、调整或出台相关鼓励政策等，能够有效增加旅游需求，扩大旅游消费，减轻旅游企业负担，帮助旅游业走出危机，并为今后长远的发展奠定基础。

为此，要积极推进和引导旅游休闲基础设施建设。加快发展一批大众化旅游产品，满足广大人民群众日益增长的消费需求。积极引导城市周边休闲度假带发展，有序推进国家旅游度假区建设。打造一批文化旅游精品、节庆品牌和活动品牌。要提升旅游消费水平，推出更多具有地方特色和民族特色的旅游活动。培育新的旅游消费热点。大力推进旅游与文化、体育、农业、工业、林业、商业、水利、环保、气象等相关产业和行业的融合发展。发展生态旅游、低碳旅游、森林旅游、商务旅游、体育旅游、工业旅游。大力发展旅游购物，提高旅游商品、旅游纪念品在旅游消费中的比重。推动“中国旅游卡”扩大发行并完善便利功能。要进一步推动国务院41号文件有关政策的落实，主动用好促进旅游消费的政策措施，积极协调中央和地方各级财政加大旅游业投入和政策扶持力度。

---

① 戴斌在2009年1月8日召开的全国旅游工作会议上讲话。

② 中华人民共和国国务院．国民旅游休闲纲要（2013—2020年）。

第七节 本章小结

本章主要论述了后金融危机时代旅游市场复兴和发展的对策。首先梳理了危机时代下旅游市场复兴相关理论基础，主要包括：美国危机管理专家罗伯特·希斯（Robert Heath）提出的危机管理4R模式，即缩减（Reduction）、预备（Readiness）、反应（Response）、恢复（Recovery）。激活旅游市场的框架机制——5R理论；激活旅游市场的要素机制——5C理论；试图建立旅游业恢复体系的三阶段流程。其次论述了国外旅游市场复兴的措施，包括：世界旅游组织（WTO）应对旅游业危机的措施；新加坡旅游业应对东南亚金融危机的措施；世界金融危机以来一些国家应对危机的措施；然后论述了我国旅游业应对金融危机、复兴旅游业的具体措施；最后提出后金融危机时代我国旅游业恢复的政策建议。

第八章

结论与展望

经过30余年的迅猛发展和扩张，我国旅游业发展迅速，我国已成为全球最大的旅游目的地。作为支柱性产业之一的中国旅游业对社会经济的拉动、带动以及对文化的提升和环境的改善作用也日益显现。旅游业的发展一直处在波动和充满危机的环境中，特别是2008年的金融危机和2010年的欧洲主权债务危机，在各国引起的多米诺效应，给全球旅游业带来了巨大的冲击和影响。敏感、脆弱的旅游业如何面对难以预料的各种突发性危机，是旅游学界和业界所面临的一个重大课题。因此，研究金融危机对旅游业的影响及在不确定性条件下激活市场、加强旅游业应对危机的预警和管理、使金融危机对旅游业所带来的风险最小化，是一个新的研究领域。

全球金融危机和欧洲主权债务危机对于世界经济的冲击和影响并没有结束，它使全球经济和金融系统遭遇了自大萧条以来最严重的冲击，实体经济大幅下滑，金融市场出现流动性紧缺。后金融危机时代，全球经济似乎还笼罩在一片阴影之下，美国经济复苏的一度乏力，日本经济的衰退、欧洲经济加上自然灾害更是雪上加霜，中东非洲局势动荡对于原油等期货市场的影响十分敏感，欧洲主权债务危机的蔓延及其对世界经济的冲击和影响的余波也隐隐存在。

目前，金融危机和欧洲主权债务危机对我国旅游业的影响虽然已告消除，但总结国际金融危机为我国旅游业发展曾经带来的挑战，研究金融危机对旅游业的影响，探讨旅游业发展的安全问题等，仍具有一定的理论意义和现实意义。

本书旨在通过对国际金融危机事件对全球经济特别是对旅游业冲击影响的分

析，系统梳理金融危机理论、旅游危机理论、金融危机的传导机制、一般均衡理论、旅游危机复兴理论。全书以“一般均衡理论”为基础，通过构建金融危机影响下的旅游CGE模型等一系列模型和分析，结合我国现实情况，并借鉴国际上激活旅游业的战略和经验措施，进而提出了后金融危机时代我国旅游业的激活、复兴及发展的对策。

一、结论

布雷顿森林体系崩溃以来，金融危机一直是国际金融界、金融学界研究的热点，其原因可归咎于危机发生的频繁性、广泛性及后果的严重性。随着金融全球化的加快，金融危机的后果已严重影响了区域甚至全球金融体系的稳定性和实体经济的稳定发展。国内外经验显示，旅游业处于不确定形势下，是一个对环境高度敏感、脆弱的产业，极易受到各种不利因素的影响，历史上的金融危机对社会经济产生了深刻的影响，并使旅游业受到了严重冲击和损失。

金融危机对旅游业的影响表现为入境旅游滑坡、入境旅游收入下降；入境旅游客源市场降低幅度较大；国内旅游发展速度明显放缓；人民币升值压力加大，旅游价格优势削弱；金融危机也对旅游市场供求以及对旅游投资与就业产生影响。

国内外学者对金融危机对旅游业影响的研究成果包括：金融危机对旅游业以及不同部门行业的影响，危机对地区经济的影响，学者们尤其关注旅游业特性的研究，不少学者还将定量的模型分析应用于危机研究。

国际金融危机主要通过金融渠道（金融溢出效应）、国际贸易渠道（贸易溢出效应）、预期传导（染）机制——羊群行为、自我实现的多重均衡（净传染效应pure contagion）以及经济全球化（季风效应monsoonal effect）进行传导；金融危机主要从旅游贸易渠道、金融和资本渠道、预期渠道对旅游业的发展产生影响。

翰森（Johansen）于1960年开发的针对挪威经济的多部门增长模型，在世界上第一个建立了CGE模型。该模型得到迅猛发展，被广泛应用于税收、国际贸易、收入分配和发展战略的研究上，CGE模型的应用成为经济学界热点研究的领域。

CGE模型将经济系统中所有商品的数量和价格都视作变量，通过一组方程来描述市场间的供给、需求关系。即该模型通过对一组方程求解得出各个市场都达到均衡时的价格。CGE模型的方程组包括三个组成部分：供给部分、需求部分和供求关系部分。实质上是由描述经济系统供求平衡关系的一组方程构成，包括：生产行为、消费行为、政府行为、对外贸易和市场均衡五个部分。金融危机对我国旅游的影响适合于采用凯恩斯闭合的CGE模型，将劳动力就业率作为内生变量。SAM矩阵的基本结构反映了经济系统中从生产到要素收入的分配，再到最终消费和投资，又生产的简单经济循环。该矩阵的基本结构与CGE的基本结构基本重合，因此，我们可以应用SAM的数据对CGE进行分析。SAM编制所需数据来源于国家或地区的投入产出表、资金流量表以及反映国民经济核算信息的各种年鉴，由于这些数据来源的不同、统计口径的不一致，调平SAM是CGE模型应用中的一个基本数据处理技术。目前比较常用的SAM调平方法主要有两种：RAS法和交叉熵法（CE法）。

CGE模型分析金融危机对旅游产业影响效应的基本思路是：金融危机对经济的冲击，引起各个产业部门资本使用成本的变化及产出量的变化，通过比较金融危机爆发前的初始均衡状态和金融危机爆发后的新均衡状态各变量值的变化程度及方向，得出金融危机对旅游产业影响进而波及整个国民经济的影响效果的判断。旅游CGE模型的建立是将生产活动中引入旅游产品供给，在居民消费和出口产品中将旅游消费和非旅游消费区分开，分别进入模型中，以此在旅游CGE模型中引入国内居民旅游需求方程和入境旅游消费需求方程。

根据所构建的国内旅游需求面板模型的估计结果可以分析金融危机对城市居民和农村居民国内旅游需求的影响。2007年金融危机对城市居民和农村居民国内旅游需求的影响表现为：金融危机影响了城市居民的人均旅游出游率和人均旅游花费和旅游消费需求，其中对高收入居民的影响较大，而对低收入居民的影响不明显。金融危机影响了城市居民的出行决策，但由于农村居民旅游需求花费在总需求花费中所占比重不大，因此，对农村居民的国内旅游需求没有显著影响。

通过情景模拟分析，我们可以发现：（1）农林牧渔业随着国际旅游外汇收入的下降导致该行业国内产品数量下降，国际旅游外汇收入的下降阻碍了该行业的产业升级。（2）国际旅游外汇收入的下降会导致煤炭开采和洗选业、金属矿采选业以及非金属矿及其他采矿业的国内产品数量上升，而石油和天然气开采业的国内产品数量则下降，由于这些行业没有劳动力和部门投资量的变化，因此，国际旅游外汇收入的下降对劳动力和投资量没有影响。（3）国际旅游外汇收入的下降导致国内产品数量和劳动力都上升的行业是食品制造及烟草工业，但由于农业初级产品缺乏进一步加工，国际旅游外汇收入的变化将影响经济结构的优化。（4）国际旅游外汇收入的下降使得国内产品数量上升。而投入的劳动力下降的行业有住宿和餐饮业、金融保险业、租赁和商务服务业、居民服务和其他服务业、研究与发展业以及文化、体育和娱乐业。（5）国际旅游外汇收入的下降使得金属制品业、专用设备制造业、电气机械制造业以及交通运输业国内产品数量上升而部门投资量下降；交通运输设备制造业、工艺品及其他制造业、建筑业国内产品数量与部门投资量同时下降；通信设备、计算机及其他电子设备制造业、批发零售业受到的影响是国内产品数量上升，而劳动力与部门投资量下降；仪器仪表制造业、信息传输业及计算机服务业受到的影响是国内产品数量下降，而劳动力上升。

后金融危机时代下旅游市场复兴相关理论基础，包括：美国危机管理专家罗伯特·希斯（Robert Heath）提出的危机管理4R模式，即缩减（Reduction）、预备（Readiness）、反应（Response）、恢复（Recovery）；激活旅游市场的框架机制——5R理论；激活旅游市场的要素机制——5C理论；构建了旅游业恢复体系的三阶段流程。在借鉴国外激活旅游市场复兴经济的经验基础上，提出后金融危机时代我国旅游业应对金融危机、复兴旅游业的具体措施和政策建议。包括：重视旅游业发展，发挥政府职能，政府积极作为；完善旅游危机预警和应急等相关法律，确立执法依据；努力营造健康和谐的旅游环境，塑造良好的旅游目的地形象；建立扶持和救助旅游业的保障体系，完善相关政策和制度；建立旅游业抗风险长效运行机制，增强旅游业风险应对能力；推进旅游目的地营销系统的全面建设；发挥市场主体作用，加速旅游产业的发展，走多元化发展道路；全面推广国民休闲旅游计划，培育旅游休闲意识。

二、研究的局限性

1.本研究对于金融危机对旅游业影响的分析是基于金融危机理论、金融危机传导理论、旅游危机管理理论和旅游业复兴理论，由于篇幅所限，对于金融危机对旅游业的传导机制和渠道的分析仅限于定性的研究和推理，未能对其传导途径、影响的效应及具体的案例，以及金融危机对旅游市场、旅游产业和旅游投资的影响和传导进行深入的、翔实的定量分析，有待于后续研究。

2.本书的实证分析是基于瓦尔拉斯的一般均衡理论（CGE），CGE模型最初是用于分析国家范围内的政策和经济变化的影响，CGE模型将经济系统中所有商品的数量和价格都视作变量，通过一组方程来描述市场间的供给、需求关系。即该模型通过对一组方程求解得出各个市场都达到均衡时的价格。国际上，关于 CGE模型应用中一个突出的问题是如何将CGE模型应用到区域水平上，因为把全国整体上作为一个研究对象，分析一些问题的时候过于笼统。本书的分析也未能克服这一难题。

3.CGE模型的分析常被用来分析税收、公共消费变动，关税和其他外贸政策，技术变动，环境政策，工资调整，探明新的矿产资源储量和开采能力的变动等对国家或地区（国内或跨国的）福利、产业结构、劳动市场、环境状况、收入分配的影响。目前，也被用来测量危机事件对旅游业的冲击程度。本书试图将模型用于分析金融危机对我国旅游业及关联产业和国民经济的影响程度。由于我国缺乏系统和准确的统计数据，以及CGE模型本身数据处理上的复杂性，本书的分析还是显得笼统、较为宏观。

4. 本书的实证模拟也未能对金融危机对旅游目的地、旅游者行为等具体的因素进行分析。

附　录

附表1　2007年中国宏观的SAM的描述性账户结构

			商品	活动	要素		家庭		企业	政府	资本账户		国外	汇总
					劳动力	资本	城镇居民	农村居民			固定资产投资	存货变动		
商品				中间需求			居民消费	居民消费			固定资产投资	存货变动	出口	总需求
活动			国内生产											总产出
要素	劳动力	城镇		劳动者报酬										要素收入
		农村		劳动者报酬										
	资本			资本增加值										
家庭		城镇居民			工资收入	财产性收入			企业转移支付	政府的其他支付 政府转移支付			国外收益	家庭总收入

续表

		商品	活动	要素		家庭		企业	政府	资本账户		国外	汇总
家庭	农村居民			工资收入	财产性收入			企业转移支付	政府的其他支付 政府转移支付			国外收益	家庭总收入
企业					资本收入				政府的补贴支出				企业收入
政府		关税	生产税+出口退税		政府债务收入	个人所得税	个人所得税	直接税费	政府间税费支出			政府的国外转移收入	政府收入
固定资产投资						居民储蓄	居民储蓄	企业储蓄	政府储蓄			国外净储蓄	总储蓄
存货增加											存货变动		存货变动
国外		进口			国外资本投资收益				对国外的支付				外汇收入
汇总		总供给	总投入	要素支出		家庭支出		企业支出	政府支出	总投资	存货变动	外汇支出	

附表2　2007中国宏观SAM矩阵　　　　单位：万元

			商品	活动	要素		家庭		企业	政府	资本账户		国外	汇总
					劳动力	资本	城镇居民	农村居民			固定资产投资	存货变动		
商品				552 815 1509			722 353 743.9	243 172 440.4		351 909 186.2	105 435 8700	149 299 477.6	955 409 910	900 465 4967
活动			818 858 9620											818 858 9620
要素	劳动力	城镇		692 539 805.1										227 525 0878
		农村		407 933 195.3										
	资本			117 477 7878										
家庭	城镇居民				692 539 805.1	136 950 86.96			141 158 973.7	111 405 88.76			267 238 98.64	885 258 353.2
	农村居民				407 933 195.3	617 277 6.021			148 005 47.76	664 491 6.126			280 508 2.59	
企业						113 867 6676				698 653 9.656				114 566 3216
政府			758 59800	385 187 232.7			666 707 41.2	8479 67.27 09	103 846 910	849 1300			–126 195.984	640 777 755.2
固定资产投资							962 338 68.13	194 336 110.1	885 856 784.3	254 116 329.8			–226 884 914.8	120 365 8178
存货增加											149 299 47.6			149 299 477.6
国外			740 205 546.8			162 333 8.57				148 889 5.115				757 927 780.5
汇总			900 465 4967	818 858 9620	227 525 0807		882 583 53.2		114 566 3216	640 777 55.7	120 365 8178	149 299 477.6	757 927 780.5	

参考文献

[1] 郑联盛. 欧洲债务问题：演进、影响、原因与启示 [J]. 国际经济评论，2010 (3).

[2] 陈昕. 欧债危机下的中国旅游业发展研究 [J]. 经济问题探索，2012 (11).

[3] 余露. 欧洲主权债务危机的演进、成因及其对中国的启示 [J]. 河南工业大学学报 (社会科学版)，2011，7 (2)：67–70，78.

[4] 司冬歌. 危机事件对旅游业的影响机制研究 [D]. 郑州：河南大学，2010.

[5] 张铁生，孙根年，马丽君. 危机事件对张家界旅游影响评价——基于本底线模型的高分辨率分析 [J]. 经济地理，2012，32 (10)：145–151.

[6] 赵志磊. 旅游危机管理研究 [D]. 四川师范大学，2012.

[7] Paul Krugman. A Model of Balance of Paymen t Crises [J]. Journal of Money，Credit and Banking，1979，Vl11 (3)：311 - 325.

[8] Robert P. Flood，Peter M. Garber，Collapsing Exchange Rate Regimes：Some Linear Examples [J]. Journal of Interna tional Economics，1984，V17 (1– 2)：1 – 13.

[9] Maurice Obstfeld，The Logic of Currency Crises [A]. in：Barry Eichengreen，Jeffrey Frieden，Jurgenvon Hagen，eds. Monetary and Fiscal Policy in an Integrated Europe [C]. London：Springer Verlag，1995;

[10] Maurice Obstfeld. Models of Currency Crisis with Self– fulf illing Features [J]. European Economic Review，1996，V 40 (3–5)：1037– 1047.

[11] Paul Krugman，Balance Sheets，the Transfer Problem and Finan cial C rises [A]. in：Peter Isard，Assaf Razin，Andrew K. Rose，eds. International Finance and International Crises [C]. Washington，D. C.：International Monetary Fund，1999.

[12] Gian carlo Corsett，i Paolo Pesent，i NourielRoubin，i Paper Tigers：A Model of the Asian Crisis [J]. European Economic Review，1999，V 43 (7)：1211– 1236;

[13] Robert Chang，Andres Velasco，Financial Fragility and the Exchange Rate Regime [R]. NBER Working Paper，No. 7272，1999.

[14] M ichael P. Dooley. A Model of Crises in Emerg ing Markets [R]. NBER Working Paper，No. 6300，1997.

[15] Jeffrey Frankel，Andrew Rose，Currency Crashes in Em erging Markets：An Empirical Treatment [J]. Journal of In ternational Economics，1996，V 41 (3– 4)：351– 366.

[16] [美] 罗伯特・弗拉德，南茜・马里安. 最近理论界关于货币危机的争论透视 [J]，[美] 全国

经济研究局工作论文，第6380号，1998.1.

[17]［美］米尔顿·弗里德曼，安娜·雅各布森·施瓦茨. 美国货币史：1867-1960［M］. 巴曙松译. 北京：北京大学出版社，2009.

[18] Hyman P Minsky. Financial Instability Hypothesis，in Arestis and Sawyer［M］. Handbook of Radical Political Economy. 1993.

[19] Feinberg.G.Solid Clues［M］.New York：Touch Stone Books，1985.264.

[20] Gleik.J.Chaos，Making a New Science［M］.London：Heinemann，1987.

[21] Gleik.J. Chaos［M］.New York：Penguine Book，1988，3.

[22] Peat. F. D. The Philosopher's Stone：Chaos，Synchronicity and the Hidden Order of the World［M］. New York：Bantam，1991.

[23] Prigoing. I，Stengers. I. Orders out of Chaos：Man's New Dialogue with Nature［M］. Hammersmith：Flamingo，1985.

[24] Calvo，Guillermo，Enrique G. Mendoza. Rational Herd Behavior and the Globalization of Securities Markets?［J］.mimeo，University of M aryland，November. 1999 .

[25]［日］饭野启二，盐入肇. 简明经营管理手册［M］. 赵儒煜，刘淑梅 译. 北京：科学出版社，2002.

[26] 约翰·伊特韦尔，米尔盖特，纽曼.新帕尔格雷夫经济学大词典（中译本）［M］.北京：经济科学出版社，1996.

[27]［美］查理斯·P. 金德尔伯格.经济过热、金融恐慌及经济崩溃［M］.北京：北京大学出版社，2001.

[28] Thom R；Trans.D.H.Fower. Structurual Stability and Morphogenesisi［M］.Mass：Addison-Wesley.1989.12-100.

[29] William J.Baumol，Jess Benhabib. Chaios：Significance，Mechanisim，and Economic Applications［J］.Journal of Economic Perspective，3：77-105，79-80.

[30] 柏杨.旅游学概论［M］. 安徽大学出版社，2009.

[31] 德克·格莱泽著. 旅游业危机管理［M］. 安辉译. 北京：中国旅游出版社，2003.

[32]［英］凯恩斯. 就业利息和货币通论［M］. 北京：商务印书馆，1996.

[33] 李小牧，李春锦，傅桌斌.金融危机的国际传导：90年代的理论与实践［M］.中国金融出版社，2001.

[34] 陈岱孙，历以宁.国际金融学说史［M］. 北京：中国金融出版社，1997.

[35]［美］乔治·索罗斯. 全球资本主义危机［M］. 西宁：青海人民出版社，1999.

[36] 石俊志.金融危机生成机理与防范［M］. 北京：中国金融出版社，2001.

[37] 朱波，范方志. 金融危机理论与模型综述［J］.世界经济研究，2005（6）.

[38] 黄金老.金融自由化与金融脆弱性［M］.北京：中国城市出版社，2001.

[39] 安刚.现代货币危机的国际传导机制［J］.经济科学，1999（3）.

[40] 安辉.现代金融危机生成的机理与国际传导机制研究 [D].大连：东北财经大学，2003.

[41] 吴有昌.现代货币危机理论及其启示 [J].财贸经济，1999 (3).

[42] 鄂志寰.现代货币危机理论的发展及其面临的挑战 [J].经济学动态，2001 (3).

[43] 范爱军.金融危机的国际传导机制探析 [J].世界经济，2001 (6)：16-23.

[44] 梅新育.国际金融危机传染机制的新特点 [J].中国金融，2007 (18)：6-9.

[45] 张帏栋，段志民.金融危机国际传导机制研究 [J].中国证券期货，2011 (1)：9-11.

[46] 自林璐，万玉琳.金融危机传染机制的综述 [J].金融经济，2008 (5)：16-19.

[47] 张辉. 旅游经济论 [M]. 北京：旅游教育出版社，2002.

[48] Sigmund Freud; Trans. by A. A. Brill. The Psychopathology of Everyday Life (1901) [M]. London: T. Fisher Unwin, (1914).

[49] 国际饭店管理 [M]. 朱卓任，谷慧敏，等译.北京：中国旅游出版社，2002.

[50] Khan, H. Asian contagion: Impact on Singapore Tourism [J]. Annals of Tourism Research, 2001, 28 (1): 224 - 226.

[51] Carey, G., Rob, L. Modeling and forecasting Tourism Demand for Arrivals with Stochastic Nonstationary Seasonality and Intervention [J]. Tourism Management, 2002, 23: 499 - 510.

[52] Huang, H., Jennifer, C. H. J. Earthquake Devastation and Recovery in Tourism: the Taiwan Case [J]. Tourism Management, 2002, 23 (2): 145-154.

[53] Goodrich, J. N. September 11, 2001 Attack on America: A Record of the Immediate Impacts and Reactions in the USA Travel and Tourism Industry [J]. Tourism Management, 2002, 23: 573-580.

[54] Barbara, A. Crisis Management in the Australian Tourism Industry: Preparedness, Personnel and Postscript [J]. Tourism Management, 2006, 27 (6): 1290-1297.

[55] Pizam A, Mansfeld Y. Tourism, Crime and International Security Issues [M]. New York: John Wiley & Sons, 1996.

[56] Sónmenz S F. Determing Future Travel Behavior from Past Travel Experience and Perceptions of Risk and Safety [J]. Journal of Travel Research, 1998, 171-176.

[57] 李九全，李开宇，张艳芳.旅游危机事件与旅游业危机管理 [J].人文地理，2003，18 (6)：35-39.

[58] 郑向敏.旅游安全学 [M].北京：中国旅游出版社，2003.

[59] 邹统钎.旅游危机管理 [M].北京：北京大学出版社，2005.

[60] 谷慧敏.旅游危机管理研究 [M].天津：南开大学出版社，2007.

[61] 张广瑞，魏小安.中国旅游业：SARS影响与全面振兴 [M].北京：社会科学与文献出版社，2003.

[62] 邓冰，吴必虎，蔡利平. 国内外旅游业危机管理研究综述 [J].旅游科学，2004，18 (1)：1-8.

[63] 李树民，温秀.论我国旅游业突发性危机预警机制建构 [J].西北大学学报（哲学社会科学版），2004，34 (5)：45-48.

[64] 刘春玲，孙庆军，吴丽云，等. 突发性危机事件对旅游业发展的影响及旅游业应急机制研究 [J].

石家庄学院学报，2005，7（3）：60-64.

［65］戴学锋.SARS让我们对旅游研究进行反思［J］.旅游学刊，2003，18（4）：5-8.

［66］高舜礼，任佳燕.浅析9.11对我国入境旅游影响的研究［J］.旅游调研，2011（11）.

［67］石培华，张吉林，彭凤军，等. SARS后的旅游经济重建与风险管理［J］.旅游学刊，2003，18（4）：8-11.

［68］董晓梅. 国内旅游业危机管理研究综述［J］.昆明大学学报，2008（2）.

［69］廉月娟，饶品样. 基于CGE模型的金融危机对旅游业影响的实证研究［J］.生产力研究，2012（10）.

［70］Crouch G L. The Study of Internantional Tourism Demand：A Review of Findings［J］.Journal of Travel Research，1994，33（1）：12-23.

［71］Agarwal S. Reconstructuring and Local Economic Development：Implications for Seaside Resort Regeneration in Southwest Britain［J］.Tourism Management，1999（20）：511-522.

［72］Pine R，Chan A，Leung P. The Current and Future Impact of Asia's Economic Downtown on the Region's Hospitality Industry［J］. InternationalJournal of Contemporary Hospitality Management，1998，10（7）：252-256.

［73］Raab C，Schwer R K. The Short and Long-term Impact of the Asian Financial Crisis on Las Vegas Strip Baccarat Renenues［J］.International Journal of Hospitality Management，2003，22（1）：37-45.

［74］Nicolette de Sausmarez. Malaysia's Response to the Asia Financial Crisis：Implications for Tourism and Sectoral Crisis Management［J］.Journal of Travel & Tourism Marketing，2003，15（4）.

［75］Prideaux B. Tourism Perspectives of the Asian Financial Crisis［J］.Current Issues in Tourism，1999，4（2）：279-293.

［76］Eric Laws，Bill Faulkner，Gianna Moscardo. Embracing and Managing Change in Tourism：International Case Studies［M］. London：Routledge，1998. 433.

［77］Santana G（2001）.Globlization，Safety and National Security［A］.In S.Wahab and C.Cooper（eds），Tourism in the Age of Globlization［C］.London：Routledge，213-241.

［78］S ó nmenz，Graefe. Inffluence of Terrorism Risk on Foreign Tourism Decisions［J］.Annals of Tourism Research，1998，25（1）：112-144.

［79］Faulkner B. Towards a Framework for Tourism Disaster Management［J］.Tourism management，2001，22（2）：135-147.

［80］Faulkner B，Vilulov S. Katherine，Washed out One Day，Back on Track the Next：A Post-mortem of a Tourism Disaster［J］.Tourism Management，2001，22：331-344.

［81］Law，Rob. The impact of the Asian Financial Crisis on Japanese Demand for Travel to Hong Kong：A Study of Various Forecasting Techniques［J］.Journal of Travel & Tourism Marketing，2001，V10（2-3）.

［82］de Sausmarez，Nicolette.Malaysia's Response to the Asian Financial Crisis Implications for Tourism and Sectoral Crisis Management［J］. Journal of Travel & Tourism Marketing，Volume 15，Issue 4，2004.

[83] Samir Sharma. Impacts of Global Economic Crisis on Tourism Destinations - A true story (entry essay competition) on June 19th, 2009 The Himalayan Times (Daily English News Paper) http: // www.neplasestourism.com.

[84] Lean, Hooi Hooi, Smyth, Russell. Asian Financial Crisis, Avian Flu and Terrorist Threats: Are Shocks to Malaysian Tourist Arrivals Permanent or Transitory? [J]. Asia Pacific Journal of Tourism Research, 2009, V 14 (3): 301-321.

[85] Egon Smeral .The Impact of the Financial and Economic Crisis on European Tourism [J]. Journal of Travel Research, February, 2010, 49 (1): 31-38.

[86] Petrevska, Biljana. Tourism in Macedonia-Before and After the Crisis [D].Conference Proceedings, International Conference "Faces of the Crisis", Skopje, Macedonia. 2012: 63-70.

[87] Bill Faulkner.Towards a Framework for Tourism Disaster Management [J].Tourism Management, 22 (2): 135-147.

[88] Glaesser, D. Crisis Management in the Tourism Industry (Amsterdam, Butterworth - Heinemann).

[89] Brent W Ritchi.Chaos, Crises and Disasters: A Strategic Approach to Crisis Management in the Tourism Industry [J].Tourism Management, 2004, 25 (6): 669-683)

[90] Nigel Evans & Sarah Elphick. Models of Crisis Management: An Evaluation of Their Value for Strategic Planning in the International Travel Industry [J].International Journal of Tourism Research, 2005, Volume 7, Issue 3, 135 - 150.

[91] Christof Pforr .Tourism in Post-Crisis is Tourism in Pre-Crisis: A Review of the Literature on Crisis Management in Tourism [J]. Annals of Tourism Research.Volume 33, Issue 1, January 2006, 87 - 108.

[92] 郑一省.东盟国家复兴旅游业的策略和措施[J].当代亚太，2000（6）：36-41.

[93] 陈艳.金融危机与泰国旅游业[J].东南亚，2000（1）：45-48.

[94] 马振.试析越南政府在旅游业发展中的作用[J].东南亚纵横，2000（1）：13-16.

[95] 宋一兵.东南亚旅游业开拓市场的策略分析[J].重庆商学院学报，2000（4）：40-42.

[96] 周玲强.亚洲金融危机对我国国际旅游业的影响及对策研究[J].浙江大学学报，1999（1）：146-151.

[97] 刘阳.亚洲金融危机与中国旅游业发展[J].南方经济，1998（5）：69-70.

[98] 杜家元.东南亚经济危机对旅华市场的影响及对策[J].广东民族学院学报（社会科学版），1998，44（3）：16-19.

[99] 何忠诚.金融危机对东北亚旅游客源市场的影响与我国的对策[J].东北亚论坛，1999（2）：67-71.

[100] 郭英之，姚新民.金融危机与东南亚旅华客源市场形势分析[J]. 1999，22（3）：70-75.

[101] 李开宇，张艳芳.中国入境旅游受突发事件影响的时空分析及对策[J].世界地理研究，2003，12（4）：101-109.

[102] 张广瑞.亚洲金融危机对中国国际旅游业的影响及其对策[J].财贸经济，1998（5）：13-17.

[103] 廖春花.金融危机对旅游业的影响研究综述[J].产业观察，2010（14）：118-119，117.

[104] 梁昭.东南亚金融危机对旅游业影响 [J] .北京第二外国语学院学报，1998，83（6）：46–47.

[105] 梁琦.亚洲金融危机对国际旅游服务贸易的影响及对策思考 [J] .国际贸易问题，1999（1）：21–26 .

[106] 戴斌.金融危机影响下中国旅游经济：趋势与对策 [J] .北京第二外国语学院学报，2009（1）：27–30，58.

[107] 林婧.金融危机对中国旅游的影响 [J] .商业文化（学术版），2009（3）：101.

[108] 杜富荣.国际金融危机对我国旅游业的影响及对策研究 [J] .南方经济，2009（5）：70–76.

[109] 于成国.欧美金融危机对中国旅游经济的影响分析 [J] .科技经济市场，2008（10）：46–49.

[110] 钟先丽.金融危机影响下中国旅游业的可持续发展 [J] . 旅游经济，2009（12）：140–142.

[111] 郎楷淳.美国：金融危机让旅游业受伤 [N] .中国旅游报，2008–10–17.

[112] 何建民.国际金融危机影响及中国旅游饭店的经营策略 [J] .旅游科学，2009，23（1）：7–15.

[113] 李祇辉，李明. 金融危机对旅游业影响及旅行社业应对策略——韩国旅行社业的启示 [J] .商城现代化，2009，569（3）：229–230.

[114] 林龙飞，王佳佳，瞿利娟.中国入境旅游客源市场结构优化研究 [J] .石家庄经济学报，2009，32（2）：89–93.

[115] 赵春峰. 金融危机背景下我国景区现状研究——基于我国旅游者行为模式的变化及新特征 [J] .商场现代化，2009（6）：135–137.

[116] 王永明，马耀峰，张佑印.金融危机对华入境旅游业的影响及对策研究 [J] 资源开发与市场，2009，25（12）：1131–1133.

[117] 邹家红，王慧琴. 金融危机对我国入境旅游业的影响 [J] .社会科学家，2009，141（1）：88–91.

[118] 陈修岭.全球金融危机对我国入境旅游的影响及对策 [J] .山东工商学院学报，2009（6）：90–93.

[119] 李先锋，李志强 .浅析世界金融危机对我国旅游业的影响 [J] .商场现代化，2009（4）.

[120] 张凌云，刘波. 后金融危机时代中国旅游业面临的发展机遇和趋势 [A] .2010中国旅游发展分析和预测 [C] .北京：社会科学文献出版社，2010.

[121] 赵青，刘晓春.金融危机背景下提升我国商务酒店核心竞争力思考 [J] .南北桥，2010（1）：73–78，27.

[122] 何建民.国际金融危机对世界国际旅游业发展的影响研究 [J] . 旅游科学，2012，26（1）：36–50.

[123] 刘春玲.旅游产业危机管理与预警机制研究 [M] .北京：中国旅游出版社，2007，126.

[124] 龙凌.旅游企业特殊经营风险的界定及应对措施初探 [J] .湖南工业职业技术学院学报，2004，4（1）：33–34.

[125] 任学慧，王月. 滨海城市旅游安全预警与事故应急救援系统设计 [J] .地理科学进展，2005，24（4）：123–128.

［126］樊志勇.如何建立完善的旅游预警机制［J］.商业时代，2005（8）：34-36.

［127］［美］J.K. 加尔布雷斯："泡沫"的故事—金融投机历史回顾［J］.改革，1994（5）.

［128］金星灿. 美国次贷危机对延边经济的影响与对策［D］. 延吉：延边大学，2010.

［129］余猛. 金融全球化下中国金融安全问题研究［D］. 成都：四川大学，2007.

［130］邓丕. 浅析国际金融危机的生成机理与传导机制［J］. 《科学咨询（科技・管理），2012，13（5）：20-22.

［131］安辉. 现代金融危机国际传导机制及实证分析——以亚洲金融危机为例［J］.财经问题研究，2004，249（8）：45-48.

［132］Johansen，L. A Multisectoral Study of Economic Growth，Contributions to Economic Analysis 21［M］. Amsterdam：North-Holland Publishing Company，1960. x+177.

［133］Feiberg G.Solid Clues［M］.New York：Touchstone Books，1985.264.

［134］Thom R.Structureal Stability and Morphogenesisi.trans. D.H. Fowler［M］.Mass：Addison-Wesley，1989.12-100.

［135］邹统钎.旅游危机管理［M］.北京：北京大学出版社，2005. 3-19.

［136］周娟，马勇. 旅游危机管理系统机制分析与战略对策研究——以长江三峡旅游发展为例［J］. 桂林旅游高等专科学校学报，200516（1）：20-27.

［137］杨兴柱，陆 林. 旅游危机管理初步研究［J］.资源开发与市场，2004，20（6）：478-480.

［138］世界旅游组织. 旅游业危机管理指南［Z］.2007：1- 351.

［139］王洁平. 城市旅游业危机管理［J］.中国城市经济，2008（7）：56-65.

［140］张 强. SARS 对我国政府危机管理的警示［J］. 国际技术经济研究，2003（3）：7- 46.

［141］张广瑞.2002- 2004年中国旅游发展：分析与预测［M］ .北京：社会科学文献出版社，2005：56- 65.

［142］王万华. 略论我国社会预警和应急管理法律体系的现状及其完善［J］.行政法学研究，2009，（2）：3-9.

［143］麻 松，何忠诚. 试论旅游业危机管理与应对策略［EB/OL］ . http://www. un. or g（组织网），2008.

［144］谢朝武. 业外突发事件与旅游业的应急管理研究［J］ .华侨大学学报（哲学社会科学版），2008（4）：28- 36.

［145］梁留科，周二黑，王惠玲. 旅游系统预警机制与构建研究［J］.地域研究与开发，2006，25（3）：72-76.

［146］王万华. 略论我国社会预警和应急管理法律体系的现状及其完善［J］.行政法学研究，2009（3）：3-9.

［147］［美］诺曼・R.奥古斯丁.危机管理［M］.北京新华信商业风险管理有限责任公司译校.北京：中国人民大学出版社，2001：66-74.

［148］米特罗夫，皮尔森. 危机管理诊断手册［M］. 吴宜秦，徐咏絮译. 台北：台北五南出版公司，

1996. 37.

[149] 保罗·克普格曼.论新一代危机模型 [J].国际金融研究，2001 (10).

[150] Sigmund Freud; Translation by A. A. Brill. The Psychopathology of Everyday Life (1901) [M]. London: T. Fisher Unwin, 1914.

[151] 马斯洛. 存在心理学探索 [M]. 李文恬译. 昆明：云南人民出版社，1988.6.

[152] 马斯洛. 马斯洛的人本哲学 [M]. 刘烨译. 呼伦贝尔：内蒙古文化出版社，2008. 1-4.

[153] 科塞.社会冲突的功能 [M]. 华夏出版社，1989.16：41，45，24.

[154] 王彦斌.科塞与达伦多夫的冲突论社会学思想比较研究 [J]. 思想战线，1996 (2).

[155] Guillen M. A Realm of Manifold Possibilities, in Bridges to infinity. Los angeles: Jeremy P. Tarcher, 1983.92.

[156] Caplan.G. The Principles of Preventives Psychaitry [M]. New York: Basic Book, 1964;

[157] Caplan.G. The Theory and Practice of Mental Health Consultation [M]. New York: Basic Book, 1970.

[158] A.H.Maslow. A Theory of Human Motivation [J] Psychological Review.1943, 50, 370-396.

[159] 理查德·库珀. 相互依存经济学——大西洋社会的经济政策 [M].1968.

[160] 倪世雄. 当代西方国际关系理论 [M].上海：复旦大学出版社，2011.

[161] Walras, L.Elements of Economic Politique Pure.Lausanne: L.Corbaz.Transl.By William Jaffe as Elements of Pure Economics [M].Homewood: Richard D.Irwin.1954

[162] Arrow K.J, G. Debreu.Existence of Equilibrium for a Competitive Economy [J].Econometrica, 1954 (22): 265-290.

[163] 利果. 基于CGE的上海市宏观经济政策模拟系统开发及其应用 [D]. 上海：华东师范大学，2008.

[164] 魏敏.旅游业发展的政府行为研究 [D]. 北京：中国社会科学院研究生院.2012.

[165] 陈昕. 欧债危机下的中国旅游业发展研究 [J]，经济问题探索，2012 (11)：117-122.

[166] 张俊，吴关平，王健民，李晓良. 国民休闲计划，有多少惊喜值得期待 [N]. 中国旅游报，2008.

[167] 钱春弦.旅游休闲纲要力破国人“有闲”问题 [N].新华每日电讯，2013.

[168] 张涛 .《国民旅游休闲纲要》有望推动旅游经济升级转型 [N].中国商报，2013.

致 谢

时光荏苒，历时数载苦心经营和默默耕耘，这部倾注着我大量心血的作品终将完成。在此掩卷之际，我的心情颇为激动，难以抑制内心的忐忑和感激。忐忑来自于自己的研究能否为我国的旅游业健康发展做出贡献，需要实践和时间来检验；感激之情来自于有太多的人给予我的鼓励和支持。

师恩如海，师重如山。首先我要感谢我的导师李树民教授——我人生道路和学术生涯上最值得尊重和感恩的人。从博士阶段的学习到博士毕业论文的顺利完成，再到这部作品的完工，都凝聚着导师谆谆教诲和悉心关怀！论文从选题、构思和撰写直至定稿的整个过程，都是在李老师的悉心指导和严格要求下完成的。他工作勤奋、治学严谨、学识渊博、为人谦和大度，善解人意。这些高尚的品质深深地影响着我，也将伴随我未来的学术生涯和人生道路。数年来，导师在学术上给予我重要的引导和帮助，他睿智的学术风格和敏捷的思维以及不断探索的精神，启发我进行学术研究，他的循循善诱和言简意赅为我开启了知识的大门。他对于事物的前瞻和判断能力，使我找到了真正适合自己的研究方向，更把我带到了学术研究的前沿。

在此，我要感谢所有为我们授课的西北大学的老师们。衷心感谢西北大学经济管理学院的何炼成、白永秀、任保平、赵守国、王珏老师等，感谢他们传授给我完成毕业论文所需要的知识和严于律己的治学态度。我也衷心感谢经管学院的梁学成、李瑛、邵金萍、余杰、陈实、安树军老师，在我博士学习期间给予多方的关怀、帮助、理解和支持！

同时，我也要感谢各位同门及各位同窗的真诚帮助！论文中的许多观点得益于同窗好友饶品样、马震等的交流，特别感谢他们所给予的帮助和支持。感谢白少君、张琳、蔡鑫磊、柳江、刘航等好友的激励和帮助，美丽的西大校园还有同窗的情谊永远留在我的心里。在此一并对这些同学和朋友在学习和生活上的鼓励和帮助表示最衷心的感谢！

由于我国对于金融危机对旅游业影响以及旅游危机管理的研究刚刚起步，各种资料还很欠缺。我要感谢所有在文献搜集方面给予我帮助的所有人员。感谢张辉教授在本书写作思路等方面提供的建设性意见，感谢黄雪莹、成英文同学给予的大力支持，再次感谢你们！

感谢我所工作的单位——北京联合大学旅游学院！感谢我的领导、同事和朋友们，感谢张玉凤、石美玉、赵晓燕、曹芙蓉、刘啸、石金莲、田彩云、肖轶楠、张凤红、王玉杰等。在此，特别感谢刘德谦老师的教诲和大力支持。谢谢你们！

感谢我的丈夫杨明亮和儿子杨钊在我博士研究生学习期间和论文撰写过程中，给予我的鼓励、关心和理解和支持。你们是我坚持学习强大的经济后盾和精神支柱，也使我倍感家庭的温暖，从而使我顺利地完成博士学业和学位论文。你们也是我最后得以完成博士学业和本书撰写的精神慰藉，再次感谢你们，我爱你们!

特别感谢挚友荆学民、卫秀丽、薛志远、郭秀英、兰新梅、宋瑞、马占明、朱战军、张莉等，近年来在生活和学习上所给予的多方关照和支持！

最后，要衷心感谢中国旅游出版社，谢谢你们为这本书的出版所付出的一切！

廉月娟

2017年2月于北京

责任编辑：郭海燕
责任印刷：冯冬青
封面设计：中文天地

图书在版编目（CIP）数据
金融危机对我国旅游业影响的实证研究 / 廉月娟著. -- 北京：中国旅游出版社，2017.5
ISBN 978-7-5032-5819-0

Ⅰ. ①金… Ⅱ. ①廉… Ⅲ. ①金融危机－影响－旅游业－研究－中国 Ⅳ. ① F592

中国版本图书馆 CIP 数据核字（2017）第 091553 号

书　　名：金融危机对我国旅游业影响的实证研究

作　　者：廉月娟著
出版发行：中国旅游出版社
（北京建国门内大街甲 9 号 邮编：100005）
http://www.cttp.net.cn　E-mail:cttp@cnta.gov.cn
营销中心电话：010-85166503
排　　版：北京旅教文化传播有限公司
经　　销：全国各地新华书店
印　　刷：北京盛华达印刷有限公司
版　　次：2017 年 5 月第 1 版　2017 年 5 月第 1 次印刷
开　　本：787 毫米 ×1092 毫米　1/16
印　　张：14.5
字　　数：235 千
定　　价：48.00 元
ISBN　978-7-5032-5819-0